पत्रकारिता के युग निर्माता

मूलचंद्र अग्रवाल

कृष्णानंद गुप्त

पत्रकारिता की प्रामाणिक पुस्तकें

- भारतीय इलेक्ट्रॉनिक मीडिया
- आर्थिक पत्रकारिता
- पत्रकारिता का आपात्काल
- राजनीतिक पत्रकारिता
- खेल पत्रकारिता
- विज्ञान एवं प्रौद्योगिकी संचार
- हिंदी पत्रकारिता शब्द–संपदा कोश

'पत्रकारिता के युग निर्माता' श्रृंखला

- माधवराव सप्रे
- माखनलाल चतुर्वेदी
- शिवपूजन सहाय
- महात्मा गांधी
- भीमराव आंबेडकर
- मदन मोहन मालवीय
- हेमंतकुमारी देवी चौधरी
- स.ही. वात्स्यायन 'अज्ञेय'
- महावीर प्रसाद द्विवेदी
- बनारसीदास चतुर्वेदी
- गणेश शंकर विद्यार्थी
- बाबूराव विष्णु पराडकर
- पदुमलाल पुन्नालाल बख्शी
- बालकृष्ण शर्मा 'नवीन'
- हनुमान प्रसाद पोद्दार
- मनोहर श्याम जोशी
- मूलचंद्र अग्रवाल और कृष्णानंद गुप्त
- राहुल बारपुते
- धर्मवीर भारती
- राजेंद्र माथुर
- प्रभाष जोशी
- बालमुकुंद गुप्त
- अंबिका प्रसाद वाजपेयी, लक्ष्मण नारायण गर्दे, अशोकजी और योगेंद्रपति त्रिपाठी
- मायाराम सुरजन और कर्पूर चंद्र कुलिश

पत्रकारिता के युग निर्माता

मूलचंद्र अग्रवाल कृष्णानंद गुप्त

अयोध्या प्रसाद गुप्त 'कुमुद'

आ नो भद्राः क्रतवो यंतु विश्वतो

प्रभात प्रकाशन, दिल्ली

ISO 9001 : 2008 प्रकाशक

माखनलाल चतुर्वेदी राष्ट्रीय पत्रकारिता एवं संचार विश्वविद्यालय की स्वतंत्र भारत में भारतीय भाषाओं की पत्रकारिता शोध परियोजना के अंतर्गत प्रकाशित

प्रकाशक • **प्रभात प्रकाशन**
4/19 आसफ अली रोड,
नई दिल्ली–110002
संस्करण • प्रथम, 2013

मूल्य • दो सौ रुपए
मुद्रक • भानु प्रिंटर्स, दिल्ली

PATRAKARITA KE YUG NIRMATA
MOOLCHAND AGARWAL & KRISHANA NAND GUPT
by Ayodhya Prashad Gupt 'Kumud' Rs. 200.00
Published by Prabhat Prakashan, 4/19 Asaf Ali Road, New Delhi-2
e-mail: prabhatbooks@gmail.com ISBN 978-93-5048-254-4

आमुख

विश्वविद्यालय ने सन् 2005 में 'स्वतंत्र भारत में भारतीय भाषाओं की पत्रकारिता' के अनुशीलन की महत्त्वाकांक्षी शोध परियोजना प्रारंभ की थी। इस परियोजना के स्वरूप, कार्यविधि एवं लक्ष्य सुनिश्चित करने के कार्य में देश भर के वरिष्ठ विद्वानों, साहित्यकारों, संपादकों एवं प्राध्यापकों के विद्वत्परामर्श को आधार बनाया गया था। शोध-परियोजना इस अर्थ में विशिष्ट है कि इसका अधिकांश कार्य हिंदी पत्रकारिता से संबंधित होने के साथ-साथ अन्य भारतीय भाषाओं की पत्रकारिता को सम्मिलित करने की विवेक सम्मत पहल की गई है।

परियोजना का स्वरूप बहुआयामी है। पत्रकारिता और मीडिया के क्षेत्र में हिंदी माध्यम की पाठ्य सामग्री के अभाव को देखते हुए स्तरीय और मानक पुस्तकों की रचना भी एक लक्ष्य है। इस क्रम में हिंदी पत्रकारिता के राज्यवार इतिहास का शोधपरक लेखन कराया गया है। मूर्धंय संपादकों के पत्रकारीय अवदान का नई पीढ़ी से साक्षात्कार कराने के पुनीत उद्देश्य से उन पर मोनोग्राफ की रचना का कार्य परियोजना का विशेष रेखांकनीय आयाम है। पत्रकारिता का शब्द संपदा कोश, हिंदी पत्र-पत्रिका संदर्भ कोश तथा हिंदी मानक वर्तनी जैसे ग्रंथों का प्रणयन शोध परियोजना की विशिष्ट उपलब्धि है।

मुझे यह कहते हुए संतोष और खुशी है कि श्री अच्युतानंद मिश्र की पहल पर और श्री विजयदत्त श्रीधर के निर्देशन में संचालित शोध परियोजना के अंतर्गत शोधपरक मानक ग्रंथों के लेखन-प्रकाशन का जो कार्य किया गया है, वह सर्वथा अनूठा और स्पृहणीय है।

मुझे पूरा विश्वास है कि परियोजना के अंतर्गत प्रकाशित ग्रंथ विद्यार्थियों, अध्यापकों, मीडिया संस्थानों तथा जिज्ञासु पाठकों के लिए उपयोगी सिद्ध होंगे।

—बृजकिशोर कुठियाला

कुलपति

इतिहास संरक्षण का विनम्र प्रयास

माखनलाल चतुर्वेदी राष्ट्रीय पत्रकारिता एवं संचार विश्वविद्यालय की महापरिषद् का यह संकल्प था कि स्वतंत्रता के बाद से भारतीय भाषाओं में पत्रकारिता का विस्तार और प्रभाव, उसकी प्रवृत्तियों और उपलब्धियों, उसकी कमियों और कमजोरियों का विश्वसनीय विश्लेषण, प्रामाणिक दस्तावेज के रूप में लिपिबद्ध किया जाए। विश्वविद्यालय के इस प्रकल्प का शुभारंभ 30 मई, 2005 को भारत के तत्कालीन उपराष्ट्रपति एवं विश्वविद्यालय के कुलाध्यक्ष (विजिटर) श्री भैरोसिंह शेखावत ने किया था। मध्य प्रदेश के राज्यपाल और मुख्यमंत्री के साथ-साथ उत्तर प्रदेश तथा छत्तीसगढ़ के मुख्यमंत्रियों सहित देश भर के लब्धप्रतिष्ठ पत्रकार, शिक्षाविद और साहित्यकार, शोध की इस अभिनव परियोजना के शुभारंभ के साक्षी बने थे। हमारे आमंत्रण पर देश भर के अनेक विद्वान् शोधार्थियों ने अपने योगदान से एक विस्मृत और उपेक्षित इतिहास का संकलन, विश्लेषण और संपादन पूर्ण किया है। इसी क्रम में अपने दौर के प्रमुख हिंदी समाचार-पत्रों, लोकप्रिय पत्रिकाओं के विशेष अध्ययन के ऐतिहासिक महत्त्व का कार्य भी कराया गया है। हिंदी पत्रकारिता के विलुप्तप्राय शब्दों को संकलित कर एक वृहद् शब्द संपदा कोश और अद्यतन हिंदी पत्र-पत्रिका संदर्भ कोश का निर्माण तथा हिंदी समाचार-पत्रों के लिए मानक वर्तनी तैयार कराने का काम इस शोध परियोजना की महती उपलब्धियाँ हैं। महापरिषद् के इस संकल्प को मूर्तरूप देने में जुटे इस वृहद् शोध परियोजना के सुयोग्य निदेशक श्री विजयदत्त श्रीधर एवं उनके समर्पित सहयोगियों की गहरी संलग्नता श्लाघनीय है।

भारतीय पत्रकारिता का इतिहास अथक संघर्षों और संकटों से जूझने की लंबी कहानी है। इसे अनेकानेक स्वनामधन्य पत्रकारों और संपादकों ने अपने खून-पसीने से सींचा है। आज पत्रकारिता का जो भव्य भवन दृष्टिगोचर होता है, जो कलश

चमकते हैं, उसकी नींव के पत्थर और प्राण-प्रतिष्ठा के शिल्पी वही पुरखे हैं, जिन्होंने पत्रकारिता का विशाल फलक रचा। उसमें सरोकार के भाव भरे, संघर्ष का जज्बा पैदा किया, मर्यादा की लक्ष्मण-रेखा खींची और जवाबदेही के मान-मूल्य गढ़े। जिस पत्रकारी विरासत पर बाद की पत्रकार पीढ़ी गर्व करती है, उन्हें अपनी जड़ों से जुड़ने के लिए पुरखों की कष्ट-साधना, नैतिक बल और मानसिक बुनावट से भलीभाँति अवगत होना ही चाहिए। इस प्रसंग में हमें संपादकाचार्य रुद्रदत्त शर्मा के लिए लिखी गई ये पंक्तियाँ बरबस याद आती हैं—

जिए जब तक लिखे खबरनामे।
चल दिए हाथ में कलम थामे।

हमारे पुरखे योद्धा पत्रकारों का जीवन इसी जिजीविषा का दूसरा नाम है। इसी उद्‌देश्य को ध्यान में रखकर निश्चय किया गया कि हिंदी पत्रकारिता के ऐसे शीर्षस्थ पुरोधा संपादकों के व्यक्तित्व एवं कृतित्व को मोनोग्राफ के रूप में सामने लाया जाए, जिन्होंने अपनी उत्कृष्ट संपादन-दृष्टि से हिंदी-पत्रकारिता के आदर्श एवं उज्ज्वल प्रतिमान गढ़े हैं। इसी शृंखला की एक कड़ी मूलचंद्र अग्रवाल पर लिखा गया यह मोनोग्राफ है।

असाधारण व्यक्तित्व और कर्मठता के धनी श्री मूलचंद्र अग्रवाल ने 'विश्वमित्र' हिंदी दैनिक को न केवल लोकप्रियता के सर्वोच्च शिखर पर पहुँचाया, देश के पाँच महानगरों से इसके संस्करण प्रकाशित किए, अपितु विश्वमित्र पत्र-समूह से हिंदी, अंग्रेजी और बांग्ला के एक दर्जन से अधिक पत्र निकालकर भारतीय पत्रकारिता के इतिहास में अपना नाम स्वर्णाक्षरों में अंकित करा दिया। यूरोप के 'डेली मेल ऐंड जनरल ट्रस्ट' के संस्थापक के रूप में विश्वविख्यात नार्थ क्लिफ की भाँति वे भारत और विशेषकर हिंदी पत्रकारिता जगत् के नार्थ क्लिफ कहलाए। कठिन तपश्चर्या अध्यवसाय और पत्रकारिता के प्रति पूर्ण निष्ठा और समर्पण के बलबूते से उन्होंने लगभग शून्य से प्रारंभ किए गए अपने पत्रकारीय सफर को जिस ऊँची मंजिल तक पहुँचाया, सचमुच ही, भारतीय पत्रकारिता का यह एक चमत्कारिक अध्याय है। राष्ट्रीयता और राष्ट्र-हित को सर्वोपरि स्थान देने वाले श्री मूलचंद्र अग्रवाल ने स्वाधीनता आंदोलन में बढ़-चढ़कर हिस्सा लिया, जेल गए और सामाजिक पुनर्जागरण के प्रबल पक्षधर रहे। उन्होंने अपनी कलम का उपयोग भारतीय समाज के जागरण और उसमें राष्ट्रीय और नैतिक मूल्यों के प्रतिष्ठापन में पूरी लगन के साथ किया। अखबार के प्रचार-प्रसार के लगभग नौ दशक पूर्व श्री मूलचंद्र अग्रवाल ने जिस

व्यावसायिक निपुणता और दूरदर्शिता का परिचय दिया था, आज वह भारतीय पत्रकारिता जगत् के लिए प्रेरक और अनुकरणीय है। कुमुदजी इस मोनोग्राफ लेखन के लिए साधुवाद के अधिकारी हैं।

हिंदी के स्वाध्यायी एवं लोकमर्मज्ञ मनीषी संपादकों में श्री कृष्णानंद गुप्त का विशिष्ट स्थान है। कृष्णानंद गुप्त ने मानव विज्ञान पर केंद्रित पत्रिका 'लोकवार्त्ता' को अपने उत्कृष्ट संपादकीय कौशल और दृष्टि संपन्नता से विद्वानों के बीच समादृत पत्रिका बना दिया। 1933 में उन्होंने 'सुधा' के ओरछा अंक का संपादन किया था, जो उनके टीकमगढ़ (म.प्र.) आकर 'लोकवार्त्ता' का संपादकीय दायित्व सँभालने का आधार बना। ढाई वर्षों तक गुप्तजी ने लीडर प्रेस इलाहाबाद से प्रकाशित 'संगम' का संपादन किया।

विदेशों के प्राज्य विद्या विशारदों के बीच 'लोकवार्त्ता' ने अच्छी प्रतिष्ठा बना ली थी। तत्समय के शीर्षस्थ भारतीय विद्वान् डॉ. सुनीति कुमार चाटुर्ज्या, डॉ. वासुदेवशरण अग्रवाल, मैथिलीशरण गुप्त, बनारसीदास चतुर्वेदी, आचार्य हजारीप्रसाद द्विवेदी, वृंदावनलाल वर्मा का सृजनात्मक सहयोग और समर्थन इस पत्रिका को सुलभ था।

श्री अयोध्याप्रसाद गुप्त 'कुमुद' ने हमारे आग्रह पर श्री कृष्णानंद गुप्त का यह मोनोग्राफ तैयार कर नई पीढ़ी को उनके अवदान से अवगत कराने का सराहनीय उपक्रम किया है।

हमें पूर्ण संतोष है कि जिन लक्ष्यों को लेकर शोध परियोजना प्रारंभ हुई थी उन्हें प्राप्त करने में हम सफल रहे हैं।

—अच्युतानंद मिश्र

पूर्व कुलपति

अनुक्रमणिका

मूलचंद्र अग्रवाल

कृष्णानंद गुप्त

परिशिष्ट

मूलचंद्र अग्रवाल

शून्य से शिखर तक

मूलचंद्र अग्रवाल उन असाधारण व्यक्तियों में गिने जाते हैं, जिन्होंने शून्य से यात्रा प्रारंभ करके अपनी कर्मठता तथा लगन के सहारे शिखर का उत्कर्ष प्राप्त किया था। साधन-विहीन इस व्यक्तित्व ने बाल्यकाल अर्थात् आठ वर्ष की उम्र में एक ही मार्ग चुना—गुरु की सेवा करके उनका आत्मीय आशीर्वाद प्राप्त करना और कठोर परिश्रम, मितव्ययिता, स्वावलंबन, अनुशासन और संघर्षशीलता के साथ निरंतर आगे बढ़ना। कर्मठता, विनम्रता, अर्जित संपत्ति का सदुपयोग तथा उदारता के गुण उनके प्रेरक जीवन के रोचक अध्याय हैं। अपने इन गुणों के कारण वे अपने समय में, भारतवर्ष में सर्वाधिक समाचार-पत्र प्रकाशित करने वाले 'विश्वमित्र' पत्र-समूह के संचालक-संपादक बने, जो हिंदी, अंग्रेजी तथा बांग्ला के एक दर्जन से अधिक पत्रों का प्रकाशन करता था। इसी कारण वे भारत तथा हिंदी के नॉर्थक्लिफ कहलाए, जो यूरोप के 'डेलीमेल ऐंड जनरल ट्रस्ट' के संस्थापक के रूप में विश्व विख्यात थे।[1]

अपने अध्यवसाय और कर्मठता से व्यक्ति कहाँ से कहाँ पहुँच सकता है, इसके मूर्तिमंत उदाहरण अग्रवालजी थे।[2] गीताप्रेस के पूर्व ही सस्ते मूल्य पर रामचरित् मानस की भाषा टीका तथा रामायण के प्रेरक पात्रों आदि पर सचित्र रंगीन पुस्तकें तथा धार्मिक एवं राष्ट्रीय साहित्य प्रकाशित करके उन्होंने हिंदी प्रकाशन जगत् में तहलका मचा दिया था। वे हिंदी प्रकाशन जगत् के स्तंभ थे।[3]

उन्होंने स्वाधीनता संग्राम में कारागार की यात्रा की, समाज-सुधार में अग्रणी भूमिका निभाई और अपने अध्यवसाय, पांडित्य तथा वक्तृत्व-कला के

---

1. अंबिका प्रसाद वाजपेयी, समाचार-पत्रों का इतिहास, पृष्ठ 347
2. क्षेमचंद्र सुमन, हिंदी के यशस्वी पत्रकार, पृष्ठ 221
3. कृष्णचंद्र बेरी, पुस्तक प्रकाशन : संदर्भ और दृष्टि, पृष्ठ 580

कारण हिंदी जगत् के विद्वान्-पत्रकार के रूप में विख्यात हुए।[1] स्वाधीनता संग्राम तथा समाज-सुधार के रचनात्मक कार्यक्रमों के लिए मूलचंद्रजी ने बड़ा बाजार कोलकाता को अपना केंद्र बनाया। सुप्रसिद्ध उद्योगपति घनश्यामदास बिड़ला जैसे संपन्न परिवारों को जोड़कर एक मित्र-मंडली विकसित की, जो अहर्निश इसका चिंतन करती थी। 'यह वह समय था जब कलकत्ता का बड़ा बाजार स्वाधीनता संग्राम के लिए संघर्षशील कांग्रेस का गढ़ था। स्वर्गीय भागीरथजी कानोडिया, सीतारामजी सेक्सरिया, बसंतलाल मुरारका, मूलचंद्रजी अग्रवाल, घनश्याम दासजी बिड़ला और चाचाजी (श्री प्रभुदयाल हिम्मत सिंह को) के कारण कलकत्ता का सारा हिंदी समाज विशेष रूप से मारवाड़ी समाज राष्ट्रीय आंदोलन में शरीक था। यह मित्र-मंडली सिर्फ राजनीतिक आंदोलन में ही अपना तन-मन-धन अर्पित नहीं करती थी, बल्कि समाज-सुधार के रचनात्मक आंदोलनों का भी संचालन करती थी।[2]

अग्रवालजी प्रतिभाओं के प्रोत्साहन हेतु पुरस्कार तथा छात्रवृत्तियाँ दिए जाने के प्रबल पक्षधर थे। हिंदी साहित्य जगत् में महिला साहित्यकारों के प्रोत्साहन हेतु 'सेक्सरिया पुरस्कार' स्थापित किए जाने में उनकी महत्त्वपूर्ण भूमिका थी। श्री सीताराम सेक्सरिया ने लेखिकाओं को प्रोत्साहन देने के लिए राजर्षि पुरुषोत्तम दास टंडन और मूलचंद्र अग्रवाल के सहयोग से 'सेक्सरिया पुरस्कार' की स्थापना की। महादेवी वर्मा, सुभद्रा कुमारी चौहान, सुमित्रा कुमारी सिन्हा, ऊषा देवी मित्रा को साहित्य जगत् में प्रतिष्ठा दिलाने में यह पुरस्कार अत्यंत महत्त्वपूर्ण साबित हुआ।[3] ''मूलचंद्रजी ने स्वयं हजारों प्रतिभाशाली छात्रों को छात्रवृत्तियाँ देकर यह प्रयास किया कि धनाभाव के कारण वे शिक्षा से वंचित न रहें। उनके द्वारा दी गई छात्रवृत्तियों के बल पर सैकड़ों-हजारों विद्यार्थियों ने अपना जीवन बना लिया है। इनमें अनेक प्रशासनिक अधिकारी तथा उच्च शिक्षाविद् बने।''[4] उनकी समाजसेवी प्रवृत्ति के कारण उन्हें अखिल भारतीय अग्रवाल महासभा का राष्ट्रीय अध्यक्ष बनाया गया था।

उनका गृह जनपद जालौन (उत्तर प्रदेश) उनका इसलिए चिर ऋणी है कि उनके द्वारा दिए गए आर्थिक सहयोग से जनपद में अनेक संस्थाओं की स्थापना

1. डॉ. वेदप्रताप वैदिक, हिंदी पत्रकारिता के विविध आयाम (भाग-2), पृष्ठ 352
2. विनायक प्रसाद हिम्मतसिंह का—सीताराम सेक्सरिया जन्म शताब्दी ग्रंथ, पृष्ठ 153
3. रामकृष्ण बजाज, सीताराम सेक्सरिया जन्म शताब्दी ग्रंथ (1993), पृष्ठ 9
4. राधारमण शांडिल्य, संपादक विश्वमित्र (बंबई संस्करण) से साक्षात्कार

हुई, इनमें जनपद का प्रथम एवं सबसे बड़ा महाविद्यालय दयानंद वैदिक स्नातकोत्तर महाविद्यालय उरई प्रमुख है। प्रतिभाशाली छात्रों, रंगमंचीय कलाकारों तथा साहित्यकारों को पुरस्कृत करना उनका स्वभाव था। स्थानीय डी.ए.वी. इंटर कॉलेज तथा डी.वी. कॉलेज के कैंप फायर में वे सांस्कृतिक प्रतिभाओं को प्रतिवर्ष आकर पुरस्कृत करते थे। इसकी परिणति इस रूप में हुई कि उक्त संस्थाओं के छात्र और शिक्षक श्रेष्ठ रंगकर्मी बनकर उभरे तथा उन कलाकारों के द्वारा छठवें दशक में उरई में जयशंकर 'प्रसाद' के 'चंद्रगुप्त' तथा 'स्कंदगुप्त' नाटकों का सफल मंचन हुआ, जबकि उस कालखंड में मंचीय दृष्टि से क्लिष्ट इन नाटकों का मंचन महानगरों में करने में भी लोग कतराते थे।[1]

इन असाधारण उपलब्धियों को अर्जित करने वाले बाबू मूलचंद्र अग्रवाल का जन्म उत्तर प्रदेश राज्य के जालौन जनपद के अंतर्गत ग्राम कोटरा में 20 अगस्त, 1893 को हुआ था, कालपी में नहीं, जैसा कि कृष्णचंद्र बेरी ने अपनी पुस्तक[2] में लिखा है। पिता का नाम गोपालदास अग्रवाल और माता का नाम कौशल्या था। वह बुंदेलखंड के गौन गोत्रीय अग्रवाल वैश्य थे।

यह कोटरा प्राचीन काल में कला शिल्प का महत्त्वपूर्ण व्यापारिक केंद्र था। कोटरा में निर्मित वानस्पतिक रंग तथा उनसे छपी चुनरी संपूर्ण देश में भेजी जाती थी। इस व्यापार पर जैन समाज का आधिपत्य रहा, शिल्पी हिंदू तथा मुसलिम दोनों संप्रदायों के व्यक्ति रहे हैं। आयातित सिंथेटिक रंगों के व्यापार ने यहाँ के औद्योगिक धंधे चौपट कर दिए हैं।

प्रारंभिक जीवन

मूलचंद्र का जन्म अत्यंत विपन्न परिवार में हुआ था। विपन्नता के कारण इनके पिता लाला गोपालदास के अन्य तीन भाई कुँवारे रह गए थे। अधेड़ हो जाने पर भी तीनों भाइयों का अविवाहित रह जाना उनकी निर्धनता का द्योतक था। पिता का विवाह उसी गाँव की एक अंधी महिला मजदूर की अवयस्क पुत्री से इस शर्त पर हुआ था कि अंधी सास भी जामाता के साथ रहे। अग्रवालजी के ही शब्दों में, "अग्रवाल समाज में निर्धन का विवाह श्री बदरीनारायण की यात्रा से भी कठिन। बुंदेलखंड के हतभाग्य अग्रवाल-समाज में लड़की के पिता का मिजाज सातवें आसमान पर। लाला गोपालदास का विवाह कैसे हो। गाँव में

1. यज्ञदत्त त्रिपाठी, जालौन से साक्षात्कार
2. कृष्णचंद्र बेरी, पुस्तक प्रकाशन : संदर्भ और दृष्टि, पृष्ठ 580

एक अल्प वयस्क अग्रवाल-कन्या दिखाई दी, जो अपनी अंधी माता के साथ रहती थी और दोनों मजदूरी कर अपनी उदरपूर्ति किया करती थीं। सगे-संबंधी सभी किनारा कर चुके थे। विवाह करने के लिए फूटी कौड़ी भी न थी। वर और कन्या पक्ष समान रूप से मुखापेक्षी थे। इसलिए वैवाहिक संबंध का सुयोग उपस्थित हो गया। लाला गोपालदासजी का विवाह हो गया और उनकी अंधी सास भी उनके ही पास आ गई। दुकान खूब चमकने लगी थी, परंतु ढोल में पोल थी। विवाह में काफी धूम मचाई गई और छोटी सी पूँजी दुकान से खींची गई थी। कानपुर में साख जम चुकी थी, इसलिए हजारों रुपए का माल उधार आ जाता था और रुपया धीरे-धीरे चुकाया जाता था। दुकान की हालत दिन पर दिन खराब होने लगी, विरोधियों और प्रतिद्वंद्वियों ने कानपुर के महाजन के कान भरने शुरू कर दिए। हजारों रुपए लाभ में पाने वाले महाजन की बुद्धि विचलित हुई और लाला गोपालदास की कच्ची कुर्की जारी कराई गई। उस कुर्की को लेकर जब अमीन अपने दल के साथ कोटरा ग्राम पहुँचा तो बाजार में शोर मच गया कि लाला गोपालदास की दुकान कुर्क होगी। लालाजी के होश गायब। आज के मुकदमेबाज दुकानदार उस कुर्की की क्या परवाह करते, परंतु लाला गोपालदास ने तुरंत दुकान बंद की और कान पर जनेऊ चढ़ाकर पेशाब के बहाने कुएँ की ओर भागे। पड़ोसियों ने पूछा, 'दद्दा, कहाँ जा रहे हो?' उत्तर दिया 'अभी आता हूँ।' लज्जावान लालाजी ऐसे गए कि फिर लौटे ही नहीं। हमेशा के लिए गढ़ी के कुएँ में चले गए।[1] आठ वर्षीय बालक मुलू (मूलचंद्र) ने अपने स्वाभिमानी पिता गोपालदास की अंत्येष्टि की। घर में केवल चार व्यक्ति और थे। अंधी नानी, माँ तथा दो छोटे भाई। पाँचों की जिम्मेदारी भी बालक मूलचंद्र और माँ पर आ गई।

'कंगाली में आटा गीला' की कहावत चरितार्थ हो गई। इनके पिता की आत्महत्या को लेकर समाज ने इस गरीब परिवार का सामाजिक बहिष्कार भी प्रारंभ कर दिया। उन्हीं के शब्दों में—''हत्या का दोषी समस्त परिवार है, इसलिए इसका सामाजिक बहिष्कार। त्रयोदशा हुआ तो वही कानाफूसी। कानाफूसी ने वास्तविक रूप धारण किया और काफी उग्रता के साथ। लाला गोपालदास के समस्त परिवार का पूर्ण बहिष्कार। सामाजिक बहिष्कार उग्र रूप में। पुरोहितजी अग्रवाल बिरादरी से भयभीत, इसलिए सत्यनारायण की पूजा कराने भी नहीं आ सकते। हिंदू नाई लड़कों की हजामत करने को तैयार नहीं। बेचारा मुसलमान हज्जाम यदि काम न आता तो छोटे-छोटे लड़के पूरे बाबाजी बने दिखाई देते।

1. मूलचंद्र अग्रवाल, पत्रकार की आत्मकथा, पृष्ठ 4-5

अंधी बुढ़िया यदि लाठी के सहारे नदी में स्नान करने और पानी भरने जाती तो डरती रहती कि किसी का घड़ा न छू जाए। यदि कहीं छू गया तो उसी समय जमीन पर पटक दिया जाएगा और हजारों गालियाँ सुनाई जाएँगी। महात्मा गांधी का परमप्रिय ग्रामीण जीवन!''[1]

जितने पिता स्वाभिमानी थे उतनी ही माँ भी थीं। गरीबी किंतु स्वाभिमान के साथ जीने की इच्छा। ऐसी स्थिति में परिवार किस तरह चलता था, इसका खुलासा उन्होंने अपनी आत्मकथा में किया है—''गेहूँ से चना सस्ता था, इसलिए आधा गेहूँ और चना खरीदा जाता था। गेहूँ की रोटी हम लोग इंद्र महाराज की भोग सामग्री समझते थे। सामाजिक बहिष्कार होने से निमंत्रण का सुयोग भी कहीं नहीं मिलता था। गाँव में किसी के यहाँ निमंत्रण हो तो अंधी नानी किवाड़ बंद कर धाड़ मारकर रोने लगती थीं कि हमारे नाती पूड़ी-मिठाई से वंचित रह गए। जिनके पिता ने सैकड़ों को मालपुआ खिलाए, उनके पुत्र पूड़ी के दर्शन तक नहीं कर सकते। सब स्त्रियाँ माँ से थर-थर काँपती थीं। माँ कहा करती थीं कि यदि कोई खुला निमंत्रण दे तो दे अन्यथा हमारे लड़कों को कृपापूर्वक पूड़ी-मिठाई देनेवाला विष देनेवाला समझा जाएगा। गाँव में जो सबेरे सत्तू और गुड़ का जलपान कर ले, बड़ा सौभाग्यशाली माना जाता था। नमक और सत्तू साधारण जलपान था। हम लोगों का जलपान तो पहले दिन की बनी हुई एक-एक रोटी ही होती थी। सत्तू के लिए लार टपकाने पर भी उसका प्रबंध असंभव था। सूखी रोटी ही अमृत मालूम होती थी। दाल भी दो-चार बार ही बनती थी। कोई भी सस्ता साग काम चलाने के लिए काफी था और किसी दिन तो नमक ही सब काम चला देता था। दोपहर को भोजन बनाया, शाम को वही खाया और सबेरे बच्चों को दिया गया। उदर नियंत्रण ही एकमात्र साधन सामने था और उसी पर पूरा जोर दिया गया। सबकी खुराक कम हो गई। पानी पीकर दिन काटने ही थे। नानीजी जब कभी मकान से बाहर जातीं, मकान में ताला नहीं लगता था; क्योंकि ताला था ही नहीं। ताले की जरूरत भी क्या थी। चोरों के लिए खुला चैलेंज था। शाम होते ही हम लोग सो जाया करते थे। न दियासलाई थी और न कोई रोशनी का प्रबंध।''[2]

सफलता के सूत्र : गुरुसेवा तथा स्वावलंबन

इतनी विषम परिस्थितियों में भी पढ़ने की ललक। साधन विहीनता इस

1. मूलचंद्र अग्रवाल, पत्रकार की आत्मकथा, पृष्ठ 6
2. वही, पृष्ठ 8-9

सीमा तक कि न किताबें, न फीस का पैसा, न घर में रोशनी का प्रबंध, किंतु उनकी दृढ़ इच्छाशक्ति ने मार्ग खोज ही लिया कि गुरुजी के पास जाया जाए, उनकी सेवा करके मेवा प्राप्त किया जाए। गुरु को प्रसन्न रखना संपूर्ण छात्र जीवन में उनका प्रमुख लक्ष्य रहता था। उनके गाँव के प्राइमरी विद्यालय में एक हेडमास्टर थे, पं. शुकदेव प्रसाद पांडे। उन्होंने उन्हीं को आराध्य और साध्य बनाया—"बड़ा ही तपस्वी जीवन था उस वृद्ध तपस्वी का, ऐसा ग्रामीण शिक्षक आज ढूँढ़ने से नहीं मिल सकता। जिस छात्र पर ऐसे महापुरुष का आशीर्वाद हो, वरद हस्त हो, वह मिट्टी से सोना न बने तो और कौन बनेगा? अपने पुत्र से भी अधिक जिसपर इस तपस्वी ने प्रेमवर्षा की, वह अग्रवाल बालक निहाल हो गया और प्रारंभिक जीवन की वह शिक्षा करोड़ों रुपए से भी अधिक महत्त्व रखती है। मेरे गुरुदेव मेरे अधिनायक, मेरे भाग्यविधाता, मेरे पिता, मेरे सर्वस्व पंडित शुकदेव प्रसाद पांडे अपनी वाणी सिद्ध कर गए। पंडितजी गाँव के जमींदार मुखिया, पटवारी और पंडितों से कहते थे कि इस लड़के के भाग्य में बहुत विद्या है।"

"मै बड़े सबेरे स्कूल चला जाता, जब सब लड़के दोपहर को छुट्टी पर घर चले जाते, मैं पंडितजी के चूल्हे-चौके का प्रबंध करने में लग जाता। जब तक वे दाल-रोटी बनाकर न खा लेते, मैं चुपचाप बैठा रहता। भोजन के उपरांत जब पंडितजी विश्राम करने लगते तो मैं पंडितजी के पैर दबाता, कुछ देर उनके साथ 'शिव', 'शिव' नामोच्चार करता, कभी उन्हें रामायण पढ़कर सुनाता और रात को घर लौटता। सारा गाँव जान गया कि इस लड़के का प्रधान अड्डा स्कूल ही है। प्रधान अध्यापक रात-दिन मुझे अपने निकट रखते थे। अपनी सारी ताकत मुझ पर ही खर्च कर रहे थे। गणित के कठिन-से-कठिन प्रश्न मुझे दिया करते थे और भोजन के समय भी पढ़ाई की चर्चा किया करते थे।"[1]

यही नहीं, वे पंडितजी की प्रेरणा से छात्रवृत्ति की उस परीक्षा में बैठे, जो जिले के सबसे प्रतिभाशाली छात्रों में से आठ छात्रों को ही मिलती थी। गुरुजी के निर्देश पर उस स्कूल के एक शिक्षक छात्रवृत्ति की परीक्षा दिलाने बालक के साथ पैदल उरई गए—कोटरा गाँव से सोलह मील (यानी 25 किमी.) दूर। तब मूलचंद्रजी की आयु मात्र ग्यारह वर्ष थी। दोनों लोग संध्या को पैदल चल पड़े, रात को एक खेत में सोये और सुबह 11-12 बजे उरई पहुँच गए। गुरुजी के

1. मूलचंद्र अग्रवाल, पत्रकार की आत्मकथा, पृष्ठ 11-12

श्रम और आशीर्वाद का प्रभाव कि वह जिले के आठ प्रतिभाशाली छात्रों में दो रुपए प्रतिमाह की छात्रवृत्ति पाने में सफल हुए तथा उतने पैसे में ही उरई में मिडिल कक्षाओं की पढ़ाई का खर्च चलाया।

उरई में मिडिल में भी वे गुरुजनों के प्रति श्रद्धावान रहे। मिडिल उत्तीर्ण करने पर अंग्रेजी शिक्षा के लिए उन्हें पुनः छात्रवृत्ति के लिए चुना गया। उन्हें हाई स्कूल के साथ दो स्पेशल क्लासें और करनी थीं। उरई में उसकी व्यवस्था न होने से इटावा जाना था। तेरह वर्ष के बालक को इतनी दूर भेजने के लिए माँ और अंधी नानी ममतावश तैयार नहीं थी, किंतु मूलचंद्रजी को पुत्रवत् मानने वाले गुरुजी शुकदेव प्रसाद पांडे की कठोर आज्ञा, 'तुम रोकनेवाली कौन? लड़का तो मेरा है। मैं चाहे उसे नदी में बहा दूँ और चाहे जंगल में भेज दूँ।''

इस प्रकार गुरुजी की कृपा से वह इटावा गवर्नमेंट हाईस्कूल में पहुँच गए। वहाँ भी गुरुजनों की सेवा से निरंतर प्रथम श्रेणी, छात्रवृत्ति और ट्यूशन भी पाते रहे। इससे वे स्वावलंबी बने रहे। इटावा के एक छात्रावास-अधीक्षक गुरुजी के परिवार की सेवा का चित्र और उसका पुरस्कार बाबूजी के ही शब्दों में—''बाजार से ठीक दाम पर मैं उनके लिए सभी चीजें खरीदकर ला देता और बदले में वे मुझ पर कृपा दृष्टि रखते। उन्होंने प्रभावित होकर मेरी पुस्तकों की कमी पूरी करा दी। छात्र व्यंग्य किया करते थे कि हेडमास्टर साहब शायद मुझे गोद ले लें। अपने सेवा-कार्य से मैंने मास्टर साहब को वशीभूत कर लिया था और उनकी शुष्कता मेरे लिए दब गई थी। कभी न हँसने वाले मास्टर साहब मुझसे बात करते हुए मुसकरा दिया करते थे। छात्र इसे आश्चर्यजनक घटना बताया करते थे।''[1]

इटावा गवर्नमेंट हाईस्कूल के अंग्रेज हेडमास्टर मिस्टर हैरिस तो उनकी योग्यता तथा गुरुपरायणता से अत्यंत प्रभावित थे। उस विद्यालय के एक अध्यापक के अवकाश पर चले जाने की स्थिति में उन्होंने छात्र जीवन में ही मूलचंद्रजी को अस्थायी नौकरी दिला दी। मूलचंद्रजी हाईस्कूल करके मास्टरी करने गाँव वापिस जाना चाहते थे। किंतु मिस्टर हैरिस की प्रेरणा तथा सहयोग से वे उच्च शिक्षा के लिए मेरठ गए। मिस्टर हैरिस ने उन्हें मेरठ कॉलेज के सेक्रेटरी लाला रामानुजलाल तथा सर सीताराम के नाम सिफारिशी पत्र भी दिए। इससे उन्हें उस विद्यालय में प्रवेश, छात्रवृत्ति, ट्यूशन तथा अन्य अनेक सुविधाएँ प्राप्त हो गई थीं। इस प्रकार गुरु-भक्ति उनके सफल जीवन का मार्ग प्रशस्त करती गई।

---

1. मूलचंद्र अग्रवाल, पत्रकार की आत्मकथा, पृष्ठ 16

अपने लक्ष्य के लिए धन के अभाव में कठोर परिश्रम, वित्तीय प्रबंधन मितव्ययिता तथा स्वावलंबन के चारित्रिक गुण उन्होंने बाल्यकाल में ही विकसित कर लिए थे। ग्यारह वर्ष की आयु में शिक्षा के लिए कोटरा से पैदल चलकर उरई आना पड़ता था। पंद्रह दिन के लिए आटा लगभग आठ सेर सिर पर रखकर माह में दो बार आना साधारण बात नहीं थी, वह भी हिंस्र पशुओं से भरे जंगल को पार करके। लेकिन उन्होंने पढ़ने की लगन पूरी करने के लिए यह भी किया। उन्हीं के शब्दों में—"आटा-दाल की पोटरी बाँधी गई और उसे सिर पर रखकर ग्यारह वर्ष का पैदल यात्री अकेला बढ़ा। रोती हुई माँ गाँव के बाहर पहुँचा गई और अपने प्राण प्यारे लाल को ग्राम देवता के हवाले कर वापस लौट गई। रास्ते के बाघ, जंगली जानवर बालक यात्री के संगी-साथी बने। रास्ते में प्यास लगे तो कुएँ से पानी भरने के लिए रस्सी न थी, दूसरों से रस्सी लेकर काम चलाना था और यदि किसी से न मिले तो प्यासे यात्रा करना। बीच में एक पड़ाव निश्चित किया गया, क्योंकि सोलह मील की लंबी यात्रा एक बार में संभव न दिखाई दी। अभी पैरों का अभ्यास उतना बढ़ न पाया था। आगे चलकर सोलह मील जाने और सोलह मील उसी दिन आने की यात्रा पूरी करने में सफल हो गए।[1]

"छात्रावास में मैंने परिश्रम को बुरी तरह नचाना शुरू किया। भोजनालय के रसोइए को खुश रखने के लिए वहाँ का हिसाब अपने हाथ में ले लिया। पढ़ने के लिए रोशनी का प्रबंध कठिन मालूम हुआ तो रात होते ही चुपचाप सो जाता। सबेरे 3-4 बजे उठकर छात्रावास की लालटेन से अपना काम चलाता। उस समय पूरी शांति भी रहती थी, इसलिए 2-3 घंटे पढ़कर शौचादि के लिए चला जाता। रात को दूसरे लड़कों की किताबें भी आसानी से काम में लाई जा सकती थीं। एक वक्त भोजन करता था, इसलिए रात्रि एकादशी व्रत के समान कटती थी।"[2]

दिन में केवल एक बार भोजन करने के बारे में वे लिखते हैं—"सोचा कि एक वक्त भोजन कर काम चलाया जाए। जब राजपूताने के ऊँट एक बार पानी पीकर कई दिन यों ही निकाल देते हैं, पंडितजी एक ही बार तो भोजन करते हैं, नानी भी एक ही बार, तो अपने राम भी एक बार भोजन करके जीवित रह सकते हैं। जरूरत इस बात की है कि जरा डटकर भोजन कर लिया जाए और रसोइया बार-बार रोटी देने से नाराज न हो, इसलिए उसकी थोड़ी चापलूसी कर ली जाए।"[3]

---

1. मूलचंद्र अग्रवाल, पत्रकार की आत्मकथा, पृष्ठ 13
2. वही, पृष्ठ 18
3. वही, पृष्ठ 17

कठोर परिश्रम की बचपन की यह आदत पत्रकार के रूप में कोलकाता में कार्य करते समय भी बनी रही। थकावट नाम की चीज से वे एकदम अनभिज्ञ थे। प्रात: 3-4 बजे उठकर रात 11-12 बजे तक कार्य करने का उन्हें नियमित अभ्यास था। अर्थाभाव के कारण वे ट्यूशन की तलाश में रहते थे। जब वे ट्यूशन पढ़ाते थे तब नियत समय से पाँच मिनट पहले पहुँचना और पाँच मिनट बाद आना उनका नियम था। कोलकाता पहुँचने पर प्रारंभिक दिनों में उन्होंने एक स्कूल की हेडमास्टरी, ट्यूशन तथा दो-दो समाचार-पत्रों में नौकरी एक साथ की। ऐसा कठोर परिश्रम।

उनमें बचपन से ही वित्तीय-प्रबंधन की आदत थी। इसके लिए सहपाठी छात्रों तथा रसोईघर के रसोइया को खुश रखना भी वे आवश्यक मानते थे। जब ग्यारह वर्ष की आयु में पढ़ने के लिए पहली बार वे कोटरा से उरई आए, तभी से उन्होंने यह आदत विकसित की थी। गाँव छोड़ते समय अंधी नानी को आठ आना प्रतिमाह देने का वायदा करके आए थे। वह भी भेजना था। छात्रवृत्ति केवल दो रुपए प्रतिमाह थी। उसमें बजट इस प्रकार बनाते थे—'दो रुपए में से सवा छह आना फीस दे देता था। एक रुपया पौने दस आना में से आठ आना नानी को और एक रुपया अन्न के लिए। बाकी पौने दो आना अपने विविध खर्च के लिए रख लेता था। मैं एक प्रकार से स्वावलंबी था।' छात्रावास में जो तेज छात्र रहते थे, उनके पास बैठकर मैं बहुत सी बातें सीखता और छात्र मेरी दीनावस्था देखकर हर तरह का सहयोग देते। तरह-तरह की नोटबुक, जो मैं खरीद नहीं सकता था, पढ़ने के लिए दे देते।[1]

इस लगन, श्रम, मितव्ययिता तथा स्वावलंबन से उन्होंने मेरठ कॉलेज से बी.ए. किया। संस्कृत पांडित्य और माथे पर चंदन की बिंदी लगाने के कारण वे 'पंडितजी' कहलाते थे। वे कॉलेज के पूजा-भवन में कंट्रोलर थे तथा वहीं वैश्य नाइट स्कूल में हेडमास्टरी भी करते थे। हिंदी, अंग्रेजी, गणित का उन्हें अच्छा ज्ञान था। संस्कृत की 'कथाकौमुदी' तथा 'अमरकोश' कंठस्थ कर लिया था तथा इतिहास के चार सौ ग्रंथों का अध्ययन मेरठ में रहते ही कर लिया था। वह अच्छे व्याख्यान देते तथा निबंध एवं भाषण प्रतियोगिताओं में प्रथम स्थान पाते थे। उन्होंने स्वाध्याय से अपना अध्ययन क्षेत्र विस्तृत कर लिया था।

अपने व्यक्तित्व को निखारने के लिए, दूसरों से सीख लेने की प्रवृत्ति उनमें

1. मूलचंद्र अग्रवाल, पत्रकार की आत्मकथा, पृष्ठ 18

थी। वे लिखते हैं—"कॉलेज के एक यूरोपियन प्रोफेसर व प्रिंसिपल इस बात की चर्चा प्रतिदिन किया करते थे कि हिंदुस्तानी किस तरह अंग्रेजी की भद्दी भूलें किया करते हैं। उनकी बताई हुई प्रत्येक भूल मैंने भली-भाँति नोट कर ली थी और मैं छात्रों में अंग्रेजी का खास ज्ञाता माना जाने लगा था। कॉलेज में भरती होने वाले फर्स्ट इयर के छात्र मेरी अंग्रेजी का सिक्का मानकर मुझे अपने निबंध दिखाते और मैं अपना घंटों समय उन निबंधों की भूलें ठीक करने में नष्ट कर देता, मानो मुझे कोई एलाउंस मिल रहा हो। एक ओर पंडितजी और दूसरी ओर यह धुरंधर अंग्रेजी ज्ञान। कैसा विचित्र सम्मिश्रण था।[1] मेरठ कॉलेज में ग्वालियर के कुँवर गणेश सिंह भदौरिया, जो बाद में कलकत्ता समाचार के प्रधान संपादक बने, इनके सहपाठी थे तथा छात्रावास में बगल के कमरे में रहते थे। हेडमास्टरी का सपना मूलचंद्रजी की आँखों में था।

मेरठ में परीक्षा देकर वे एल.टी. की प्रवेश परीक्षा में छात्रवृत्ति पाने के प्रलोभन में इलाहाबाद गए तथा परीक्षा देकर कोलकाता चले गए। कोलकाता की धरती पर वे पहली बार आए थे। संपर्क-सूत्र जोड़ने में निष्णात मूलचंद्रजी मेरठ से चलते समय दो सिफारिशी पत्र लेकर आए थे। एक सर सीताराम का और दूसरा छात्र हितकारी मास्टर राधामोहन गोकुल का। इनसे मारवाड़ी लॉज में निःशुल्क आवास की सुविधा तथा एक ट्यूशन मिल गई। जेब में पैसा नहीं था और आय का कोई निश्चित साधन नहीं, किंतु आवास तथा ट्यूशन मिल जाने से कुछ समस्या हल हो गई।

व्यक्तित्व

मूलचंद्रजी का व्यक्तित्व धीरोदात्त तथा अत्यंत प्रभावोत्पादक था। उन्हें देखकर लोग उनसे प्रभावित होकर उनके प्रशंसक बन जाते थे। दक्षिण अफ्रीका में प्रवासी भारतीयों के बीच उल्लेखनीय कार्य करने वाले प्रवासी-स्वामी भवानीदयाल संन्यासी के शब्दों में—"गौरवर्ण, छरहरा शरीर, प्रशस्त ललाट, आँखों में प्रतिभा की ज्योति और मुख पर साहस की रेखा, शरीर पर खादी पोशाक और सिर पर सफेद टोपी।"[2]

वरिष्ठ साहित्यकार आचार्य शिवपूजन सहाय ने उनके व्यक्तित्व का रेखाचित्र इस प्रकार खींचा है—"मोटे खद्दर का कुरता, खादी के ही बटन टके थे, सिर

1. मूलचंद्र अग्रवाल, पत्रकार की आत्मकथा, पृष्ठ 32
2. स्वामी भवानीदयाल संन्यासी, विश्वमित्र रजत जयंती अंक, पृ. 18

पर गांधी टोपी और पूज्य मालवीयजी की तरह ललाट पर शुभ्र चंदन का गोल टीका। पैरों में मोटे तल का लुधियानी जूता, होंठों में डूबी हुई मधुर मुसकान। मंद-मंद स्वर में केवल काम की बातें, फालतू एक शब्द नहीं। मैं पंडितजी (मेरे साहित्य गुरु पूज्य पंडित ईश्वरीदत्त शर्मा) के साथ वहाँ अनेक हिंदी लेखकों से मिल चुका था, पर ऐसा धीरोदात्त पुरुष कहीं कोई न दीख पड़ा था। मैं बहुत प्रभावित हुआ।[1]

इस तरह बने पत्रकार

कोलकाता उन दिनों हिंदी पत्रकारिता का गढ़ था। 'भारतमित्र', 'कलकत्ता-समाचार' तथा 'बंगवासी' की धूम थी। वे तीनों समाचार-पत्रों के संपादकों से सीधे मिले। 'भारतमित्र' के संपादक पं. अंबिकाप्रसाद वाजपेयी लोगों से आसानी से मिलते नहीं थे। मूलचंद्रजी, बिना किसी माध्यम के, वाजपेयीजी के निवास-स्थान पर जाकर उनसे सीधे मिले। उन्हें अपनी व्यथा-कथा बताई तथा 'भारतमित्र' में सेवा का अवसर माँगा। कुछ ही देर में उन्होंने मूलचंद्रजी की प्रतिभा का आकलन कर उन्हें अनुवादक के पद पर कार्य करने की, पैंतालीस रुपए माहवार पर अनुमति दे दी।

वाजपेयीजी की प्रेरणा से और उनके मार्गदर्शन से उन्होंने पत्रकारिता में प्रवेश किया। वह प्रथम महायुद्ध का समय था। महायुद्ध से संबंधित अंग्रेजी समाचारों का हिंदी में अनुवाद करना पड़ता था। वे न तो उस समय तक हिंदी पत्रों के नियमित पाठक थे और न ही महायुद्ध से संबंध रखने वाले अंग्रेजी शब्दों का मर्मार्थ समझते थे। उनको 'हिंदी अनुवाद पर्वतारोहण के समान दुष्कर मालूम होता था', किंतु उन्होंने स्वाध्याय से यह ज्ञान भी अर्जित कर लिया। वाजपेयीजी भी उन्हें पूरा प्रोत्साहन देकर सिखाते तथा अनुवाद की भूलें सुधारने में अपना अमूल्य समय देते रहे।

'भारतमित्र' की इस नौकरी से उन्हें एक और उपलब्धि हुई—व्यंग्य स्तंभ लेखन की। स्वर्गीय हास्याचार्य पं. जगन्नाथ प्रसाद चतुर्वेदी उन दिनों 'भारतमित्र' के मैनेजिंग डायरेक्टर थे तथा सप्ताह में एक बार प्रत्येक रविवार को 'मौजी' नाम से मनोरंजन का कॉलम लिखा करते थे। अग्रवालजी उनकी बातों को ध्यानपूर्वक सुनते तथा अनुकरण की नियत से वह स्तंभ पढ़ते थे। इसी तर्ज पर उन्होंने बाद

---

3. आचार्य शिवपूजन सहाय, विश्वमित्र रजत जयंती अंक, पृष्ठ 25

में विश्वमित्र में 'रमतायोगी' नामक व्यंग्य स्तंभ लिखा, जो विशेष लोकप्रिय हुआ। यह स्तंभ वे स्वयं लिखते थे। इस प्रकार चतुर्वेदीजी के सान्निध्य ने उन्हें व्यंग्य स्तंभकार बना दिया। उन्होंने वरिष्ठ पत्रकार बाबूराव विष्णु पराड़कर को प्रभावित करके उनसे भी आत्मीय संबंध बना लिया था।

इसी बीच वह बी.ए. की परीक्षा में फेल हो गए, कोलकाता से मेरठ आकर पुनः परीक्षा दी, उत्तीर्ण हुए। कुछ दिन गृह ग्राम कोटरा में रहकर पुनः कोलकाता जाने को मन कचोटने लगा। कोई जबरदस्त प्रेरणा कर रहा था कि शीघ्र कोलकाता चले आओ। वह कोलकाता पुनः पहुँच गए। वहीं की माटी से उनको शिखर तक जो पहुँचना था।

पुनः जब कोलकाता वापस आए तो 'भारतमित्र' में जगह खाली नहीं थी। तब तक उनके मेरठ कॉलेज के सहपाठी कुँवर गणेश सिंह भदौरिया 'कलकत्ता समाचार' के प्रधान संपादक बन चुके थे, वहाँ उन्हें सहकारी संपादक का कार्य मिल गया—वेतन पैंतालीस रुपया माहवार। वहाँ मारवाड़ी समाज में अच्छा प्रभाव रखने वाले पराड़करजी की संस्तुति पर माहेश्वरी सेठों के एक अंग्रेजी विद्यालय में हेडमास्टरी मिल गई—अस्सी रुपया माहवार पर, साथ में ट्यूशन भी मिल गई। इससे वित्तीय प्रबंधन हो गया। उन्होंने एक साथ तीनों-चारों दायित्वों का निर्वहन, कठोर परिश्रम एवं लगन के साथ किया। विद्यालय में जब हेडमास्टरी प्रारंभ की, तब 40-50 बच्चे थे। उनके श्रम से संख्या 400-500 हो गई। भवन भी विस्तृत कर लिया गया। विद्यालय की ख्याति भी बढ़ी। महात्मा गांधी और महामना मालवीयजी ने सर्वप्रथम इसी विद्यालय में आना स्वीकार किया, उनके पदार्पण ने नई जान डाल दी। हेडमास्टर मूलचंद्रजी की खासी धूम मच गई थी।

एक दो वर्ष पश्चात् ही उन्होंने अपना दैनिक पत्र निकालने का संकल्प किया तथा किसी प्रकार संसाधन जुटाकर अत्यंत श्रमपूर्वक 1917 में दैनिक 'विश्वमित्र' का प्रकाशन प्रारंभ किया।

उनके ही शब्दों में—"मैं बहुपरिश्रम और थकावट नाम की चीज से एक दम अनभिज्ञ था। रात को भी 'कलकत्ता समाचार' पहुँच जाता और जब रात को 8-9 बजे फोरमैन साहब कुँवरजी के पास डरते हुए अग्रलेख माँगने पहुँचते तो मामूली वार्त्तालाप में व्यस्त कुँवरजी उनसे पूछते कि मूलचंद्रजी हैं या नहीं? यदि उन्हें पता चलता कि मैं मौजूद हूँ तो रात के 9 बजे मुझसे ही अग्रलेख लेने का आदेश दे देते। उसी समय ध्यानपूर्वक समाचार-पत्र पढ़कर अग्रलेख तैयार कर देना पड़ता और रात के 11-12 बजे घर वापस आता। जब कुँवरजी अपने घर

लंबी छुट्टी लेकर जाते तो उनकी अनुपस्थिति में अग्रलेख लिखने का काम मुझे ही करना पड़ता। न तो ओवर टाइम का प्रश्न था, न शोषण की चर्चा। प्रसन्नचित्त से ऑर्डर के अनुसार हर समय काम करने को तैयार रहता था। अग्रलेख लिखने का अभ्यास हुआ और इस सुअवसर से खासा लाभ उठाया गया।

"प्रधान संपादकी के कीटाणु धीरे-धीरे घुसने लगे, परंतु वह मिलती कहाँ? किसी ने बड़े जोर से धक्का मारकर कहा कि प्रधान संपादकी अपना पत्र खोलने पर ही मिलेगी, दैनिक या साप्ताहिक। साप्ताहिक का तो नाम ही नहीं याद था। सच मानिए, वाजपेयीजी, पराड़करजी, कुँवरजी दैनिक के ही तो संपादक थे।"[1]

अपना दैनिक पत्र निकालने का सपना साकार करने के लिए वे एक परिचित साहूकार से दो हजार रुपए कर्ज लेकर, हानि-लाभ का आकलन करके, एक बंगाली सज्जन आशुतोष बनर्जी के बनर्जी प्रेस में साझीदार बन गए। आशू बाबू मुद्रण संबंधी व्यवस्था देखते थे। मूलचंद्रजी संपादकीय विभाग के कार्य को जानते थे, किंतु मुद्रण-क्षेत्र में उनका कोई अनुभव नहीं था। उन्हें यह भी पता नहीं था कि प्रेस में प्रयुक्त होने वाले टाइप का ऑर्डर पहले देना होता है, बाजार में आटा-दाल की तरह तैयार नहीं मिलता है? "प्रेस संचालन का उन्हें कुछ भी अनुभव न था। यहाँ तक कि उन्हें यह भी पता नहीं था कि प्रेस में स्टिक का अर्थ छड़ी नहीं, पीतल का वह यंत्र होता है, जिसमें टाइप कंपोज किए जाते हैं। पर धीरे-धीरे उन्होंने प्रेस का काम समझ लिया। वैश्य होने के कारण प्रारंभ से ही उनकी दृष्टि धनार्जन की ओर रही, इसीलिए उन्होंने प्रेस और पत्र से यथेष्ट धनार्जन किया।"[2]

समाचार-पत्र के प्रकाशन के लिए कोलकाता में होने वाले कांग्रेस अधिवेशन का समय तय किया गया। मूलचंद्रजी अवसरों के पारखी थे। उनका अनुमान था कि इस अवसर पर पत्र-प्रकाशन से वह चर्चा में रहेगा। उन्हें कांग्रेस अधिवेशन का मंत्री भी बनाया गया था; किंतु पत्र-संचालन की धुन में वे अधिवेशन में गए ही नहीं। पत्र का नामकरण 'दैनिक विश्वामित्र' किया गया। 1917 में प्रथमांक इसी नाम से निकाला गया, किंतु मित्रों ने सुझाव दिया कि नाम 'विश्वमित्र' कर दिया जाए। इससे बाद में नाम बदल दिया गया। प्रथम अंक बादामी कागज पर

1. मूलचंद्र अग्रवाल, पत्रकार की आत्मकथा, पृष्ठ 36
2. पं. अंबिका प्रसाद वाजपेयी, समाचार-पत्रों का इतिहास, पृष्ठ 346

चार पृष्ठों का निकला। कागज बचाने के लिए सौ-पचास प्रतियों से समाचार-पत्र प्रारंभ हुआ, बाद में प्रतियों की संख्या हजारों में पहुँच गई। विशाल व्यापारिक नगरी कोलकाता और महायुद्ध का जमाना, लोगों में युद्ध के समाचार जानने की जिज्ञासा से समाचार-पत्र चल निकला। उसके स्तर के आगे 'भारतमित्र' और कलकत्ता समाचार' लड़खड़ाकर बंद हो गए। कुछ ही दिनों में वह देश का सबसे प्रमुख समाचार पत्र बन गया, जिसके पाँच संस्करण—कोलकाता, पटना, मुंबई, नई दिल्ली तथा कानपुर से एक साथ प्रकाशित होते थे। इस समाचार-पत्र ने प्रथम बार में 25 वर्ष तक निरंतर प्रकाशित होकर 1941 में अपनी रजत जयंती मनाई। यह हिंदी दैनिकों में अपने ढंग का कीर्तिमान था। इसके 'साप्ताहिक' तथा 'मासिक' संस्करण भी काफी लोकप्रिय हुए। आज भी 93 वर्ष की यात्रा पूरी करके 'विश्वमित्र' नियमित प्रकाशित हो रहा है, किंतु मूलचंद्रजी के पुत्र कृष्णचंद्र अग्रवाल के पश्चात् अन्य उत्तराधिकारी उसका वैशिष्ट्य सुरक्षित नहीं कर पाए। वह नाममात्र को प्रकाशित हो रहा है, केवल कोलकाता से।

देशभक्तिपूर्ण लेखन-प्रकाशन

मूलचंद्रजी ने 'विश्वमित्र' के अतिरिक्त हिंदी में अन्य पत्र-पत्रिकाएँ भी प्रकाशित कीं। उन्होंने बांग्ला तथा अंग्रेजी में भी समाचार-पत्रों के प्रकाशन किए। इनमें दैनिक 'साम्यवादी' (हिंदी), दैनिक स्वतंत्र तथा साप्ताहिक स्वतंत्र (दोनों हिंदी), 'दैनिक मातृभूमि' (बांग्ला), 'डेली एडवांस' तथा 'लिबर्टी' (दोनों अंग्रेजी दैनिक) तथा 'इलस्ट्रेटेड इंडिया' (अंग्रेजी साप्ताहिक) आदि प्रमुख थे। इनके प्रकाशन से वह देश में सबसे बड़े समाचार-पत्र समूह के स्वामी बन गए थे। उन्होंने अखिल भारतीय हिंदी पत्रकार सम्मेलन की स्थापना में योगदान दिया तथा भारत की राजधानी दिल्ली में आयोजित प्रथम वार्षिकोत्सव (1941) की अध्यक्षता की।

उन्होंने समय की नब्ज तथा पाठकों की माँग को देखते हुए सामाजिक विषयों पर राष्ट्रप्रेम से संबंधित पुस्तकें लिखीं तथा इन्हें सस्ते मूल्य पर उपलब्ध कराया। उन्होंने 'पंजाब हत्याकांड' (जलियाँवाला बाग पर केंद्रित), रौलेट ऐक्ट, मेवाड़-गौरव आदि पुस्तकें लिखीं तथा टालस्टॉय की पुस्तकों का हिंदी अनुवाद भी किया। राष्ट्रीय तथा धार्मिक महत्त्व की सुंदर, सचित्र रंगीन पुस्तकें जनता को उपलब्ध कराने के लिए उन्होंने 'पॉपुलर ट्रेडिंग कंपनी' नामक प्रतिष्ठान की स्थापना की, जिसका कार्य उनके साझीदार पं. उमादत्त शर्मा देखते थे। यह

प्रतिष्ठान देश के प्रमुख हिंदी प्रकाशकों में गिना जाता था, उसकी चर्चा पृथक् अध्याय का विषय है। उन्होंने अपने अविवाहित छोटे भाई रामदयाल अग्रवाल को भी 'सरस्वती बुक एजेंसी' नाम से प्रकाशन-संस्थान खुलवाया।

मूलचंद्रजी प्रखर देशभक्त थे। राष्ट्रीयता उनमें कूट-कूटकर भरी थी। छात्र जीवन में ही राष्ट्रीयता का रंग उन पर चढ़ने लगा था। उनके इटावा छात्रावास में जन्माष्टमी का आयोजन होता था, जिसमें गीता पर चर्चा होती थी। लोकमान्य तिलक उन दिनों गीता के कर्मवाद का प्रचार कर रहे थे, इससे गीता पर चर्चा राष्ट्रद्रोह की वस्तु मानी जाती थी। मुसलमान छात्रों ने इसके विरुद्ध काफी आंदोलन किया और हेडमास्टर को यह भी सूचित किया गया कि हिंदू छात्रों ने छात्रावास में गीता की चर्चा की है।[1] देशभक्ति उनके रक्त में इस तरह प्रवाहित हो रही थी कि वह चाहते थे कि महाप्रस्थान करते समय उनके मुख से निकले—वंदेमातरम्।[2]

देशभक्ति तथा राजनीतिक चिंतन के कारण वह पहले होमरूल आंदोलन से जुड़े। बड़ा बाजार कोलकाता में उनके जोरदार व्याख्यानों से हलचल मच जाती थी। इससे वे श्रीमती एनी बेसेंट के काफी निकट आ गए थे। 1917 में हुए कांग्रेस अधिवेशन, जिसकी अध्यक्षता एनी बेसेंट ने की थी, वे कांग्रेस अधिवेशन के स्वागत-मंत्री भी बनाए गए थे।

राष्ट्रीय भावनाओं से ओतप्रोत लेखन तथा प्रकाशन उन्हें महँगा पड़ा। 1922 में 'विश्वमित्र' में तीन अग्रलेख लिखने पर उन्हें राजद्रोह में बंदी बनाकर अलीपुर सेंट्रल जेल में रखा गया। जहाँ देशबंधु चितरंजनदास, सुभाषचंद्र बोस, मौलाना अबुल कलाम आजाद, पं. श्यामसुंदर चक्रवर्ती, पत्रकार प्रवर पं. लक्ष्मण नारायण गर्दे तथा वाजपेयी के साथ रहने तथा निकट संवाद बनाए रखने का अच्छा अवसर मिला, जो भविष्य में उनके बड़े काम आया। उन्हें बारह मास का सश्रम कारावास का दंड मिला तथा जेल में 'ए' क्लास की सुविधा। जेल में भी उनका अध्ययन तथा 'विश्वमित्र' के लिए लेखन जारी रहता था। जेल में अपनी पुस्तकें रखने की स्वतंत्रता थी। इसलिए अंग्रेजी, हिंदी और संस्कृत की पुस्तकें भारी मात्रा में मँगाकर रख ली थीं। साथी वहाँ कभी-कभी हँसी उड़ाते थे कि 'अग्रवालजी जेल में भी प्रकाशन विभाग चला रहे हैं।' जेल-जीवन के समय समाचार-पत्र का प्रकाशन तथा प्रकाशक संस्थान की गति मंद पड़ गई थी। जेल से लौटने के

1. मूलचंद्र अग्रवाल, पत्रकार की आत्मकथा, पृष्ठ 19
2. वही, पृष्ठ 86

बाद उन्होंने पूरे उत्साह से कार्य किया तथा दोनों प्रतिष्ठानों को राष्ट्रीय स्तर पर अग्र पंक्ति में खड़ा कर दिया।

पारिवारिक जीवन

सार्वजनिक-जीवन की इस चर्चा के साथ ही उनका वैवाहिक पारिवारिक एवं व्यक्तिगत जीवन उनकी लोकानुरागी प्रवृत्ति तथा अपने गृह जनपद के साथ विशेष लगाव की चर्चा भी प्रासंगिक है।

उनके दो विवाह हुए थे। प्रथम पत्नी गोरखपुर के एक प्रभावशाली वकील की पुत्री थीं, उनका नाम पता नहीं चल पाया। जब अग्रवालजी 'कलकत्ता समाचार' में सहायक संपादक थे, तभी उनका रिश्ता तय हुआ था। भदौरियाजी का संरक्षण उनके बड़े काम आया, उनकी विपन्नता की ज्यादा चर्चा नहीं हुई। भदौरियाजी ने ही संरक्षक के रूप में उनके विवाह की व्यवस्था की तथा स्वयं अपनी ओर से विवाह का निमंत्रण-पत्र जारी किया। इसकी एक प्रति पं. झाबरमल्ल शर्मा के संग्रह में उपलब्ध है। विवाह धूमधाम से हुआ। किंतु बड़े घर की बेटी को खुश रखने में अग्रवालजी का संचित कोष समाप्त हो गया था।

प्रथम पत्नी का कुछ ही दिनों में स्वर्गवास हो गया। उनका दूसरा विवाह भागलपुर (बिहार) की स्वदेश्वरी देवी के साथ संपन्न हुआ, जिन्होंने उनका अंतिम क्षण तक साथ दिया। जेल-जीवन के समय प्रथम पुत्र का जन्म हुआ। जेल की स्मृति में उसका नाम कृष्णचंद्र रखा गया। इसके अतिरिक्त दो पुत्र विजयचंद्र, हरिश्चंद्र तथा दो पुत्रियाँ अन्नपूर्णा तथा मनोरमा थीं। उनकी पत्नी श्रीमती स्वदेश्वरी देवी अत्यंत विनम्र सहज-सरल, वात्सल्यमयी तथा उदारप्रवृत्ति की पतिपरायण महिला थीं। जब उनसे कहा गया कि पति के जेल-प्रवास के समय वह पितृगृह चली जाएँ तो पति-परायणा पत्नी का ओज जाग उठा और उन्होंने कहा कि 'मैं पति की अनुपस्थिति में हरगिज पितृगृह नहीं जा सकती।'[1] कोलकाता का वैभवपूर्ण सुख भोगकर भी वे पति के साथ प्रतिवर्ष उनके गृह ग्राम कोटरा जाती थीं। बैलगाड़ी में बैठकर यात्रा करना तथा ग्राम्य महिलाओं से मिलना उन्हें अच्छा लगता। सरलता उनमें कूट-कूटकर भरी थी।

अग्रवालजी ने अपने ज्येष्ठ पुत्र कृष्णचंद्र अग्रवाल को अपने साथ रखकर व्यावसायिक-प्रबंधन का प्रशिक्षण दिए, दायित्व सौंपे तथा जहाँ भी नया संस्करण

1. मूलचंद्र अग्रवाल, पत्रकार की आत्मकथा, पृष्ठ 49

निकालते, अपने साथ ले जाकर उन्हें प्रभारी बना देते थे। बहुसंस्करण प्रकाशित करने, विश्वमित्र की रजत जयंती मनाने तथा रजत जयंती ग्रंथ के प्रकाशन में कृष्णचंद्र का विशेष योगदान रहा। वे सुयोग्य पिता के सुयोग्य पुत्र प्रमाणित हुए। हिंदी के श्रेष्ठ पत्रकारों की पंक्ति में उन्होंने अपना स्थान बना लिया था तथा उनका परिचय 'हिंदी पत्रकारिता : विविध आयाम' में सम्मिलित किया गया।[2]

अग्रवालजी तथा उनकी पत्नी श्रीमती स्वदेश्वरी देवी को गृहग्राम कोटरा तथा उरई से बड़ा लगाव था। अग्रवालजी कोलकातावासी होने के प्रारंभिक वर्षों में कोटरा आते थे, किंतु कार्य अधिक बढ़ जाने से लगभग दस वर्ष नहीं आ सके। उन्हें खाँसी की विशेष परेशानी हुई तथा राजयक्ष्मा होने की आशंका व्यक्त की गई। बहुविधि उपचार के बाद भी लाभ न होने पर उन्हें जलवायु परिवर्तन का परामर्श दिया गया। उन्होंने इसके लिए पहाड़ों पर जाने के बजाए अपने प्रिय बुंदेलखंड के ग्राम कोटरा की प्राकृतिक-सुषमा और बेतवा के स्वास्थ्यवर्द्धक जल का सेवन करना उपयुक्त समझा। वे गाँव में लगभग सवा माह रहे और वहाँ से स्वस्थ होकर ही लौटे। ग्राम्य-परंपराएँ, आचार-व्यवहार उन्हें प्रिय थे। ग्रामवासी भी उन्हें अत्यंत प्रेम करते तथा वे उनका निर्वहन किस प्रकार करते थे, इसका विवरण उन्होंने अपनी आत्मकथा में किया है। उसके चयनित अंश उन्हीं के शब्दों में यहाँ प्रस्तुत हैं—इस विवरण में यात्रा-वृत्तांत का सुंदर चित्रण है, साथ में इस जनपद में उनकी लोकप्रियता का भी पता चलता है।

"बहुत सोच-विचार के बाद यही निश्चय किया गया कि अपने गाँव जाना ही ठीक होगा। गाँव की ताजा हवा मिलेगी और बेतवा का स्वास्थ्यवर्द्धक जल। चि. कृष्णचंद्र के सिवा चि. अन्नपूर्णा का जन्म हो चुका था। माताजी स्वर्ग सिधार चुकी थीं। छोटा भाई अलग पुस्तक की दुकान करने लगा था। पुत्र तथा पुत्री एवं एक नौकर को लेकर मैं सपत्नीक अपने ग्राम के लिए रवाना हो गया। ग्रामीण जीवन के बारे में बताकर पत्नी को बहुत डराया, परंतु वे इसी निश्चय पर अटल थीं कि पूर्वजों की भूमि अवश्य देखी जाए। गाँव के प्रधान अध्यापक को पत्र लिखकर हम लोगों ने अपना छोटा सा कच्चा खपरैल वाला मकान लिपा-पुताकर ठीक कर लिया था। लोगों ने सलाह दी कि हम किसी पक्के या बड़े मकान में जाकर ठहरें, परंतु माताजी की पुत्रवधू उसी झोंपड़ी में निवास करने के लिए आतुर थी, जिसमें उसके सास-ससुर ने चैन और मुसीबत के दिन काटे थे। ग्राम

---

2. वेदप्रताप वैदिक, हिंदी पत्रकारिता : विविध आयाम (भाग-2), पृष्ठ 351

को साक्षात पितृनगरी मान उसका रात-दिन आराधना कर रही थी। शहर की लड़की होने पर भी, जमींदार की पुत्री होने पर भी, उसे पूर्वजों के ग्राम में जादू का असर दिखाई देता था। उसका अटल विश्वास था कि ग्राम जाते ही मेरे पति की खाँसी हवा हो जाएगी। आदर्श पतिव्रता होने के कारण वह हर बात के स्वप्न और कल्पना पहले से ही सत्य रूप में कर लेती है। हम लोग झाँसी-कानपुर के बीच एट स्टेशन पर उतरे। रात का वक्त था। हम लोग वेटिंग-रूम में ठहरे रहे। गाँव से बैलगाड़ी मँगा ली गई थी। आसपास के गाँवों में शोर हो चुका था कि कलकत्ते के बाबू अपने गाँव आ रहे हैं। सब लोग देखना चाहते थे कि बहू कैसी हैं, लड़के कैसे रहते हैं। हम लोगों ने अपना सामान बैलगाड़ी पर लादा और उस पर सवार होकर आठ मील की यात्रा में अपने गाँव को चल दिए। एट से कोटरा की कच्ची सड़क। जाड़े के दिन थे। सड़क पर धूल के ढेर दिखाई पड़ रहे थे। जब कभी बैल जबाव दे जाते तो मैं और मेरी पत्नी उतरकर पैदल चलने लगते। स्त्री हाथ में अपनी चप्पल ले लेती, क्योंकि धूल में वह घुस जाया करती थी। वह बड़ी प्रसन्न और हँसती हुई यात्रा कर रही थी। नौकर लाठी लिये हुए हम लोगों के साथ चल रहा था। चंचल प्रकृति कृष्ण कभी गाड़ी पर कभी गोद में खेतों में चरती हुई भैंस देखकर कहे, बाबूजी काला बैल। इधर-उधर मोर नाचते दिखाई दे रहे थे और हिरन चौकड़ी भरते हुए। बुंदेलखंड का सुंदर अनुपम दृश्य। धूल से गाड़ी भर गई और हमारा सामान धूल-धूसरित हो गया। गाँव के बाहर कानूनगो के बगीचे में मैं उतर पड़ा। जननी जन्मभूमि को मस्तक पर धूल लगाकर प्रणाम किया और गाँववालों की टोलियों से मिलने लगा, बड़ों के पैर छूने लगा, जो हम लोगों की खबर सुनकर गाँव से बाहर दौड़े चले आए। ग्राम पाठशाला के छात्रों को खुशी में छुट्टी दे दी गई। मैं तुरंत पाठशाला पहुँचकर नतमस्तक होकर घर की ओर चला आया। गढ़ी के कुएँ को प्रणाम किया, सबने मकान की देहरी पर मस्तक रखा और भीतर मकान में प्रविष्ट। माताजी की पुत्रवधू तो फिर फूट-फूटकर रोने लगी। ग्रामीण वृद्ध स्त्रियों को बिना किसी भेदभाव चरण स्पर्श करने लगीं और स्त्रियाँ आशीर्वाद देकर माताजी का गुणगान करने लगीं कि यदि वे न पालतीं तो यह सुखद दृश्य कहाँ देखने को मिलता।

"सामाजिक बहिष्कार अपने आप हवा हो चुका था। मेरी बूढ़ी नानी भी चल बसी थीं। इतने वर्ष बाद जब गाँव में पहुँचे तो गाँववालों को मुँह मीठा कराना जरूरी था। इसलिए लड्डू तैयार कराए गए और सारे गाँव के प्रत्येक घर में बिना किसी भेदभाव बाँटे गए। गाँव भर के स्त्री-पुरुष बड़े प्रेम से मेरे मकान

पर एकत्र हुए। कई दिनों के लिए यह काम पर्याप्त था और मुझ सरीखे बहुधंधी आदमी के लिए यदि कुछ काम नहीं, तो बीमारी बढ़ने लगे। उधर ग्रामीण वायु और नदी के निर्मल जल से मेरी खाँसी कम होने लगी। मैं हाथ में लोटा लेकर बाहर खेतों में शौच के लिए दोनों वक्त जाता··। मुझे तो गाँव की यदि कोई बात सबसे अधिक उपयोगी दिखाई दी, तो खेतों में शौच जाने की बात, इससे पेट की बहुत सी शिकायतें हवा हो सकती हैं।

''मेरी स्त्री पैदल बेतवा स्नान के लिए जाती, स्त्रियाँ उससे मिलने और बात करने के लिए टूट पड़तीं। उसका हँसमुख स्वभाव सबको अपना बना लेता। गाँव की लड़कियाँ मिलतीं तो वह भाभी के नाते उससे खूब हँसी-मजाक करतीं और वह धन्य हो जातीं। एक निर्धन मुसलमान महिला मेरे घर बहू देखने आई। बहू ने निकलकर ज्यों ही उसके पैर छूए, वह प्रेम-विह्वल होकर रोने लगी। इस प्रकार के करुण दृश्य नित्य ही उपस्थित होने लगे। किसी के यहाँ से निमंत्रण आता, तो हम लोग सहर्ष चले जाते और बड़े प्रेम और उल्लास के साथ भोजन होता।

''गोपाल (मेरे स्वर्गीय पिता) को नाती हुआ है, इस खुशी में परिवार के पुराने माली, लोहार, बढ़ई आदि की स्त्रियाँ गाती-बजाती हुई मेरे घर पहुँचतीं और उन्हें वस्त्रादि देकर संतुष्ट कर विदा कर दिया जाता। जब हमारी पुरानी मेहतराइन दौड़कर हम लोगों से मिलने आई, तो मैंने उससे कहा, कहो माईं (मामी) अच्छी तो हो! मेरी माताजी के गाँव की लड़की जो थी, इसलिए यह मामी हुईं। उसके मुँह से निकला—हाँ लला, और वह रोने लगी, वर्णन करने लगी कि किस तरह फूले-फले और बरबाद हुए। नया वस्त्र और नकदी देकर उसे प्रसन्न किया गया। उसने कहा कि इस आगमन पर मैं तो नई साड़ी और नया लहँगा पहनूँगी, तो उसकी बात माननी पड़ी। गाँव की वेश्याएँ भी टोली बनाकर मुझसे मिलने आईं। उन्हें देखकर मैं चकित! अब क्या करूँ, इस धर्मसंकट में था। बहुत से आदमी मेरे पास बाहर चबूतरे पर बैठे थे। रास्ते से निकलने वाले भी यह दृश्य देखते जाते। वे कहने लगीं कि नाती होने की खुशी में हम लोग नाच दिखाएँगी। सारा सुधारवाद अब एकदम हवा। भाईचारे का प्रश्न सामने। मैं बहुत समझाऊँ कि देखा जाएगा, परंतु वे मानने को तैयार नहीं। कोई दिन निश्चित हो जाना चाहिए। मैंने उनके और उनके परिवारों के संबंध में पूछताछ शुरू की। भीतर से पान मँगाए, तो गाँव की लड़कियों से विनोदपूर्वक मेरी स्त्री प्रश्न करने लगी कि तुम्हारे भैया की कौन आई हैं, जिनके लिए पान चाहिए। पान के बीड़े

के भीतर रुपया घुसाकर उन सबको दिया और बहाना बनाकर उन्हें किसी तरह विदा किया। पीछे लोगों को उनके पास भेजा कि वे समझा दें। मेरे गाँव की वेश्याएँ नृत्य-गान में बहुत प्रवीण और प्रसिद्ध थीं, कृष्ण कन्हैया के ऐसे भजन गाती थीं कि सुननेवाले वाह-वाह करने लगते थे।

"महीने-सवा महीने के ग्राम जीवन ने मेरी खाँसी बहुत कम कर दी और नवीन शारीरिक स्फूर्ति अनुभव होने लगी। जब जाड़ा ज्यादा बढ़ने लगा, तो हम लोगों ने वापस लौटने का निश्चय किया। गाँववालों ने हमारा निश्चय बड़े दुःख के साथ सुना। स्कूल में एक सभा की गई। उसमें गाँव के खास-खास आदमी एकत्र हुए। प्रेम प्रदर्शन के लिए मैंने सबको धन्यवाद दिया। अपनी माता का आदेश भी उन्हें कुएँ के बारे में सुनाया। एक मुसलमान कारीगर ने ठेका लेना स्वीकार किया। जिस दिन हम लोग गाँव से विदा होने लगे, बहुसंख्यक ग्राम निवासी स्त्री-पुरुष, लड़के-लड़कियाँ मेरे मकान पर पहुँचे। सबको अश्रुपात हो रहा था। स्त्रियाँ तो बड़े जोर से रुदन कर रहीं थीं। मुझे भय लग रहा था कि मेरी स्त्री कहीं यात्रा के समय रो-रोकर बेहोश न हो जाए। गाँव के बाहर तक सब लोग पहुँचाने आए और हम लोग सबको प्रणाम, आलिंगन कर रोते हुए विदा हुए। गाँव भर ने हम लोगों से पक्का वादा करा लिया कि हर साल एक बार गाँव जरूर आया करेंगे। दो वर्ष इस वादे को मेरी स्त्री ने पूरा किया। दो बच्चे और हो जाने से अब गाँव में रहना कठिन हो गया। उधर दूर-दूर से मिलने वाले आए, तो उन्हें गाँव पहुँचने में महान् कष्ट हो। इस विचार से हम लोगों ने निश्चय किया कि अब गाँव के डिस्ट्रिक्ट हेड क्वार्टर उरई में निवास किया जाए तो अच्छा है। गाँव की सभी सुविधाएँ वहाँ दिखाई दीं। वही हरे-भरे खेत और खुले मैदान, शहर की भी बहुत सी सुविधाएँ। शहर के बाहर मकान किराए पर लेकर हम लोग हर साल उरई एक मास रहने लगे और मिलनेवालों को सुविधा होने लगीं। कोटरा में कुआँ बनकर तैयार हो गया। बड़ा ठंडा मीठा जल निकला। गरमी में गाँव के सब कुएँ सूख जाएँ, तो यही कुआँ गाँव भर को पानी दे। लोगों को बड़ी सुविधा हुई। एक वर्ष बाद कुआँ बड़े जोर से धँस गया। फिर काफी रुपए खर्च कर उसे ठीक कराना पड़ा। गाँव के मकान को पक्का कराकर 'गोपाल भवन' उसका नाम रखा गया। वह ग्राम की संस्कृत पाठशाला के उपयोग में आने लगा। गाँव में आनेवाली बारातें उसमें ठहरने लगीं और ग्राम निरीक्षण के लिए आनेवाले अफसर भी उससे लाभ उठाने लगे। पास मेंगढ़ी का कुआँ और स्कूल। गाँव के बाहर होने से हर तरह की सुविधा। गाँव में आने-जाने के फलस्वरूप,

वहाँ के सुख-दुःख जानने का सुअवसर प्राप्त हुआ और दीन-दुःखी ग्रामवासियों की सेवा का प्रबंध कर हम लोगों ने अपना मानुष जन्म सफल किया।''[1]

बाद में 1941 में उन्होंने उरई में अपना विशाल भवन 'सेवाश्रम' बनवाया, उसके सामने कई बीघा क्षेत्रफल में एक विशाल उद्यान भी बनवाया। इसे लोग 'कलकत्ता वाली कोठी' के नाम से जानते हैं। जिले में लोग उन्हें 'बाबूजी' के नाम से संबोधित करते थे। गाँव में अथवा उरई में ही नहीं, संपूर्ण जिले में उन्हें अत्यंत आदर, स्नेह और लोकप्रियता प्राप्त थी। वह प्रतिवर्ष जाड़े से पूर्व उरई आते थे तथा लगभग एक माह रहते थे।

''जिन दिनों वे उरई में रहते, उत्सवी माहौल रहता। कोठी पर सुबह से शाम तक आने वालों का ताँता लगा रहता। प्रतिदिन विद्यालयों में वार्षिकोत्सव या कैंप फायर के आयोजन होते तथा बाबूजी उनमें मुख्य अतिथि होते थे।''[2] उनके द्वारा स्थापित तथा पोषित दयानंद वैदिक कॉलेज तथा डी.ए.वी. इंटर कॉलेज में सांस्कृतिक प्रतियोगिओं के विभिन्न कार्यक्रम होते रहते थे। छात्रों को पदक, पुरस्कार तथा छात्रवृत्तियाँ बाबूजी की ओर से दी जाती थीं।

वे छात्रों को पुत्रवत चाहते थे तथा अध्यापकों को भी। एक बार उन्होंने डी.ए.वी. इंटर कॉलेज के वार्षिकोत्सव के अवसर पर सभी छात्रों तथा अध्यापकों को देशी घी की 'पंगत' दी तथा प्रधानाचार्य श्रीनिवास सक्सेना को निर्देश दिया कि सभी लोग जी भरकर खाएँ, कोई कमी न पड़े। अत्यंत स्वादिष्ट भोजन, कई तरह की मिठाइयाँ, फिर भी रात 10 बजे कुछ सामान कम पड़ गया। इस पर प्रधानाचार्य श्रीनिवासजी को बाबूजी का कोपभाजन बनना पड़ा था तथा रात्रि में ही दुकानें खुलवाकर सामान मँगाया गया। जब तक पूरी पंगत नहीं निपट गई, बाबूजी वहीं रहे। प्रतिभाशाली निर्धन छात्रों की वह अत्यधिक चिंता करके छात्रवृत्तियाँ देते थे। सैकड़ों-हजारों छात्र उनकी छात्रवृत्तियों से पढ़-लिखकर उच्च पदों पर पहुँचने में सफल हुए। एक छात्र गोपाल कृष्ण सक्सेना 'पंकज' को उन्होंने एम.ए. शिक्षार्थ 1952-53 में दो सौ रुपए की मासिक छात्रवृत्ति दी। उतनी धनराशि से छात्र का विद्याध्ययन का खर्च तो चल ही जाता था, परिवार के पालन-पोषण में अभिभावकों को मदद मिल जाती थी।

बाबूजी की उदारता के किस्से जिले भर में बुजुर्गों की जुबान पर आज भी सुने जा सकते हैं। जिस संस्था ने उन्हें बुलाया तथा कोई माँग रखी तो उनकी

1. मूलचंद्र अग्रवाल, पत्रकार की आत्मकथा पृष्ठ, 58-61
2. यज्ञदत्त त्रिपाठी से साक्षात्कार

घोषणा सिर्फ 'हाँ' में होती थी। उनकी उदारता का सर्वाधिक चर्चित प्रसंग स्थानीय दयानंद वैदिक महाविद्यालय, उरई की स्थापना से संबंधित है। डी.ए.वी. इंटर कॉलेज के परिसर में ही 1951–52 में डिग्री कॉलेज खोलने की तैयारी चल रही थी। श्री किशोरीलाल खरे (जो बाद में प्रथम प्राचार्य बने) को इसके लिए प्रबंध समिति की ओर से प्रभारी बनाया गया था। उस समय विश्वविद्यालय में पचास हजार रुपया 'इंडाउमेंट' जमा होता था। उसकी व्यवस्था नहीं हो पा रही थी। समिति ने सुझाव दिया कि बाबूजी के पास कोई कोलकाता जाए, तो शायद इसकी आंशिक पूर्ति वह कर देंगे। खरेजी को कोलकता भेजा गया। वे उनके निवास स्थान 'चंद्रभवन' तिलक रोड पहुँचे। बाबूजी से मिले तथा अपनी समस्या रखकर बोले, 'हम इंडाउमेंट में आपसे कुछ सहयोग चाहते हैं।' बाबूजी ने दराज से चैक बुक निकाली तथा कोरी (ब्लैंक) चैक पर हस्ताक्षर करके खरे जी की ओर बढ़ा दी। कहा 'जितनी धनराशि चाहिए हो, इसमें भर लें।' खरे जी अवाक् रह गए। उन्होंने विनम्रतापूर्वक कहा, 'आप अपने हाथ से पचास हजार रुपया भर दीजिए।' बाबूजी ने पचास हजार रुपया भरकर चैक उन्हें दे दिया। कोई शर्त नहीं रखी, प्रबंध समिति में कोई पद नहीं चाहा। किंतु प्रबंध समिति ने उन्हें आजीवन अध्यक्ष बनाया तथा उनके पश्चात उनके पुत्र चंद्रकृष्णजी को भी।[1] इसके बाद भी, जब छात्रावास खोलने की बात आई, बाबूजी ने अपनी कोठी 'सेवाश्रम' का बड़ा भाग उन्हें दे दिया। पुस्तकालय के लिए सहयोग दिया। कोटरा गाँव में विद्यालय, संस्कृत पाठशाला, औषधालय खुलवाने से लेकर अनेक मंदिर, नदी के घाट, तालाब आदि बनवाने में उन्हें आत्मसंतोष मिलता था। 1955 में कोंच कस्बे में अग्रवाल धर्मशाला बनवाने के लिए उन्होंने पाँच हजार रुपए दिए तथा धर्मशाला बनने के बाद स्वयं समारोह में सपत्नीक सम्मिलित हुए। ऐसी अतिशय उदारता की अनेकानेक घटनाएँ उनकी दानशील-प्रवृत्ति की परिचायक हैं।

इतनी ऊँचाई पर पहुँचने तथा धनोपार्जन करके कोट्याधीश बन जाने के बाद भी वे विनम्रता नहीं भूले थे। उनमें अहंकार नाम की चीज नहीं थी। अपनी यह विनम्रता बनाए रखने के लिए वे अपनी दीनता का निरंतर स्मरण करते थे। उससे संबंधित एक संस्मरण सुनाते हुए एक सज्जन ने बताया कि 'बाबूजी मेरे पिताजी के अच्छे मित्र थे। एक बार वे पिताजी तथा मुझे कलकत्ता ले गए। उनके निवास स्थान 'चंद्रभवन' में नीचे एक बड़ा हॉल था। उसमें लाखों रुपयों की

---

1. विजय करन नाथ विसारिया से साक्षात्कार

महँगी अल्मारियों में वे अपने प्रारंभिक विपन्न काल में पहनने वाले चीथड़े सजाकर रखते थे। वे कहा करते थे—इससे मुझे अपनी औकात की याद बनी रहती है।"[1] यह विनम्रता की पराकाष्ठा थी।

जिले से इतना अधिक प्रेम करने वाले बाबूजी को अंतिम समय में जिले ने अपने पास बुला लिया था। 1956 के अक्तूबर माह में प्रतिवर्ष की भाँति वे उरई में अपने आवास 'सेवाश्रम' में ठहरे थे। संभवतः उन्हें अपनी मृत्यु का पूर्वाभास हो गया था। 30 अक्तूबर की शाम वे नगर के सुप्रसिद्ध ठड़ेश्वरी मंदिर पर गए, वहाँ उच्च स्वर में कीर्तन किया तथा रात्रि में सो गए। पुत्र कृष्णचंद्र तथा पत्नी स्वदेश्वरी देवी भी साथ में थीं। अगले दिन प्रातः उठकर उन्होंने पुत्र कृष्णचंद्र से कहा, 'कोटरा जाकर बेतवा का जल लाओ, आज उससे ही स्नान करूँगा।' कृष्णचंद्र कोटरा जल लेने चले गए और इधर (31 अक्तूबर को प्रातः ही) उनका निधन हो गया। सारा जिला शोक में डूब गया। कृष्णचंद्र जब जल लेकर लौटे, तब तक उनके प्राण पखेरू उड़ चुके थे। उनका अंत्येष्टि-पूर्व स्नान उसी बेतवा-जल से कराया गया। लाइटनिंग टेलीफोन से सूचना कानपुर तथा कोलकाता भेजी गई, सभी परिजन तथा प्रियजन चार्टर-उड़ानों से कानपुर, लखनऊ आकर कारों के काफिले से उरई आए तथा उनके सेवाश्रम के सामने बने पार्क में उनकी अंत्येष्टि की गई। पुत्र कृष्णचंद्र ने उन्हें मुखाग्नि दी। उसी स्थान पर उनकी समाधि बनाई गई, जो आज भी विद्यमान है।

जीवन-दर्शन

मूलचंद्रजी का जीवन दर्शन उनकी आत्मकथा के निम्नांकित उद्धरणों से समझा जा सकता है—

> "संकट से मनुष्य नए-नए पाठ पढ़ा करता है। संकट आने पर वह घबराकर ईश्वर को कोसने तक लग जाता है। परंतु यह नहीं समझता कि ये संकट जीवन में परम आवश्यक हैं। जिसने संकटों का सामना नहीं किया, वह ठोस जीवन रखने वाला नहीं माना जा सकता। मुझे तो संकटों ने ही वरदान दिया, संकटों ने ही मेरे शेखचिल्लीपन पर वज्राघात किया और नए-नए अनुभव प्रदान किए। मैं तो संकटों को श्रद्धापूर्वक प्रणाम करता हूँ और आज भी उनकी जय बोलने में सबसे आगे हूँ। संकटों के पहाड़ों के नीचे से गुजरने वाले बटोही धन्य हैं।

---

1. भगवानदास गुप्ता दहगुवाँ वाले, उरई से साक्षात्कार

यह ध्रुव सत्य है कि संकट सदा नहीं रहा करते, और अंधकार के बाद प्रकाश निश्चित है। अंधकार में आत्मघात कर बैठने वाला जीवन का बहुत बड़ा स्वर्ण सुयोग खोता है, उसे आशापूर्ण दृष्टि से नवप्रकाश की प्रतीक्षा करनी चाहिए, जो अवश्य दृष्टिगोचर होगा। हमेशा रात नहीं रह सकती, सुप्रभात अवश्य आएगा। इसी आशा पर संकटग्रस्त प्राणी को जीवन धारण करना चाहिए और बड़ी से बड़ी मुसीबत सहर्ष झेलनी चाहिए।''[1]

संघर्षशील जीवन में आदर्शवाद के लिए कोई प्रधान स्थान नहीं। आदर्शवाद तो सुखी और निश्चिंत जीवन के भोग-विलास की वस्तु है। इसका यह अर्थ नहीं कि आदर्शवाद को न अपनाने वाला पथभ्रष्ट बन जाए और धनार्जन को जीवन का मूलमंत्र मानकर उच्च जीवन के पोषक तत्त्वों का खून कर दे। दोनों चीजों में पूर्ण सामंजस्य लाना विवेकी मनुष्य का काम है। जीवन में जरा भी पाखंड, आडंबर या आत्मवंचना आई कि हाथ लगी हुई सफलता भी गायब। इन दोषों से तो हमेशा दूर रहना होगा।

पुरुष या स्त्री जब तक अपना शरीर चिता तक न पहुँचा दे—इस संबंध में कभी सुरक्षित नहीं। स्त्री-पुरुष प्रसंग में मैंने उदार दृष्टिकोण रखा। किसी को कलंकी या पापी न मानकर दया और सहानुभूति का पात्र ही माना।

नैतिक दृष्टि को यदि एकदम ताख पर रख दिया जाए, तो भी व्यावहारिक दृष्टि से व्यभिचार में काफी खतरा है। धन, स्वास्थ्य, मान-प्रतिष्ठा और अंत में प्राणों की भी बाजी लग जाती है, परंतु मनुष्य क्या करे। हतबुद्धि होकर वह गर्त में पड़ ही जाता है। व्यभिचार यदि आनंददायक भी है, तो भी क्षणिक आनंद ही दे सकता है, परंतु क्षति स्थायी कर सकता है और लाख छिपाने पर छिप नहीं सकता। सबसे भयंकर बात यही है—तब तो खतरे का सौदा बना ही रहेगा और जो इस गर्त में पैर डालने को तैयार होता है; वह खतरे का अनुमान पहले कर ले।[2]

'पत्र-संचालक यदि सदा जागरूक नहीं, तो सारी सफलता कपूर की तरह गायब। धन और पत्र-रक्षा में बाजी लगे, तो पत्र-संचालक को पत्र की रक्षा करनी होगी, उसकी मान-मर्यादा के सामने धन की परवा न करनी होगी।'[3]

---

1. मूलचंद्र अग्रवाल, पत्रकार की आत्मकथा, पृष्ठ 54
2. मूलचंद्र अग्रवाल, पत्रकार की आत्मकथा, पृष्ठ 54-55
3. वही, पृष्ठ 55

'कोई नहीं बता सकता कि भविष्य में किसके भाग्य में क्या बदा है। कर्म प्रधान मानने पर भी मैंने भाग्यवाद को उच्चतर स्थान बहुत सोच-विचार के बाद दिया है। भला-बुरा भाग्य मनुष्य से अच्छे-बुरे कर्म कराता है। इसका यह अर्थ नहीं कि भाग्य के भरोसे मनुष्य चुपचाप बैठा रहे। यदि वह कर्म में अग्रसर नहीं होता, तो इसका यही अर्थ माना जाएगा कि वह मंद-भाग्य है।'[1]

"कर्जदारी का अभिशाप सात पुश्तों को जो परेशान किया करता है। यह परेशानी न हो, तो लोग क्यों कठोर परिश्रम कर जीवन-यापन करें। वे यही गीत गाया करें—खाओ पीओ, मौज करो और बराबर कर्ज लेते चलो। कर्ज से भिक्षा अच्छी है। स्वाभिमान का गला जब दोनों ही घोंटते हैं, तो ऋण की अपेक्षा भिक्षा की शरण लेनी अच्छी है।"[2]

उनके निधन पर कवियों ने काव्यमय श्रद्धांजलि इन शब्दों में दी थी—

'वाणी' पर शुभ शारदा, शीष रमा का हस्त।
धनतेरस को हो गया, दान-दिवाकर अस्त।

—शंभूदयाल 'शशांक'

मूलचंद्र यश चारु चंद्रिका चमचम चमके।
पुण्याभासे धराधाम यह दमदम दमके।
रहे न कोई कहीं कोटरा कोटर काला।
'श्रीकर' हो सर्वत्र ज्योति का दिव्य उजाला॥

—रामेश्वर दयाल द्विवेदी 'श्रीकर'

□

1. वही, पृष्ठ 56
2. मूलचंद्र अग्रवाल, पत्रकार की आत्मकथा, पृष्ठ 85

भारत के लार्ड नॉर्थक्लिफ

विश्व-पत्रकारिता के इतिहास में एक महान् पत्रकार हुए हैं, जिनका नाम था लॉर्ड नॉर्थक्लिफ। वे इंग्लैंड के लोकप्रिय 'डेलीमेल' समाचार पत्र-समूह के मालिक थे। उन्होंने अपना कॅरियर एक सौ रुपए मासिक आय से प्रारंभ किया तथा मृत्यु के समय उनकी संपत्ति का मूल्य आठ करोड़ रुपए आँका गया था। अपने पुरुषार्थ के बल पर पत्र-पत्रिकाओं का विशाल साम्राज्य स्थापित करने वाले मिस्टर नॉर्थक्लिफ प्रबुद्ध वर्ग में विशिष्ट स्थान प्राप्त करने के कारण ब्रिटिश संसद् के उच्च सदन 'हाउस ऑफ लॉर्ड' के सदस्य बनाए गए तथा 'लॉर्ड नॉर्थक्लिफ' कहलाए।

पत्रकारों की तीन कोटियाँ हैं। प्रथम कोटि में वे आदर्शवादी पत्रकार आते हैं, जो पत्रकारिता को मिशनरी भावना से अंगीकार करके समाज़ को विशेष प्रकार का नैतिक वैचारिक प्रशिक्षण देते हैं, भले ही इससे उनकी आजीविका चले या न चले। वे पत्रकारिता के मूल्यों की रक्षा तथा पत्रकारों का हित-चिंतन करते हैं एवं इसके लिए प्राणपण से कोई भी मूल्य चुकाने के लिए तैयार रहते हैं। दूसरी कोटि के वे पत्रकार होते हैं, जिन्हें व्यावहारिक पत्रकार कहा जा सकता है, जो आजीविका को व्यावसायिक पत्रकारिता से जोड़कर जनता को आवश्यकतानुसार समाचार तथा पाठ्य-सामग्री देते हैं। वे अपने सहयोगी पत्रकारों का भी समुचित ध्यान रखते हैं। तीसरी कोटि के पत्रकार पूँजीवादी व्यवस्था तथा बाजारवाद के आधार पर प्रायोजित सामग्री परोसते हैं, वे स्वयं अपने पत्र के संपादक होते हैं। उन्हें संपादक की संस्था, पत्रकारिता के मूल्यों की परवाह नहीं होती है। सहयोगी संपादक अथवा कर्मचारियों के प्रति भी उनका दृष्टिकोण शोषण की सीमा तक पहुँच जाता है। आजकल अधिकांश समाचार-पत्रों में तीसरी कोटि के स्वामी पत्रकारों का प्रभाव बढ़ जाने से हिंदी पत्रकारिता के सामने अनेक प्रश्नचिह्न खड़े हो गए हैं।

"नॉर्थक्लिफ दूसरे प्रकार के पत्रकारों में थे। उन्होंने प्रथम बार उस वृहद् जनसमूह की कल्पना की, जो अनिवार्य शिक्षा प्राप्त स्कूलों से निकल रहा था, पर जिसे तत्कालीन पत्रों के पढ़ने की रुचि नहीं होती थी। उनकी रुचि तथा आवश्यकतानुसार पत्र देने के प्रयोग लॉर्ड नॉर्थक्लिफ ने किए और सफल रहे। अपने जीवन काल में उन्होंने पत्रों का प्रचार अत्यधिक कर दिया और उन्हें आर्थिक दृष्टि से सुदृढ़ बना दिया। पर उनकी मनोवृत्ति पूँजीपतियों जैसी न थी। जैसा कि बाखम स्टीड ने कहा है—"वे शुरू से लेकर आखिर तक पत्रकार रहे। पत्रों से उन्होंने धन अवश्य कमाया, पर वह चीज जिसकी वे परवाह करते थे, पत्रकार-कला और पत्रों के प्रभाव की बात थी। पत्रों के प्रचार तथा उनके द्वारा अपने आपको वे अपनी पत्रकार-कला के प्रभाव की व्यापकता तथा सफलता का प्रतीक मानकर ही स्वीकार करते थे। जीवन-पर्यंत उन्होंने अपने ढंग से पत्रकारों का प्रभाव बढ़ाने और उनकी स्थिति सुधारने का प्रयत्न किया और मरने पर पत्र-व्यवसाय द्वारा कमाई गई अधिकांश आमदनी को अपने पत्रों में काम करने वाले पत्रकारों के लिए छोड़ गए।"[1]

बाबू मूलचंद्र अग्रवाल को उपर्युक्त दृष्टि से भारत का लॉर्ड नॉर्थक्लिफ कहा जाता है। उन्होंने देश में पत्र-पत्रिकाओं का विशाल साम्राज्य खड़ा किया। अपने बुद्धि-कौशल से उन्होंने यथेष्ट धन कमाया। भले ही अपनी अधिकांश संपत्ति पत्रकारों के लिए नहीं छोड़ी; किंतु उसका एक अच्छा अंश पत्रकार हितों के लिए भी व्यय किया। वे प्रारंभ से अंत तक पत्रकार बने रहे। 'विश्वमित्र' के शीर्ष-स्थिति तक पहुँचने के बावजूद वे कभी-कभी स्वयं समाचार-संकलन के लिए जाते थे।[2] एक बार वे युद्ध-संवाददाता का प्रत्यक्ष अनुभव प्राप्त करने एक दंगाग्रस्त क्षेत्र में समाचार संकलन करने गए। इसका मार्मिक संस्मरण अग्रवालजी ने अपनी आत्मकथा में निम्नांकित शब्दों में लिखा—

> "युद्ध क्षेत्रों में समाचार-पत्रों के संवाददाता अपने प्राणों को हथेली पर रखकर जाते हैं, तो फिर एक हिंदी दैनिक संवादपत्र का संचालक अपने नगर के युद्ध का प्रत्यक्ष अवलोकन क्यों न करे। इसी विचार से कलकत्ते के हिंदू-मुसलिम दंगे को अपनी आँखों से देखने के लिए मैं कार्यालय से रवाना हो गया। वृद्ध माताजी को बताया नहीं गया और किसी कर्मचारी से भी चर्चा नहीं की गई। दंगे का प्रधान केंद्र मछुआ

---

1. जगदीशप्रसाद चतुर्वेदी, विश्वमित्र रजत जयंती अंक, पृष्ठ 73-75
2. मूलचंद्र अग्रवाल, पत्रकार की आत्मकथा, पृष्ठ 99

बाजार स्ट्रीट बन रहा था। स्वर्गीय पंडित अयोध्या प्रसादजी मालवीय के साथ मैं इस क्षेत्र के लिए रवाना हो गया। वे कार्यालय के नीचे स्थित दातव्य चिकित्सालय के मैनेजर थे। मछुआ बाजार स्ट्रीट में उनके सभापति रहते थे। वे उनके परिवार की स्थिति जानने के लिए उत्सुक थे और मैं दंगे का प्रत्यक्ष अनुभव प्राप्त करना चाहता था। दोनों ने मानो यमराज के यहाँ से जीवन-बीमा प्राप्त कर लिया हो। युद्धक्षेत्र में समाचार-पत्रों के संवाददाताओं के साथ लिहाज भी किया जाता है, परंतु यहाँ लिहाज से मतलब ही क्या? मुसलमानों के प्रधान गढ़ में जो भी हिंदू भूला-भटका पहुँच जाता था, उसकी खोपड़ी पत्थरों से चकनाचूर कर दी जाती थी। सैकड़ों आदमी बुरी तरह हताहत हो चुके थे। मुसलमानों के दल खूँखार भेड़ियों की तरह इधर-उधर चक्कर काट रहे थे। उनके रोष से बच निकलना असंभव था। मालवीयजी मस्तक पर चंदन का गोल सफेद बिंदु धारण किए हुए थे और मैं भी, दोनों सहोदर से मालूम होते थे। मालवीयजी सिर पर सफेद साफा बाँधे हुए थे। उपद्रवियों ने ज्यों ही अपने बीच इन दो महान् अतिथियों को देखा, पत्थरों की वर्षा से स्वागत करना आरंभ कर दिया। मैंने तो समझ लिया कि इहलीला आज समाप्त हुई—'स्वधर्मे मरणं श्रेय:' वाली कहावत चरितार्थ हुई। मालवीयजी स्वागत-सत्कार से अपनी रक्षा करते हुए अपने सभापति के मकान की ओर दौड़े और मैं जमीन पर चारों खाने चित्त। सिर से खून की धार बह रही थी; दंगे का प्रत्यक्ष अनुभव जो था। दंगे की रिपोर्ट भी इससे अधिक और क्या हो सकती थी कि किसी राहगीर को छुरे से घायल कर दिया गया और किसी को पत्थरों की वर्षा से यमलोक पहुँचा दिया गया। इस प्रकार की रिपोर्ट एक नया अनुभव-शून्य पत्रकार ही दंगे के क्षेत्र में पहुँचकर ले सकता था। इस प्रकार की रिपोर्ट समाचार-पत्र कार्यालय में ही तैयार हो सकती है, इसका पता ही न था। मालवीयजी तो साफे की वजह से अपनी खोपड़ी बचा ले गए। मैं घंटों जमीन पर पड़ा रहा। कोई खबर लेनेवाला या देने वाला भी नहीं। खूँखार दल मुझे मृत समझ आगे बढ़ा मैं धीरे-धीरे खिसका और एक गली से निकलकर प्रधान हरिसन रोड पर आ पहुँचा। वहाँ से किसी तरह 'विश्वमित्र' कार्यालय जा पहुँचा। किस

तरह जीवित रह गया, यह पहेली आज भी बिना सुलझी बनी हुई है।"[1]

पत्र-पत्रिकाओं का साम्राज्य

भारत में पत्र–पत्रिकाओं का इतना विशाल साम्राज्य खड़ा करने का सपना, उनके पूर्व भारत के किसी पत्रकार के मस्तिष्क में नहीं था। कोई पत्र एक साथ कई महानगरों से एक साथ निकाला जा सकता है। इसकी कल्पना अंग्रेजी दैनिक 'दि स्टेट्समैन' के अतिरिक्त किसी के पास नहीं थी। 'स्टेट्समैन' ने भी कलकत्ता तथा दिल्ली दो संस्करण ही निकाले थे। हिंदी पत्रकारिता में यह विचार सर्वथा नवीन था। इसका उल्लेख आचार्य शिवपूजन सहाय ने एक स्थान पर किया है।[1]

"मुंशी नवजादिक लाल श्रीवास्तव के साथ मैं आपसे मिलने गया। उसी मकान के ऊपर वाले तल्ले में आप सपरिवार रहते थे। उस समय तक पंडित उमादत्त शर्मा भी आपके सहकारियों में थे। जहाँ तक स्मरण है, मासिक 'विश्वमित्र' भी निकल चुका था और धड़ल्ले से चल भी चुका था। आपने प्रसंगवश मुंशीजी से कहा था—'स्टेट्समैन' की तरह हिंदी का भी एक ही दैनिक भिन्न–भिन्न नगरों से निकाला जा सकता है। मुंशीजी ने छूटते ही कहा—क्यों नहीं, मगर यह काम आपके सिवा दूसरा नहीं कर सकता। आप आकाश की ओर आँखें उठाकर मुसकरा पड़े। क्या वह कोई ईश्वरीय संकेत था?

"मुंशीजी लौटे तो रास्ते में आपके ही सुदृढ़ अध्यवसाय की शतधा प्रशंसा करते हुए कहने लगे—'श्री मूलचंद्रजी की कर्मनिष्ठा बड़ी प्रबल है। ये निकट भविष्य में ही हिंदी जगत् को वह सुदिन दिखाकर छोड़ेंगे जब इनका 'विश्वमित्र' भारत के अन्य प्रमुख नगरों से भी शान के साथ निकलने लगेगा।' निश्चय ही मुंशी जी भी कोई भविष्यवक्ता नहीं थे; पर जो कोई भी आपके कर्मठ जीवन की झाँकी पा लेता था, वही अनायास कह उठता था कि आपकी ध्रुव निष्ठा किसी दिन खूब रंग लाएगी। आखिर पंचमुख से परमेश्वर कहावत चरितार्थ होकर ही रही। आज जिसे देखना हो, वह देख ले कि कार्यतत्परता का कैसा विलक्षण परिणाम होता है। आप इसके मूर्तिमान प्रमाण हैं। आपका धैर्य और साहस अगली

---

1. मूलचंद्र अग्रवाल, पत्रकार की आत्मकथा पृष्ठ, पृष्ठ 92
2. शिवपूजन सहाय, विश्वमित्र रजत जयंती अंक, पृष्ठ 25

पीढ़ी के लिए आदर्श है।''

''हिंदी संसार में स्वनामधन्य मूलचंद्रजी के ही भगीरथ प्रयत्न से दैनिक साप्ताहिक और मासिक विश्वमित्र के रूप में 'साहित्यिक त्रिपथगा' का अवतरण हुआ, जो त्रिलोक पावनी गंगा की तरह कलकत्ता, बंबई और दिल्ली में अखंड गति से प्रवाहित होती हुई—साहित्य क्षेत्र को सिक्त करके शस्यश्यामला बनाती हुई—यश के महासागर की ओर सवेग अग्रसर हो रही है।''

कुछ लोगों के मस्तिष्क में यह विचार हो सकता है कि अग्रवालजी को लॉर्ड नॉर्थक्लिफ की संज्ञा देना मैत्रीमूलक अथवा भावुकताजन्य अतिशयोक्ति हो सकती है। इस संदर्भ में, दक्षिण अफ्रीका में प्रवासी भारतीयों की सेवा में लगे, देश-विदेश में ख्यातिप्राप्त परिव्राजक स्वामी भवानी दयाल संन्यासी ने तार्किक ढंग से अपने विचार व्यक्त किए हैं तथा बाबूजी को 'लॉर्ड नॉर्थक्लिफ' कहना औचित्यपूर्ण माना है। यदि स्वामी भवानी दयाल ने अंतिम समय तक उनका उत्कर्ष देखा होता तो वे यह भी लिखते कि मूलचंद्रजी ने 'विश्वमित्र' के पाँच महानगरों से संस्करण निकाले, साप्ताहिक, मासिक संस्करणों के साथ अन्य भाषाओं के पत्र भी निकाले। उल्लेखनीय है कि अग्रवाल ने 'विश्वमित्र' के अतिरिक्त हिंदी में दैनिक साम्यवादी सांध्य संस्करण तथा चर्चित हिंदी दैनिक 'स्वतंत्र' का अधिग्रहण करके उसके दैनिक तथा साप्ताहिक संस्करण निकाले। अंग्रेजी में 'लिबर्टी', 'एडवांस' जैसे दैनिक, 'इलस्ट्रेटेड इंडिया' जैसी सुंदर सचित्र साप्ताहिक पत्रिका तथा बँगला दैनिक 'मातृभूमि' का भी प्रकाशन किया। फिल्म पत्रकारिता की प्रारंभिक पत्रिकाओं में एक 'सिने एडवांस' (1951) भी उनके जीवन काल में उनके द्वारा संचालित विश्वमित्र-पत्र समूह से प्रकाशित हुई, जिसके संपादक उनके पुत्र कृष्णचंद्र अग्रवाल एवं विजयचंद्र अग्रवाल थे। हिंदी का कोई पत्रकार उस समय तक इस तरह की पत्र-पत्रिकाओं का विशाल साम्राज्य स्थापित नहीं कर सका।

अंबिका प्रसाद वाजपेयी के शब्दों में—''मूलचंद्रजी की व्यवसाय-बुद्धि और कार्यकुशलता से विश्वमित्र की यहाँ तक उन्नति हुई कि वह कलकत्ते से ही नहीं, दिल्ली, कानपुर, पटने और बंबई से भी प्रकाशित हो रहा है। पत्रों के स्वामित्व की दृष्टि से हम मूलचंद्रजी को हिंदी के लॉर्ड नॉर्थक्लिफ कह सकते हैं, परंतु नॉर्थक्लिफ की भाँति उन्होंने अपने पत्रों की उन्नति की ओर ध्यान नहीं दिया। उन्होंने विश्वमित्र मासिक और साप्ताहिक भी निकाले थे।''

पत्रकारों तथा पत्रकारिता के प्रति दृष्टिकोण

यहाँ अग्रवालजी का पत्रकारों तथा पत्रकारिता के प्रति दृष्टिकोण समझने, पत्रकार-कला के उन्नयन हेतु उनके प्रयासों पर विहंगम दृष्टिपात करना भी प्रासंगिक है। पत्रकारों का हितचिंतन, पत्रकार-कला को प्रभावी बनाने के उपाय तथा पत्रकारिता का गरिमामय प्रभाव बढ़ाने के प्रयासों के प्रति वह सदैव चिंतन करते थे। इस दृष्टि से वह पत्रकारों के सुदृढ़ संगठन के प्रबल समर्थक थे तथा उन्होंने अखिल भारतीय हिंदी पत्रकार सम्मेलन के लिए विशेष प्रयास किया था। उन दिनों पत्रकारों पर होने वाली दमनात्मक कारवाई का प्रतिकार सामूहिक रूप से किए जाने की वे सदैव वकालत करते रहे। उत्तरदायित्वपूर्ण पत्रकारिता, धनिकों से नगद पैसा न लेकर विज्ञापन के रूप में ही धन-स्वीकार करने की शुचितापूर्ण विज्ञापन नीति बनाने पर वे विशेष बल देते थे। वे कम मूल्य पर पाठकों को समाचार-पत्र उपलब्ध कराने तथा व्यावसायिक स्तर पर विज्ञापन को महत्त्व देकर पत्र के प्रकाशन[1] के लिए स्वयं आजीवन प्रयोग किए। उनके पत्रों में प्रमुख राजघरानों तथा देश के धनीमानी उद्योगपतियों के सचित्र परिचय प्रकाशित करना, इस दिशा में एक प्रयोग था कि इससे उनकी सद्भावना पत्र के प्रति बढ़े तथा विज्ञापन देकर पत्र को सशक्त आर्थिक सहयोग करें, जिससे विज्ञापन की शुचिता भी बनी रहे। 'विश्वमित्र' के रजत जयंती अंक में बड़े आकार के 20-25 पृष्ठ इस प्रयोग पर देने से उनकी इस नीति का सहज अनुमान किया जा सकता है। अन्य अंकों में भी यह प्रयोग दिखाई देता है। पत्रकारिता को प्रभावी बनाने के लिए वे पत्रकारों के प्रशिक्षण के प्रबल पक्षधर थे, ताकि पत्रकार गुणवत्तापूर्वक कार्य करें। इस हेतु उन्होंने 'विश्वमित्र' कार्यालय में एक प्रशिक्षण-विभाग स्थापित किया था। वे प्रतिभा-पारखी थे। जब कहीं बाहर जाते तथा प्रतिभाशाली युवक दिखते तो वे उन्हें 'विश्वमित्र' से जुड़ने का निमंत्रण देते तथा उन्हें एक गुरु की तरह पत्रकारिता की दीक्षा देते थे। इससे 'विश्वमित्र' अनेक पत्रकारों की दीक्षा भूमि बन गया था। उनके गृह जनपद जालौन के ही तीन युवकों स्व. जगदीश नारायण रूसिया, रामस्वरूप 'सिंदूर' तथा गोपालकृष्ण सक्सेना 'पंकज' को वे कोलकाता ले गए तथा उन्हें पत्रकार कला में दीक्षित करके नौकरी भी दी। उनके यहाँ प्रशिक्षण का अर्थ था—नौकरी पक्की। एक साक्षात्कार में कविवर रामस्वरूप 'सिंदूर' ने इन पंक्तियों के लेखक को बताया कि बाबूजी की प्रथम सीख होती

1. अयोध्या प्रसाद गुप्त 'कुमुद', जालौन जनपद की ऐतिहासिक-सांस्कृतिक पृष्ठभूमि, पृ. 10

थी—शुद्ध प्रूफ रीडिंग की। उनका मानना था कि प्रूफ की शुद्धता ही पत्र का प्राण है तथा प्रूफ रीडर संपादक से भी बड़ा है। उसके सामने से पूरा पत्र गुजरता है, कोई विसंगति या विशिष्ट स्थिति यदि प्रकाशित होने वाले समाचारों में आती है तो वह संपादक का ध्यान उस ओर आमंत्रित कर सकता है। पुनरुक्तियों से भी बचा जा सकता है। इससे अनेक बार बड़े लाभ होते हैं।

पत्रकारों के प्रेरणास्रोत तथा प्रोत्साहक

यह कम लोग ही जानते हैं कि विश्व में सर्वाधिक प्रसार वाले 'दैनिक जागरण' की स्थापना के प्रेरणास्रोत बाबू मूलचंद्र अग्रवाल ही थे। 'विश्वमित्र में प्रवेश करके पत्रकार-कला में दीक्षित जगदीश नारायण रूसिया (मूल निवासी कालपी-जनपद जालौन), अनेक वर्ष तक इस पत्र के साथ जुड़े रहे। जब अग्रवालजी ने 'स्वतंत्र' पत्र बंद किया तो उन्होंने रूसिया को परामर्श दिया कि वे इसे कानपुर या झाँसी से प्रकाशित करें। रूसिया ने कानपुर का मिजाज समझने तथा संभावना का आकलन करने हेतु कुछ दिन गणेश शंकर विद्यार्थी द्वारा स्थापित 'प्रताप' में उपसंपादक का कार्य किया। संभावना प्रतीत होने पर उन्होंने कालपी के हिंदी भवन से जुड़े अपने एक मित्र पूर्णचंद्र गुप्त से चर्चा की तथा साझीदारी में 'स्वतंत्र' निकालने की योजना बनी। रूसिया पूर्णचंद्र की पहले कोलकाता तथा बाद मे उरई में मूलचंद्रजी से भेंट कराने में निमित्त बने।

दैनिक जागरण समूह के अध्यक्ष योगेंद्र मोहन गुप्त लिखते हैं—"बुंदेलखंड के सपूत लाला मूलचंद्र अग्रवाल से भेंट करने पूर्णचंद्रजी उरई पहुँच गए। पूर्णचंद्रजी ने उनसे विचार-विमर्श किया तो उन्होंने कहा कि कलकत्ता में राष्ट्रीय विचारधारा की हिंदी की एक साप्ताहिक पत्रिका 'स्वतंत्र' बंद पड़ी है, तुम चाहो तो उस पत्रिका का प्रकाशन आरंभ कर दो! उसके प्रकाशन में तुम्हें कम परिश्रम करना पड़ेगा और पत्रिका की ख्याति व साख का लाभ भी मिल जाएगा। पूर्णचंद्रजी को उनका सुझाव सार्थक लगा और उन्होंने 'स्वतंत्र' निकालने का मन-ही-मन संकल्प कर लिया। उन दिनों मात्र जिलाधीश को सूचना दे देने पर किसी भी पत्र-पत्रिका का प्रकाशन किया जा सकता था। 'स्वतंत्र' युगांतर प्रेस में छपने लगी और रूसिया 'प्रताप' से इस्तीफा देकर पूर्णचंद्रजी के साथ पत्रिका का संपादन करने लगे।[1] सन् 1946 में 'स्वतंत्र' को झाँसी स्थानांतरित कर दिया गया।

---

1. योगेंद्र मोहन गुप्त (संपादक), पूर्ण प्रदक्षिणा, पृष्ठ 28

वहाँ भी रूसिया संपादन-कार्य देखते थे। 'स्वतंत्र' चल निकलने पर 'दैनिक जागरण' की योजना बनी। रूसिया को दैनिक के प्रबंधन-संपादन का अनुभव था ही, इससे साझीदारों में उत्साह था। किंतु 1942 में जागरण झाँसी के प्रकाशन के कुछ माह पूर्व रूसिया का निधन हो गया। तब जागरण जयचंद्र आर्य तथा पूर्णचंद्रजी दोनों भाइयों ने मिलकर निकाला। प्रारंभ में 'जागरण' तथा 'स्वतंत्र' के संयुक्त साप्ताहिक परिशिष्ट रूसियाजी की स्मृति में अंकित करके निकाले गए। इस प्रकार दैनिक जागरण के प्रकाशन की पृष्ठभूमि में मूलचंद्रजी ही प्रेरक थे। पाँच वर्ष बाद 1947 में 'दैनिक जागरण' कानपुर संस्करण निकाला गया। पूर्णचंद्रजी कानपुर आ गए, झाँसी में जयचंद्रजी कार्य देखते रहे। कालांतर में दैनिक जागरण को इतनी अधिक लोकप्रियता मिली कि वह संसार का सर्वाधिक प्रसारित हिंदी समाचार-पत्र बन गया।

मूलचंद्रजी के समाचार-पत्रों में इनके साथ कार्य कर चुके अनेक यशस्वी संपादक मूलचंद्रजी को पत्रकार कला के क्षेत्र में अपना गुरु मानते हैं। इनमें सत्यदेव विद्यालंकार का नाम विशेष रूप से उल्लेखनीय है। वे लिखते हैं—"मैंने एकलव्य के समान पत्रकार-कला के क्षेत्र में कुछ गुरुओं का वरण किया है। जो कुछ मैंने सीखा है, वह सब मैं उनकी कृपा का प्रसाद मानता हूँ। उनमें आदरणीय अग्रवालजी का स्थान प्रमुख है। कुछ बातों में कभी-कभी मतभेद रखते हुए भी उनके प्रति अपनी इस श्रद्धा एवं आदर में मैंने अंतर नहीं आने दिया।"[1]

वरिष्ठ पत्रकार हंसकुमार तिवारी भी 'विश्वमित्र' को पत्रकारिता के क्षेत्र में अपना प्रेरणास्रोत मानते हैं।[2]

प्रभावी पत्रकारिता के लिए संपादकों के ज्ञार्नाजन हेतु वे पुस्तकालय को आवश्यक मानते थे। इस दृष्टि से 'विश्वमित्र' कार्यालय में एक अच्छा पुस्तकालय था। इसे समृद्ध बनाने के लिए पत्र संचालक 'स्टेट्समैन' में छपे एक विज्ञापन को पढ़कर 'विश्व इतिहास' का पूरा सेट खरीदने स्वयं आसनसोल गए तथा मुँहमाँगी कीमत देकर खरीद लाए थे। 'तीन चमकती हुई अलमारियाँ जब पुस्तकों से सुसज्जित कर लगाई गईं, तो एक दिन वाजपेयीजी भी कौतूहलवश 'विश्वमित्र' कार्यालय में पधारे और पुस्तकों का संग्रह देखकर दंग रह गए।'[3]

पत्रकारों को श्रेष्ठ मानदंडों पर चलने तथा गुणवत्ता पूर्ण कार्यों के प्रोत्साहन

1. सत्यदेव विद्यालंकार, प्रथम दर्शन (विश्वमित्र रजत जयंती अंक), पृष्ठ 41
2. डॉ. वेदप्रताप वैदिक, हिंदी पत्रकारिता के विविध आयाम पृष्ठ 405
3. मूलचंद्र अग्रवाल, पत्रकार की आत्मकथा, पृष्ठ 87

के लिए उन्होंने 'विश्वमित्र' में कार्य करने वाले पत्रकारों तथा देश के अन्य हिंदी-सेवी पत्रकारों को पुरस्कृत करने के लिए पुरस्कार-योजनाएँ प्रारंभ की थीं। यह घोषणा 'विश्वमित्र' के स्वर्ण जयंती समारोह-1942 में की गई थी।

'विश्वमित्र' संचालक ने आभार प्रदर्शन करते हुए इस शुभ अवसर पर घोषणा की कि हिंदी पत्रकार साहित्य-सेवी कोष के लिए विश्वमित्र कार्यालय दस हजार रुपए प्रदान करता है और 'विश्वमित्र' परिवार के सदस्यों के लाभार्थ पंद्रह हजार रुपए। जिन पुराने सदस्यों ने अखंडित रूप से वर्षों काम किया, उन्हें शुभावसर पर स्वर्ण-मुद्रा से पुरस्कृत और सम्मानित किया गया। उन्होंने अपनी आत्मकथा से होने वाली समस्त आय 'हिंदी साहित्य-सेवी कोष' को प्रदान करने की घोषणा की थी।

पत्र-संचालन में वे मर्यादा और प्रतिष्ठा को अधिक महत्त्वपूर्ण मानते हैं—पत्र-संचालक यदि सदा जागरूक नहीं, तो सारी सफलता कपूर की तरह गायब। धन और पत्र-रक्षा में बाजी लगे, तो पत्र-संचालक को पत्र की रक्षा करनी होगी, उसकी मान-मर्यादा के सामने धन की परवा न करनी होगी।[1]

पत्रकार को अनुभव-अर्जन तथा ज्ञानवर्धन की दृष्टि से वे जेल-यात्रा को आवश्यक मानते हैं—इंग्लैंड के एक महान् दानी ने जेल का वास्तविक अनुभव प्राप्त करने के लिए जेलयात्रा की थी और जेल से बाहर आने के बाद वह कैदियों की सुख-सुविधा के लिए बहुत से सुकार्य संपन्न कर सका। भारत के पत्रकार जेल-जीवन से अनभिज्ञ रहने पर एक महत्त्वपूर्ण दुनिया से अनभिज्ञ रह जाते हैं। राष्ट्रीय आंदोलन में जब जेलयात्रा ने इतना प्रमुख स्थान प्राप्त कर रखा है, उस समय पत्रकार के लिए जेल-यात्रा ज्ञानवर्धन के लिए परम आवश्यक हो जाती है।[2]

पत्रकार कला के मर्म की व्याख्या करते हुए वे भारत में पत्रकारिता के भावी परिदृश्य की कल्पना इन शब्दों में करते हैं—"एक श्रमजीवी पत्रकार, पूँजीपति पत्रकार के रूप में दिखाई देने पर आलोचना की सामग्री हो सकता है, परंतु आदर्शवादी पत्रकार के बाद व्यावहारिक हिंदी पत्रकार की यह दूसरी पुश्त है। तीसरी पुश्त उन विशाल पूँजीपतियों की हो सकती है, जो अपार धन-राशि लगाकर समाचार-पत्रों का नियंत्रण करेंगे। पत्रकार-कला तभी सफल मानी जा

1. मूलचंद्र अग्रवाल, पत्रकार की आत्मकथा पृष्ठ 56
2. मूलचंद्र अग्रवाल, पत्रकार की आत्मकथा, पृष्ठ 51

सकती है, जब देश की आत्मा उसमें प्रतिध्वनित होती रहे। जिस दिन समाचार-पत्र में देश की आत्मा बोलना बंद कर देती है, वह जड़ कागजी पौधा हो जाता है। भारत के दो हृदय-सम्राट् लोकमान्य तिलक और महात्मा गांधी ने पत्रकार-कला को इसलिए अपनाया कि देश की आत्मा प्रभावपूर्ण शब्दों में बोले। संसार के सभी देशों में मानव उद्धारकों ने इस महान् अस्त्र की शरण ली। मैं तो इसी में अपना परम सौभाग्य समझता हूँ कि विधाता ने खींचतान कर मुझे पत्रकार कला का सेवक बनाया। दंभ से अपने को बचाने की मैंने हमेशा चेष्टा की और भगवान ने मेरी पवित्र भावना भली-भाँति पुरस्कृत की। पत्रकार-कला का तुच्छ पुजारी होने के कारण कला को सर्वमान्य और फलता-फूलता देखना अपना परम धर्म समझता हूँ। पत्रकार क्षेत्र में आए हुए या आने वाले यात्री यह बात कभी न भूलें कि आत्म-वंचना उनका सबसे बड़ा शत्रु सिद्ध होगी। योग्यता संपादन न करने पर अपने को सुयोग्य समझ लेना जीवन की सबसे बड़ी खाई साबित होगी। अकृतज्ञता जीवन का अभिशाप सिद्ध होगी। पत्र-संपादन और पत्र-संचालन बहुत बड़ी साधना, बहुत बड़ा योग और बहुत बड़ी तपस्या है। जिसने इससे भी अधिक मानप्रद और किसी वस्तु को समझा, उसने पत्रकार-कला का मर्म नहीं पहचाना और पत्रकार कला में वह स्थान प्राप्त करने में असमर्थ रहेगा, जो एक महान् सेवक को वास्तव में प्राप्त हो सकता है।"[1]

1941 में अखिल भारतीय हिंदी पत्रकार सम्मेलन में दिया गया भाषण उनकी पत्रकार विषयक चिंतन की दृष्टि से उल्लेखनीय है, इसे परिशिष्ट में दिया गया है।

□

---

1. मूलचंद्र अग्रवाल, पत्रकार की आत्मकथा, पृष्ठ 85-86

कीर्ति-स्तंभ : विश्वमित्र

युगीन परिस्थितियाँ

बाबू मूलचंद्र अग्रवाल ने लगभग एक दर्जन समाचारपत्र-पत्रिकाओं का संचालन-संपादन किया, तथापि उनका कीर्ति स्तंभ 'विश्वमित्र' ही है। पूर्व अध्यायों में यह विस्तृत चर्चा की जा चुकी है कि इसके दैनिक, साप्ताहिक तथा मासिक आवर्तन-संस्करणों के अतिरिक्त देश के पाँच महानगरों—कोलकाता, मुंबई, नई दिल्ली, पटना तथा कानपुर से एक साथ पाँच दैनिक संस्करण प्रकाशित होते थे। हिंदी क्या देश की किसी भाषा के समाचार-पत्र को तब यह गौरव प्राप्त नहीं हुआ था। अंग्रेजी के 'स्टेट्समैन' के भी केवल दो संस्करण प्रकाशित होते थे—कोलकाता तथा दिल्ली से। इस प्रकार उन्होंने देश के पत्रकार-जगत् में एक विशिष्ट स्थान बना लिया था। आज भी यह कोलकाता से प्रकाशित हो रहा है। डॉ. कृष्णबिहारी मिश्र के शब्दों में—"निष्ठा और लगन के अभाव में 'विश्वमित्र' का स्थान आज के श्रेष्ठ हिंदी दैनिक पत्रों में विशिष्ट नहीं है।"[1] अन्य संस्करण बंद हो गए हैं।

सर्वप्रथम आवश्यकता है, उन युगीन परिस्थितियों पर दृष्टि डालने की, जिनमें 'विश्वमित्र' ने अपनी जीवन-यात्रा प्रारंभ करके यह उच्चता प्राप्त की। 'विश्वमित्र' का प्रकाशन भारतीय-राजनीतिक परिवेश की दृष्टि से तिलक-युग तथा गांधी-युग के संधिकाल में 1917 ई. में कलकत्ता से प्रारंभ हुआ।

उस समय देश पराधीनता में जकड़ा था। 'बाँटो तथा राज्य करो' नीति अंग्रेजी सत्ता का अस्त्र बन चुकी थी। ब्रिटिश हुकूमत ने 1905 में बंगाल का विभाजन करके उसे दो भागों—पूर्वी बंगाल तथा पश्चिमी बंगाल में बाँट दिया था। बंग-भंग का संपूर्ण देश में विरोध हो रहा था। सांस्कृतिक, राजनीतिक तथा

1. कृष्णबिहारी मिश्र, हिंदी पत्रकारिता, पृष्ठ 392

आर्थिक दृष्टि से अति समृद्ध बंगाल का विभाजन भारत की अस्मिता पर कुठाराघात था। अंग्रेजों के इस निर्णय से क्षुब्ध कांग्रेस ने वंदेमातरम् तथा स्वदेशी का बिगुल फूँक दिया। कोलकाता उसका केंद्र बना। 7 अगस्त, 1905 को कोलकाता के टाउनहॉल में ऐतिहासिक सभा हुई, इसमें डॉ. राजेंद्र प्रसाद जैसी हस्तियों ने भाग लिया। इस सभा में 'विदेशी वस्तुओं के बहिष्कार' तथा 'स्वदेशी प्रचार' की शपथ ली गई। डॉ. राजेंद्र प्रसाद के शब्दों में—"7 अगस्त, 1905 की बड़ी सभा में, जिसमें विदेशी वस्तुओं का बायकॉट और स्वदेशी के प्रचार का निश्चय हुआ, मैं शरीक था। उसमें बहुत उत्साह था। लोगों ने व्रत लिया कि स्वदेशी का ही वे व्यवहार करेंगे। मेरे लिए इसमें कोई कठिनाई थी नहीं, क्योंकि मैं बहुत पहले से ही स्वदेशी वस्तुओं का व्यवहार किया करता था। आंदोलन खूब जोरों से चला। प्रायः प्रतिदिन कहीं-न-कहीं सार्वजनिक सभाएँ होतीं। हम सब जाते। कहीं सुरेंद्र बाबू, कहीं विपिन चंद्रपाल, कहीं ए. चौधरी, कहीं अरविंद घोष के भाषण होते। बड़ों की तो मुझे खबर नहीं, विद्यार्थियों में नया जोश और उत्साह पैदा हो गया।[1] इसके साथ ही कलकत्ता स्वदेशी आंदोलन तथा देश की राजनैतिक हलचलों का केंद्र बन गया। साहित्य, पत्रकारिता तथा प्रकाशन का केंद्र वह पहले से था ही। 'उक्त आंदोलन को वैचारिक अवलंब देने वालों में विपिनचंद्र पाल, श्रीअरविंद और रवींद्रनाथ ठाकुर का नाम विशेष उल्लेखनीय है। सुरेंद्रनाथ बनर्जी का नेतृत्व था ही। विपिनचंद्र, अरविंद और रवींद्र की वृहत्रयी भी मात्र राजनीतिक स्वातंत्र्य आंदोलन के पक्ष में नहीं थी, बल्कि इसका महत्उद्देश्य था—राष्ट्र का आध्यात्मिक पुनर्जागरण। इनके सक्रिय सहयोगियों में बंगाल में ब्रह्मबांधव उपाध्याय, अश्विनी कुमार दत्त, मनोरंजन गुहा, ठाकुरता और भगिनी निवेदिता प्रमुख थीं। अन्य बंगाली समर्थकों में आशुतोष चौधरी, अब्दुल रसूल, हीरेंद्रनाथ दत्त और चितरंजन दास थे।[2]

सन् 1907 के सूरत अधिवेशन में लोकमान्य बाल गंगाधर तिलक ने 'स्वराज्य हमारा जन्मसिद्ध अधिकार है' का आवाहन करके एक नए संकल्प की ओर देश का ध्यान आकर्षित किया था। सन् 1909 में ब्रिटिश सत्ता ने फिर एक घिनौनी हरकत की। 'मार्ले मिंटो सुधार कानून' में मुसलमानों को अलग प्रतिनिधित्व

---

1. डॉ. राजेंद्र प्रसाद, आत्मकथा, पृष्ठ 53
2. जोगेशचंद्र बागल, स्टडीज इन द बंगाल रेनेसॉ, पृष्ठ 566-567 संपठित कृष्णबिहारी मिश्र, हिंदी पत्रकारिता, पृष्ठ 243-244

देने का प्रस्ताव किया, इससे हिंदू-मुसलिम एकता में दरार कायम हो गई। सन् 1911 में दिल्ली-दरबार हुआ। सन् 1914 में प्रथम विश्वयुद्ध प्रारंभ हो गया, जो सन् 1918 तक चला। संपूर्ण विश्व दो खेमों में बँट गया। युद्ध के कारण महँगाई बढ़ी, व्यापारिक क्षेत्रों में उथल-पुथल प्रारंभ हो गई। व्यापारिक क्षेत्र में व्यापारीगण नित्य-प्रति युद्ध का समाचार जानने, विश्व गतिविधियों के परिप्रेक्ष्य में राजनीतिक अस्थिरता के घटनाक्रम के प्रति जिज्ञासु हो गए थे। कोलकाता का फोर्ट विलियम अंग्रेजों का सत्ता-केंद्र था तथा यह महानगर देश की आर्थिक राजधानी बन चुका था। इसीलिए देश भर की निगाहें वहाँ टिकी रहती थीं।

इन परिस्थितियों में उस समय राष्ट्रीय राजनीतिक घटनाक्रम तेजी से घूम रहा था। तिलक द्वारा 'स्वराज' की उठाई गई आवाज महानगरों में गूँज चुकी थी, उसे देश-व्यापी बनाने के लिए गाँव-गाँव तक किसान-मजदूरों में पहुँचाकर सच्चे अर्थों में आंदोलन को राष्ट्रीय स्वरूप देने की आवश्यकता अनुभव की जा रही थी। इसी बीच 1914 में गांधीजी दक्षिण अफ्रीका से भारत आ गए। कोलकाता में, 1917 में कांग्रेस का अधिवेशन सन्निकट था। गांधीजी 'ग्राम-स्वराज' की अवधारणा लेकर किसानों-मजदूरों, शोषितों सहित ग्राम-देवता के दर्शन करने देश-व्यापी यात्रा पर निकल पड़े। उन्होंने 1917 में चंपारण (बिहार) में किसानों के लिए सविनय अवज्ञा आंदोलन किया, अहमदाबाद में मिल-मजदूरों की 21 दिवसीय हड़ताल का नेतृत्व किया। इसी वर्ष पारित रौलेट ऐक्ट 18 मार्च, 1919 को लागू होते ही देश भभक उठा, विरोध में सभाओं-प्रदर्शनों का दौर प्रारंभ हो गया। इसकी प्रतिक्रिया में हुई अमृतसर की एक सभा में 13 अप्रैल, 1919 को डायर ने नृशंस हत्याकांड करके इस आग में घी की आहुति डालने का कार्य किया।

सन् 1917 में कलकत्ता के कांग्रेस-अधिवेशन में हिंदी की चर्चा राष्ट्रभाषा के रूप में होने लगी थी। राजनीतिक पत्रकारिता में यहीं से एक नया युग प्रारंभ होता है।[1] इस बीच कोलकाता में कांग्रेस के चार राष्ट्रीय अधिवेशन सन् 1911, 1917, 1920 तथा 1923 में हुए।[2] इससे वह राष्ट्रीय आंदोलन का गढ़ बन चुका था। पत्रकारिता तथा साहित्य-प्रकाशन का वह गढ़ ही था।

मूलचंद्र अग्रवाल बी.ए. की परीक्षा देने के पश्चात् दैवी प्रेरणा से मेरठ तथा इलाहाबाद होकर कोलकाता पहुँचे। वह अपने जीवन की दिशा तय करने की

---

1. राइज एंड ग्रोथ आफ हिंदी जर्नलिज्म, डॉ. रामरतन भटनागर, पृष्ठ 357
2. 1857-1947 स्वातंत्र्य संग्राम सत्र, आचार्य सोहन लाल रामरंग, पृष्ठ 378

विचार-प्रक्रिया में थे। मेरठ से चलते समय अपने दो प्रशंसकों समाजसेवी सर सीताराम तथा छात्रहितैषी अध्यापक एवं साहित्यकार राधामोहन गोकुल से दो परिचयात्मक-सिफारिशी पत्र लेकर चले थे। कोलकाता वे प्रथम बार आए, स्मृति में यह था कि उनके एक सहपाठी कुँवर गणेश सिंह भदौरिया 'कलकत्ता समाचार' में सह संपादक हैं। अग्रवालजी के पास कोई आर्थिक संसाधन नहीं थे। राधामोहन गोकुल के सिफारिशी पत्र से मारवाड़ी लॉज में निःशुल्क आवास की व्यवस्था हो गई। वे अपने सहपाठी कुँवर गणेशसिंह भदौरिया से मिलने गए, उनसे कोई विशेष सकारात्मक उत्तर नहीं मिला। किंतु उनका कार्य देखकर अग्रवालजी के मन में पत्रकारिता क्षेत्र में प्रवेश की इच्छा जाग्रत् हुई।

बाबू मूलचंद्रजी छात्रजीवन से ही तिलकजी से प्रभावित थे। कोलकाता की गतिविधियों तथा गांधीजी के नेतृत्व का प्रभाव उन पर पड़ चुका था। अपने पत्रों के माध्यम से राष्ट्रीय आंदोलन, सामाजिक-दुर्दशा के विरुद्ध सुधारात्मक कार्यों को अपने समाचार-पत्रों की नीति के रूप में सामने रखकर पत्रकारिता के क्षेत्र में उल्लेखनीय अवदान दिया। उन्होंने अपनी आत्मकथा में यह स्वीकार किया कि 'विश्वमित्र' द्वारा समाज-सुधार का जबरदस्त समर्थन होने के फलस्वरूप मैं अखिल भारतीय अग्रवाल महासभा के जबलपुर अधिवेशन का सभापति बनाया गया। अब तक मैंने अपना भाषण कभी लिखा न था, मौखिक भाषण देने में पूर्ण स्वतंत्रता अनुभव करता, परंतु इसका भाषण लिखना पड़ा। भाषण यद्यपि एक जातीय महासभा के मंच से दिया गया था, परंतु राष्ट्रीय और सामाजिक दृष्टिकोण से वह काफी पसंद किया गया।[1]

पूरा भाषण पढ़ने तथा 'विश्वमित्र' की प्राप्त फाइलों के अवलोकन से यह स्पष्ट प्रतीत होता है कि वह वस्तुतः 'विश्वमित्र' के संपादकीय विभाग का नीति-पत्र था। इसमें नारी जागरण, स्वदेश स्वदेशी और स्वराज, धर्म और रूढ़िवाद, लोकमत प्रमुख बिंदु हैं। 'विश्वमित्र' का 'नारी जागरण अंक' इस नीति का एक प्रत्यक्ष उदाहरण है। इस सैद्धांतिक अवधारणा को क्रियात्मक-प्रेरक स्वरूप देने के लिए उन्होंने उक्त महासभा के मंच का उपयोग किया, ताकि 'विश्वमित्र' की पहल सामाजिक-क्षेत्र में साकार रूप ग्रहण कर सके। इस दृष्टि से 'विश्वमित्र' तथा मूलचंद्रजी के अवदान का मूल्यांकन करने हेतु उक्त भाषण को हृदयंगम करना आवश्यक है।

---

1. अंबिका प्रसाद वाजपेयी, समाचार—पत्रों का इतिहास, पृष्ठ 1

प्रारंभिक कथा-व्यथा

उन दिनों कलकत्ता में तीन हिंदी पत्रों का विशेष प्रभाव था—'दैनिक भारतमित्र', 'कलकत्ता-समाचार' और 'बंगवासी'। उन्होंने दैनिक भारतमित्र के संपादक अंबिकाप्रसाद वाजपेयी तथा बंगवासी के संपादक हरिकृष्ण जौहर से भेंट की। वाजपेयीजी ने उनसे प्रभावित होकर उन्हें पैंतालीस रुपए माहवार पर अनुवादक की नौकरी भी दे दी। इस प्रकार वे पत्रकारिता के क्षेत्र में आ गए। यहाँ एक पत्र के अन्य संपादक वरिष्ठ पत्रकार बाबूराव विष्णु पराड़कर से उनकी भेंट निकटता में बदल गई। 'भारतमित्र' के एक डायरेक्टर हास्य रसावतार पं. जगन्नाथ प्रसाद चतुर्वेदी का भी निकट सान्निध्य मिला।

उन्होंने इन दिग्गज पत्रकारों के चरणों में बैठकर पत्रकारिता का प्रारंभिक पाठ सीखा। कुछ दिन बाद वे अपने घर ग्राम कोटरा वापस लौट गए। किंतु कुछ समय बाद वे पुनः वापस कोलकाता आ गए। तब 'भारतमित्र' में स्थान खाली नहीं था। उनके सहपाठी कुँवर गणेश सिंह भदौरिया उस समय तक 'कलकत्ता समाचार' के प्रधान संपादक बन चुके थे। इससे वे भदौरिया के सहयोग से 'कलकत्ता समाचार' में सहकारी संपादक बना दिए गए।

'भारतमित्र' और 'कलकत्ता-समाचार' में प्रधान संपादक का रुतवा देखकर उनके मन में भी अपना समाचार-पत्र प्रकाशित करने तथा उसका प्रधान-संपादक बनने का सपना पलने लगा। मूलचंद्रजी ने सर्वप्रथम अपना प्रेस लगाने का निश्चय किया। उनके पास कोई आर्थिक संसाधन नहीं थे। इससे किसी प्रकार संसाधन जुटाकर 'स्वलप्रारंभ श्रेयस्कर:' के आधार पर एक छोटा प्रेस लगाने की योजना बनी।

समाचार-पत्र का नामकरण

मूलचंद्रजी भारतीय संस्कृति के पोषक थे, इसलिए समाचार-पत्र के नामकरण पर विचार करते हुए तेजस्वी मुनि 'विश्वामित्र' के नाम पर समाचार-पत्र का प्रकाशन करने का निश्चय किया गया। कुछ लोगों को यह भ्रम है कि उस समय कलकत्ता के प्रमुख दैनिक 'भारतमित्र' के अनुकरण में 'विश्वमित्र' नाम रखा गया। नामकरण के बारे में स्वयं मूलचंद्र अग्रवालजी लिखते है—"मुझे चिंता हुई पत्र के नामकरण की। 'भारतमित्र' का अनुकरण कर 'विश्वमित्र' नाम नए पत्र को दिया गया, यह ठीक नहीं। मेरे दिमाग में इस तरह की कोई बात न थी। आज काफी अनुकरण प्रिय होने पर भी उस समय मौलिकता के प्रवाह में ही बहा करता था।

"पत्र का नाम ऐसा हो कि मौका पड़ने पर उसे अंग्रेजी जामा पहनाया जा सके। यह कल्पना जाग्रत् हुई। न किसी परिपाटी पर विचार किया गया और न राष्ट्रीय, धार्मिक, सामाजिक या अंतरराष्ट्रीय संबंध ही सामने आया। दिमाग ने पेश किया नाम 'विश्वामित्र'। बड़े ओजस्वी मुनि जो थे भारतवर्ष के। बड़ी खुशी हुई कि हिंदी और अंग्रेजी दोनों दैनिकों में यह नाम भली-भाँति चल सकेगा। प्रथमांक तो निकला और उस पर नाम था 'विश्वामित्र'। शुभचिंतकों ने सलाह दी कि 'विश्वामित्र' ठीक नहीं। इस पर बदलकर 'विश्वमित्र' कर दिया गया।"[1]

इस समाचार-पत्र को प्रारंभ करने के लिए व्यावसायिक बुद्धि से उचित अवसर की तलाश थी। युद्धकाल चल ही रहा था। उस समय समाचारों की जिज्ञासा का सही समय था। मूलचंद्रजी ने विचार किया कि कांग्रेस के गढ़ कोलकाता में भारतीय राष्ट्रीय कांग्रेस का राष्ट्रीय अधिवेशन होने वाला है। उस अवसर पर प्रारंभ होने से वह अधिक चर्चा में रहेगा। अग्रवालजी कांग्रेस के इस अधिवेशन के स्वागत-मंत्री भी बनाए गए थे।

कार्यालय तथा मुद्रणालय

आशुतोष बनर्जी नामक एक सज्जन बड़ा बाजार के निकट 'बनर्जी प्रेस' का संचालन करते थे। वह कर्ज में डूबे थे। नया साझीदार ढूँढ़ रहे थे। अग्रवालजी को छापाखाना ठीक जँचा तथा एक परिचित से दो हजार रुपया ऋण लेकर यह धनराशि बनर्जी प्रेस के स्वत्वाधिकारी को देकर उसमें साझीदार बन गए। प्रारंभिक दौर में छपाई का जॉबवर्क किया गया। यह कार्य उस प्रेस में पहले से ही होता था।

पत्र-संचालक का पुराना किराए का मकान इस दृष्टि से अपर्याप्त था। प्रेस कार्यालय तथा मुद्रणालय के लिए भवन की तलाश की गई। युद्धकाल में मकान भाड़ा महँगा हो गया था। पत्र-संचालक के पास धन का अभाव था, किंतु आर्थिक नियोजन अच्छा करना जानते थे। उनका लक्ष्य सदैव ऊँचा रहता था। मकान बड़ा चाहिए था, क्योंकि उनकी कल्पना थी कि समाचार-पत्र 'टाइम्स आफ इंडिया' से टक्कर लेने वाला हो। संयोग से, बड़ी खोजबीन के बाद बड़ा बाजार के केंद्र में एक आलीशान मकान एक मंदिर के ट्रस्ट का मिल गया जो 'भुतहा कोठी' के नाम से प्रसिद्ध था। सात-आठ सौ रुपया माहवारी किराया लेनेवाला मकान

---

1. मूलचंद्र अग्रवाल, पत्रकार की आत्मकथा, पृष्ठ 41-43

एकदम खाली। किराया तय हुआ चार सौ रुपया माहवार। अग्रवालजी ने उसमें एक चिकित्सालय को सवा सौ रुपए पर एक तल्ला, गाँठे भरने के गोदाम को अस्सी रुपए माहवार पर एक तल्ला, एक हिस्से में रिहायसी किराएदार को चालीस रुपए पर सिकमी किराए का उठाकर शेष प्रेस तथा आवास के लिए सुरक्षित कर लिया। 'इस तरह लगभग ढाई सौ रुपए का प्रश्न हल हो गया, प्रेस के जिम्मे डेढ़ सौ रुपए रहा।' बनर्जी प्रेस के हैंड-प्रेस की मशीन आदि इस मकान नं. 13 नरायन प्रसाद बाबू लेन में स्थानांतरित कर दी गई तथा यह भवन 'विश्वमित्र' की जन्मभूमि बना।

कुछ दिनों बाद कुछ और कर्ज लेकर, साझीदार का हिसाब चुकता करके, अग्रवालजी प्रेस के मालिक बन गए। किंतु यह प्रेस छोटा था। समाचार-पत्र का आकार बढ़ने के बाद पत्र कुछ दिनों सुप्रसिद्ध प्रकाशक रामलाल बर्मन के प्रेस में छपा। 1930 में पुनः कार्यालय बदला गया तथा चौमंजिला निजी भवन, हैरीसन रोड के पीछे खरीदकर उसमें 'विश्वमित्र' लाया गया। इस भवन में विशालकाय अमेरिकन रोटरी मशीन, जो एक घंटे में पच्चीस हजार प्रतियाँ छापती थी तथा भारत की प्रथम लाइनोटाइप मशीन स्थापित की गई। मशीन के आविष्कारक हरि जी. गोविल स्वयं आए। हर समय नए टाइप मिलने की सुविधा से प्रेस भवन में टाइप फाउंड्री स्थापित तथा ब्लॉक बनाने की व्यवस्था की गई एवं भिन्न-भिन्न प्रकार की मशीनों से मुद्रणालय का विस्तार किया गया। पृथक् से छपाई विभाग-स्थापित किया गया, जिसमें अनेक मिलों तथा अन्य स्थानों से व्यावसायिक छपाई का कार्य भी अच्छे स्तर पर किया गया।

उत्तरोत्तर उन्नति ही नवीन उद्योगों की जननी थी। सीधे नॉर्वे तथा कनाडा से कागज मँगाया जाता था। चिकना, रंगीन सब तरह का कागज उसे आकर्षक बनाने के लिए प्रयोग में लाया जाता और लाखों का कागज हमेशा स्टॉक में रखा जाता था।

प्रेस की अनुभव-शून्यता

मूलचंद्रजी ने पत्र-संपादन का कुछ ज्ञान पहले 'दैनिक भारतमित्र' में और बाद में 'कलकत्ता समाचार' में रहकर प्राप्त किया था। पर प्रेस-संचालन का उन्हें कुछ भी अनुभव न था। पर धीरे-धीरे उन्होंने प्रेस का काम समझ लिया। मूलचंद्रजी की अनुभव-शून्यता की स्थिति यह थी कि वे यह भी नहीं जानते थे कि प्रेस के टाइप का पहले से फाउंड्री को ऑर्डर देना होता है। जब उनके

प्रेस-साझीदार आशुतोष बनर्जी ने उनसे कहा, "बाबूजी, अब जल्दी ही पत्र निकालना है, तो टाइप के लिए ऑर्डर दे देना चाहिए।" वे लिखते हैं—"यह तो नई बात सुनाई दी। क्या कलकत्ता नगर में आटा-दाल के समान टाइप नहीं बिकता। एक हाथ से रुपए देंगे और दूसरे हाथ से तुरंत टाइप सँभाल लेंगे। तौलने में कितनी देर लगेगी, मनों आटा घंटे भर में तुल जाया करता है।" खैर, टाइप का ऑर्डर दे दिया गया।

नए पत्र के चमकने की कथा

बाबूजी के शब्दों में—"नया दैनिक तुरंत कैसे चमका? लड़ाई का जमाना था। कलकत्ता विशाल व्यापारी नगर है। सब हिंदी जानने वाले व्यापारी लड़ाई के ताजे संवाद जानने को व्याकुल रहते थे। हिंदी दैनिक 'आज' के युद्ध संवाद अंग्रेजी पत्रों से अनुवादित कर दूसरे दिन प्रकाशित करते थे। नए दैनिक के संचालक को यह सूझ प्राप्त हुई कि यदि तीसरे पहर पत्र निकाला जाए, तो व्यापारी उसी दिन युद्ध संवाद पढ़ लेंगे। यह सूझ बड़ी लाभदायक सिद्ध हुई। अखबारनवीसी में लाखों-करोड़ों रुपयों से अधिक महत्त्व सूझ का है। प्रत्येक व्यवसाय में सूझ तुरंत फल देती है। हर रोज संध्या को बादामी कागज पर दो पैसे का दैनिक चार पृष्ठों में प्रकाशित किया गया। पत्र की बिक्री में लाभ और घाटे का नामोनिशान नहीं। पंडित मातासेवकजी पाठक संपादकीय कार्यभार हलका करने के लिए 'भारतमित्र' से आ गए थे और प्रबंध-विभाग के लिए मिल गए श्री सूर्यनारायण राय, जो पीर बावर्ची भिश्ती—सबकुछ थे और काफी फाकेमस्त थे। कार्यालय में रहते। किसी तरह पेट भर लेते और हर समय काम करने को तैयार मिलते। मकान भाड़ा चुकाया ही न जाता था। अन्य किराएदारों से प्राप्त लगभग ढाई सौ रुपया प्रतिमास मिल जाता था। वह भी 'विश्वमित्र' कार्यालय की आमदनी बन चुकी थी। वही दैनिक पत्र का मासिक व्यय पूरा कर सकती थी। अपने परिवार के लिए संचालक को हर रोज दो रुपए पर्याप्त थे। गाड़ी मजे में चलती दिखाई देने लगी। विज्ञापन एकत्र करने की कोई चिंता न थी और प्रयत्न भी नहीं, परंतु तीसरा पत्र बड़े बाजार में इतनी धूम से बिकता देख शहर में चलने वाले दो प्रधान थिएटर अपनी ओर से पत्र में विज्ञापन देने पहुँच गए और उनसे लगभग एक सौ रुपए महीने की निश्चित आय हो गई। अन्य छोटे-छोटे विज्ञापन आए और उनसे एक सौ रुपया महीना प्राप्त होने लगा। संचालक को अंधकार के स्थान में पूर्ण प्रकाश दिखाई देने लगा।

"पुराने हिंदी दैनिक अधिक व्यय के कारण घाटे में चल रहे थे और नया दैनिक 'विश्वमित्र' स्वावलंबी था। आशू बाबू का छपाई विभाग कुछ आमदनी ला रहा था। यदि उस ओर अच्छी तरह ध्यान दिया जाता, तो खासी आमदनी हो सकती थी। आशू बाबू के पुराने कर्जदार दोनों साझियों को तंग करने लगे, इसलिए दो हजार रुपए चुका कर बनर्जी प्रेस का मैं स्वत्वाधिकारी बन गया। अब एक और नई सूझ सामने आई। पत्र को प्रात:कालीन बनाकर ताजे संवाद देने की व्यवस्था। हिंदी दैनिकों में सबसे आगे बढ़ने की धुन। मेरा तो नियम ही छात्रावस्था से हर रोज रात के 2 बजे उठने का रहा है। 2 बजे उठकर मैं एक आदमी साइकिल पर 'स्टेट्समैन' ऑफिस दौड़ा देता और वह 3 बजे के लगभग अंग्रेजी दैनिक की नई प्रति लेकर 'विश्वमित्र' कार्यालय पहुँच जाता। पाठकजी भी सवेरे उठने वाले संपादक थे। हम दोनों अंग्रेजी पत्र से चुने हुए महत्त्वपूर्ण संवादों का अनुवाद कर दो घंटे में दे देते और तेज कंपोजीटर कंपोज करके चले जाते। 7 बजे तक 'विश्वमित्र' बहुत से महत्त्वूपर्ण संवाद लेकर बाजार में दिखाई देने लगता। इससे पत्र की ख्याति और लोकप्रियता स्थानीय पाठकों में काफी बढ़ गई और 'विश्वमित्र' अब नया रंगरूट न माना जाकर एक स्थिर हिंदी दैनिक समझा जाने लगा। घाटा भी नहीं और पत्र की लोकप्रियता वृद्धि की ओर। 'रमतायोगी' अपनी धूम अलग मचाए हुए था।"[1]

इस पत्र को चमकाने में अग्रवालजी ने कठोर परिश्रम किया। उसकी चर्चा आचार्य शिवपूजन सहाय ने इन शब्दों में की—"जिन दिनों अफीम चौरस्ते के नुक्कड़ पर एक मकान में आपका कंपोजिंग प्रेस था, वहाँ से आपने लिबर्टी नामक एक संवाद-पत्र भी निकाला था, उन दिनों आपका अनवरत परिश्रम देखते ही बनता था। आपकी वह कार्य संलग्नता आज फूली-फली है, जिसे देख प्रत्येक हिंदी-प्रेमी गर्व का अनुभव कर रहा है। अहोरात परिश्रम करने की वैसी सही लगन हिंदी-पत्रकार जगत् में केवल गणेश शंकर विद्यार्थी में ही देखी सुनी गई और तो किसी में नहीं। उस समय आपके पास प्रेस की कोई मशीन नहीं थी, कुछ टाइप मात्र थे। खयाल कीजिए, बड़ा बाजार में अखबार कंपोज होता और छपता अपर चितपुर रोड के बर्मन प्रेस में। व्यवस्था, संपादन, दौड़-धूप सारा काम अधिकतर आप ही स्वयं करते। रामलाल बर्मन आपकी पक्की धुन देखकर कहा करते—इनकी सफलता आले पर रखी हुई है। यद्यपि बर्मनजी कोई भविष्यद्रष्टा

1. मूलचंद्र अग्रवाल, पत्रकार की आत्मकथा पृष्ठ, 43-44

नहीं थे तथापि दूरदर्शी तो अवश्य ही थे। उनकी बात आज प्रत्यक्ष ही सत्य दीख पड़ती है। शायद उनके कंठ में बसा जगन्नियंता ही बोल रहा था। सचमुच,अपने भाग्य के विधाता आप स्वयं ही हैं।''[1]

संपादकीय दृष्टिकोण

विश्वमित्र की नीति देश-विदेश के ताजे समाचारों के साथ व्यापारिक क्षेत्र के महत्त्वपूर्ण समाचार, घटनाक्रम तथा विस्तृत बाजार भाव देना था। यह पत्र राष्ट्रीय आंदोलन स्वराज, स्वदेशी तथा वंदेमातरम् का कट्टर समर्थक था। इसका एक प्रमुख उद्देश्य हिंदी भाषा का प्रचार-प्रसार, राष्ट्रीय चेतना का प्रसार तथा प्रवासी भारतीयों का हित चिंतन था। यह हिंदू संगठन का कट्टर पक्षपाती था। समाज सुधार की भी दिशा में पत्र का चिंतन उदारवादी था। समाज-सुधार के विभिन्न आयामों यथा हरिजन उद्धार, महिला-जागरण, दहेज-उन्मूलन, विधवा-विवाह प्रोत्साहन, गुलामी-प्रथा, बाल-विवाह और बेमेल-विवाहों का विरोध इसकी आधारभूत नीतियों में सम्मिलित था। अंधविश्वासों तथा धार्मिक रूढ़िवादिता के विरुद्ध यह पत्र जमकर लिखता था। 'विश्वमित्र' की नीति प्रवासी भारतीयों के हितों की रक्षा की भी रही है। उन्होंने (मूलचंद्रजी ने) अपने पत्रों में प्रवासी प्रश्नों को सर्वदा प्रमुख स्थान दिया है। इस प्रकार वे हिंदुस्तान में ही नहीं, प्रवासी-भारतीयों में भी आदर और प्रेम की दृष्टि से देखे जाते हैं।[2] इसमें प्रकाशित लेख गंभीर, मर्म-स्पर्शी, विचारोत्तेजक तथा पाठकों को दिशा देने वाले होते थे।

'विश्वमित्र' के नए दृष्टिकोण से विश्वमित्र की प्रभावी उन्नति हुई। मूलचंद्रजी अपनी आत्मकथा में स्वयं लिखते हैं—''उसने सामाजिक प्रगतियों का जोरदार समर्थन प्रारंभ कर दिया, तो सुधारवादी प्रेम से और विरोधी आलोचना की दृष्टि से उसे खरीदकर पढ़ने लगे। बाल-विधवाओं के संबंध में उसने समाज के सम्मुख यह दृष्टिकोण रखा कि उनका पुनर्विवाह होना चाहिए। न तो दैनिक 'भारतमित्र' और न लोकप्रिय 'स्वतंत्र' ही इस दृष्टिकोण का हृदय से समर्थन कर सकते थे। नया दृष्टिकोण रखने वाले दैनिक को अनिवार्य रूप से पनपना ही था।''

नियमित स्तंभ

दैनिक 'विश्वमित्र' के स्थायी स्तंभ थे—रमता योगी, सप्ताह की डायरी,

1. शिवपूजन सहाय, विश्वामित्र रजत जयंती अंक, पृष्ठ 25
2. स्वामी भवानीदयाल संन्यासी, विश्वमित्र रजत जयंती अंक, पृष्ठ 19

सार सूचना, साप्ताहिक हलचल, खबर से बेखबर, मिर्चमसाला, रात दस बजे, सामयिक समाचार तथा बाजार-भाव। इसमें 'रमता योगी' मनोरंजन स्तंभ वह स्वयं लिखते थे। इसकी प्रेरणा उन्हें 'भारतमित्र' के मैनेजिंग डायरेक्टर जगन्नाथ प्रसाद चतुर्वेदी से मिली थी। वे भारतमित्र में व्यंग्य स्तंभ 'मौजी' लिखा करते थे। 'मौजी' के 'भारतमित्र' में प्रकाशित होने के कारण काफी चर्चा होती थी। अग्रवालजी हास्याचार्य तो थे नहीं, परंतु न जाने कहाँ से दिमाग में 'रमता योगी' घुस गया। कलकत्ता में उसके मनोरंजन ने इतनी धूम मचाई कि दानवीर सेठ युगल किशोरजी बिड़ला ने प्रभावित होकर एक बार अपने मुनीम से पंद्रह सौ रुपए भेज दिए और आग्रहपूर्ण निमंत्रण दिया संपादकजी को मुलाकात के लिए।''

'रमता योगी' स्तंभ 'विश्वमित्र' का विशेष आकर्षण था। एक पृष्ठ में अनेक घटनाओं पर चुटकी लेते हुए बिना नामोल्लेख के विनोदात्मक शैली में लिखे गए क्षणिकाओं—जैसे छोटे-छोटे व्यंग्य, कटाक्षपरक होते थे। वे संबंधित व्यक्ति को तेजी से चुभते थे, किंतु पाठकों का अच्छा-खासा मनोरंजन करते थे। उदाहरणार्थ रमता योगी के कुछ अंश परिशिष्ट में दिए जा रहे हैं। विश्वमित्र को पाठकों से जोड़ने के लिए अपरिहार्य मानते हुए उन्होंने जेल में रहकर भी 'रमता योगी' के लिए काफी सामग्री तैयार की। अपने जेल-जीवन को याद करते हुए वे लिखते हैं—'''विश्वमित्र' को लोकप्रिय बनाने के लिए मैं प्रतिदिन 'रमता योगी' शीर्षक से एक मनोरंजन कालम लिखा करता था। जेल में काफी समय मिला। इसलिए मैंने पाँच-छह महीनों का सामान एकत्र कर भेज दिया, जो धारावाहिक रूप में 'विश्वमित्र' में प्रकशित होता रहा और थोड़े से बचे हुए पाठकों का मनोरंजन करता रहा।''[1]

राष्ट्रीय आंदोलन से जुड़े नेताओं तथा आदर्श एवं प्रेरणादायी महिलाओं पर लेखों का प्राय: प्रकाशन होता था। उदाहरणार्थ—इसमें स्व. गणेश शंकर विद्यार्थी, पराड़करजी तथा अग्रणी महिलाओं में श्रीमती एनी बेसेंट, कस्तूरबा गांधी, सरोजनी नायडू आदि पर भी लेख प्रकाशित किए जाते थे। इसके साथ ही कुछ अन्य लेखों के शीर्षक द्रष्टव्य हैं—हरिजनों को मंदिर में जाने का अधिकार है, अछूतों के अछूत, सनातन धर्मियों सावधान! किसानों के कष्ट और उनसे छुटकारा, स्त्री-शिक्षा की प्रगति, विधवा-विवाह विहंगावलोकन, सभ्य संसार में गुलामी की प्रथा, हिंदुओ! आँखें खोलो, भारत में प्लेग महारोग, बिहार में विनाशकारी भूकंप, यहूदियों पर विश्वव्यापी अत्याचार, पार्लियामेंट में भारत, विधवाओं का पुनर्विवाह,

1. मूलचंद्र अग्रवाल, पत्रकार की आत्मकथा, पृष्ठ 51-52

राष्ट्रीय चीन को मदद, हिंदू धर्म का महत्त्व, दो साल में स्वराज्य आदि।

अनेक ख्यातिप्राप्त विद्वानों तथा राजनेताओं के लेख इसमें प्रायः प्रकाशित होते थे। 'विश्वमित्र' की फाइलें देखने पर उनमें विनायक दामोदर सावरकर, महामना मदनमोहन मालवीय, सुभाषचंद्र बोस, भाई परमानंद, जी.के. नारीमन, रामनाथ 'सुमन', जगन्नाथ प्रसाद मिश्र, शचींद्र नाथ सान्याल आदि के लेख, भगवती प्रसाद वाजपेयी, उषादेवी मित्रा आदि की कहानियाँ तथा राष्ट्रकवि मैथिलीशरण गुप्त, हरिऔध, प्रसादजी आदि जैसे स्वनामधन्य कवियों की कविताएँ भी प्रकाशित होती थीं। अंतरराष्ट्रीय विषयों पर प्रकाशित लेखों की प्रायः प्रशंसा होती थी, यह इस पत्र का वैशिष्ट्य भी था।

रजत जयंती अंक तथा अन्य विशेषांकों की एक जिल्द माधवराव सप्रे पत्रकारिता संग्रहालय भोपाल में उपलब्ध है। इस विशेषांक को देखकर विश्वमित्र की उच्चस्तरीय संपादन-कला का लोहा मानना पड़ता है। इस अंक के संपादक मूलचंद्रजी के ज्येष्ठ पुत्र कृष्णचंद्र अग्रवाल थे। इस समय उनकी आयु मात्र 20 वर्ष थी। इसमें 'विश्वमित्र' की 25 वर्षीय यात्रा तथा संस्थापक संचालक मूलचंद्र अग्रवाल के अतिरिक्त पत्रकारिता, राष्ट्रीय आंदोलन, सामाजिक समस्याओं तथा व्यापार जगत् से जुड़े विभिन्न विषयों पर स्तरीय लेख हैं। इस अंक में तीन बड़ी रियासतों हैदराबाद, दरभंगा तथा रामगढ़ पर विस्तृत लेखों के साथ ही अंतिम 16 पृष्ठों में देश के प्रमुख उद्योपतियों का सचित्र जीवन परिचय भी प्रकाशित किया गया था। कुछ कविताओं, लेखों तथा लेखकों की सूची नीचे दी जा रही है।

अंक के प्रारंभ में दो संयुक्त पृष्ठों पर सुंदर सज्जा के साथ उस समय के स्वनामधन्य कवियों की कविताएँ छपी हैं। इनमें संस्कृत कवि कृष्णात्रेय की 'प्रशस्ति पंचकम्', कवि सम्राट अयोध्या सिंह उपाध्याय 'हरिऔध' की 'असमंजस', जयशंकर प्रसाद की 'भिखारी', पद्मकांत मालवीय की 'विश्वमित्र की रजत जयंती' तथा प्रिंसिपल मनोरंजन की 'तूफान' कविताएँ प्रकाशित हुई थीं।

लेखों में संसार के सफल पत्र संचालक लॉर्ड नॉर्थक्लिफ (ले. जगदीश प्रसाद चतुर्वेदी), पत्रकार-विद्यालय (बनारसीदास चतुर्वेदी), भविष्य के पत्र (जे.पी. चतुर्वेदी), मेरे संस्मरण (अमृतलाल चक्रवर्ती), हिंदी साहित्य का समग्र रूप या उसके दो पक्ष (डॉ. वासुदेवशरण अग्रवाल), विश्वकल्याण का मार्ग (सर पदमपत सिंहानिया), समीक्षक और समीक्षा का मानदंड (सूर्य नारायण व्यास), हिंदी पत्रकार-कला की शिक्षा (प्रयाग नारायण त्रिपाठी), भारत की आर्थिक प्रगति (जी.एस. पथिक), वर्तमान हिंदी और हिंदी पत्रों का जन्मस्थान—

कलकत्ता (डॉ. रामाशीष सिंह), मेरी उनकी होली (श्रीमती शिवरानी प्रेमचंद), विज्ञापन की दुनिया (नवलकिशोर अग्रवाल), मेधावी छात्र (महामहोपाध्याय पं. सकल नारायण शर्मा), विश्वमित्र—एक प्रवासी की दृष्टि में (स्वामी भवानीदयाल संन्यासी), विश्वमित्र का महत्त्व (बाबूराव विष्णु पराडकर), विश्वमित्र की रजत जयंती (अंबिकाप्रसाद वाजपेयी), विश्वमित्र और इसके संचालक (झाबरमल्ल शर्मा), कर्मवीर श्री मूलचंद्रजी (शिवपूजन सहाय), मेरे संस्मरण (गोपालराय गहमरी), मूलचंद्रजी (मोहनलाल महतो), एक मनुष्य की रचना—पुरुष सिंह मूलचंद्रजी (हरिकृष्ण जौहर), प्रथम दर्शन (सत्यदेव विद्यालंकार), सफलता के दो कारण (सीताराम सेक्सरिया), मारवाड़ी समाज के प्रकाश-स्तंभ (बसंतलाल मुरारका), विश्वमित्र की प्रगति (मुकुट बिहारी वर्मा) उल्लेखनीय हैं।

अग्रलेखों पर जेल : जेल में भी अग्रलेख

'विश्वमित्र' के अग्रलेख धारदा, स्पष्टवादी तथा राष्ट्रीय चेतना और आंदोलन से जुड़े होने के कारण अत्यंत प्रभावी होते थे। 1922 में ऐसे ही अग्रलेखों ने ब्रिटिश अधिकारियों को हिला दिया था। इसके लिए उन पर राजद्रोह का मुकदमा चलाया गया, गिरफ्तारी हुई थी, जिसका आधार 'विश्वमित्र' के तीन अग्रलेख बताए गए थे। पत्र के संपादक, प्रकाशक, मुद्रक उन दिनों अग्रवालजी ही थे। इस अपराध में उन्हें बारह महीने का सश्रम कारावास का दंड मिला था। जेल में 'ए' क्लास की सुविधा।

इस गिरफ्तारी ने उन्हें किंचित् विचलित नहीं किया। वे सहर्ष जेल गए। उनकी माँ भी बेटे की इस देशभक्ति पर प्रसन्न थीं। माताजी ने रोली-चंदन से तिलक लगाकर पुष्पमाला पहनाकर उन्हें जेल भेजा था। वे जेल में रहकर वहाँ से भी 'विश्वमित्र' चला रहे थे। अलीपुर सेंट्रल जेल। विश्वमित्र कार्यालय। विश्वमित्र संचालक का परिवार। अपनी पुस्तकें रखने की स्वतंत्रता थी, इसलिए अंग्रेजी, हिंदी और संस्कृत की पुस्तकें इतनी अधिक मँगाकर रख ली गईं कि लोग हँसी उड़ाने लगे कि अग्रवालजी जेल में भी प्रकाशन विभाग चला रहे हैं। जब यह पता चला कि अग्रलेख के अभाव में 'विश्वमित्र' का प्रकाशन संभव नहीं, तो जेल में ही बहुत से लेख तैयार करके उन्हें समय-समय पर अग्रलेख के रूप में प्रकाशित करने का आदेश देकर भेज दिए जाते थे। इस तरह बारह महीने तक जेल के भीतर रहकर भी संपादकी करनी पड़ी।

उन दिनों विश्वमित्र 'वन मैन शो' की तरह था। वही सबकुछ करने वाले।

अग्रवालजी के जेल जाने के बाद उनके बंदी काल में 'विश्वमित्र' की गति मंद पड़ गई थी। कार्यालय कार्य धीरे-धीरे मंद पड़ने लगा, पुराने साथी और कार्यकर्ता निराश होकर विदा होने लगे और नाम जारी रखने के लिए विश्वमित्र प्रतिदिन शाम को सौ-पचास की संख्या में निकलने लगा। सारी दुनिया फीकी हो गई, सारे अरमान हवा हो गए।··· कलकत्ते में विश्वमित्र कार्यालय नाम की कोई चीज ही नहीं रही। दैनिक 'स्वतंत्र' की खासी धूम थी, 'भारतमित्र' चल रहा था, परंतु बूढ़ा संदेशवाहक मालूम होता था। 'विश्वमित्र' का चिराग गुल हो चुका था। जब कंपोजीटरों के पास कंपोज के लिए कॉपी न रहती, तो उन्हें आदेश मिलता कि टाइप साफ करें, पुड़िया बाँधें और फिर उन पुड़ियों को खोलें, इस पलड़े का अनाज उस पलड़े में करते हुए अपना समय पूरा करें। ये भी चार-पाँच कंपोजीटर—फोरमैन साहब माँजी से गपशप कर चले जाते। दैनिक पत्र के लिए न कोई संवाद था और न संवाद का अनुवादक। अग्रलेख लिखने वाला कोई न था। 'विश्वमित्र' का साइनबोर्ड लटक रहा था, जेलयात्री संचालक को आतुर होकर बुला रहा था, परंतु बारह महीने का सवाल था। पहले महीने में ही सब गुड़गोबर हो चुका था। विज्ञापनदाता एक वैद्यराज भाग्य से मिले, जिन्हें पूरे पेज, आधे पेज विज्ञापन छपाने का शौक था, चाहे पत्र की प्रतियाँ दस बारह ही छपें। उनके मैटर से पृष्ठ भरने की समस्या कुछ हल हो जाती थी। कभी-कभी दैनिक पत्र चुपचाप छुट्टी ले लेता था।[1]

इस तरह लड़खड़ाते समाचार-पत्र को अग्रवालजी ने जेल से लौटकर सन् 1923 में पुनः पूरे श्रम और साहस के साथ सँवारा, चमकाया। संयोग से 1923 में 'कलकत्ता समाचार' कोलकाता में बंद हो गया, वह दिल्ली से 'हिंदू संसार' के नाम से निकलने लगा। 'भारतमित्र' से 1919 में ही वाजपेयी ने अपनी गद्दी पर गर्दे को बैठाकर अपने को अलग कर लिया था। मगर फिर भी वह लड़खड़ाता गया और 1934 में बंद हो गया। इस प्रकार 1923 के बाद अग्रवालजी को 'विश्वमित्र' के लिए मैदान खाली मिल गया। उस वर्ष पुनः कोलकाता में कांग्रेस का अधिवेशन हुआ। अग्रवालजी ने अपने बुद्धि-कौशल से 'विश्वगित्र' को उत्कर्ष पर पहुँचाया।

जेल से लौटने के बाद उन्होंने पुस्तकों के लेखन तथा प्रकाशन का व्यवसाय भी पुनः प्रारंभ किया, उससे अर्जित आय से प्रेस का विस्तार किया। 'विश्वमित्र'

1. मूलचंद्र अग्रवाल, पत्रकार की आत्मकथा, पृष्ठ 49

के साप्ताहिक तथा मासिक संस्करण भी निकाले तथा एक साथ देश के पाँच महानगरों में 'विश्वमित्र' का एक साथ प्रकाशन किया गया। कोलकाता के बाद मुंबई, दिल्ली, पटना तथा कानपुर से।

विश्वमित्र का मूल्यांकन

भारतीय पत्रकारिता में विश्वमित्र के योगदान तथा महत्त्व पर अनेक पत्रकारों, मनीषियों तथा पत्र-पत्रिकाओं ने अपने विविध-विचार प्रस्तुत किए हैं। इनमें खट्टे, मीठे, चरपरे आदि षटरस जैसे आस्वाद हैं।

महावीर प्रसाद द्विवेदी के गौरवमय संपादनकाल में 'सरस्वती' ने लिखा है—"यह नया दैनिक पत्र कलकत्ते से प्रकाशित होने लगा है। अबतक कोई 50 अंक निकल चुके हैं। छोटे आकार के 4 पृष्ठ इसमें रहते हैं। अच्छे कागज पर अच्छे टाइपों में छपता है। इसमें व्यंग्य चित्र भी प्राय: छपते रहते हैं। अच्छे कुछ नोट भी वैसे ही निकलते हैं, लेख सामाजिक होते हैं। समयानुसारिणी घटनाओं पर टीका टिप्पणी अच्छी होती है। वार्षिक मूल्य 8 रुपए है। संपादक योग्य मालूम होते हैं। ईश्वर करे, यह चिर स्थायी होकर दिन पर दिन उन्नति करे।[1]

"कलकत्ते से विश्वमित्र नाम का जो दैनिक पत्र प्रकाशित होता है, उसी ने गत दीवाली के अवसर पर अपना विशेषांक निकाला है। साधारण तौर पर भी इस पत्र के साप्ताहिक और दैनिक संस्करण बड़े अच्छे ढंग से निकलते हैं, इनमें पढ़ने लायक खासा मसाला ही नहीं रहता, बल्कि इसके संपादक महोदय प्रत्येक महत्त्वपूर्ण बात पर अपने विचार स्वाधीनता के साथ व्यक्त करते हैं। इसका यह विशेषांक बड़े साइज के प्राय: 66 पृष्ठों का है। टाइटिल पेज पर श्री महालक्ष्मी देवी का रंगीन चित्र है और अंदर प्रतियोगी, सहयोगी, स्वराजिस्ट, राष्ट्रोद्धारक, प्रेसिडेंट और उल्लेखनीय देश के नेताओं तथा व्यापार क्षेत्र के अनेक भारतीय व्यवसायियों के सुंदर चित्र हैं। अखबारों में लिखने वाले प्राय: सभी नेताओं और लेखकों के लिखे हुए लेखों तथा कवियों की सुंदर कविताओं का इसमें अच्छा संग्रह है। मिस्टर जी.के. नारीमैन का 'भारत ही हमारा घर' है, श्री सावरकर का 'हिंदू शब्द की व्यापकता', भाई परमानंद का 'राष्ट्र की आधारशिला'।[2] '1929 का विजयांक सुंदर है। इसकी छपाई, सफाई और पाठ्य-सामग्री मजे की है।

---

1. सरस्वती, (भाग 19, खंड-1, संख्या 3, पूर्ण संख्या 219), पृष्ठ 168
2. सरस्वती, वर्ष 1929, पृष्ठ 587

'पूजा की छुट्टियाँ कैसे बितानी चाहिए' शीर्षक लेख सामयिक, पं. श्यामसुंदर चक्रवर्ती की कहानी अच्छी है। डॉ. तारकनाथ दास का 'स्वाधीनता का ध्येय, विपिनचंद्र पाल का 'श्री यतींद्रनाथ दास का आत्मत्याग', लाला यमुनाप्रसाद का 'हिंदू-मुसलमान झगड़े' और सुभाषचंद्र बोस का 'सामयिक भेदभाव नाश करो' शीर्षक लेख उत्तम हैं।[1]

जबलपुर से प्रकाशित 'प्रेमा' ने 'विश्वमित्र का मूल्यांकन इस प्रकार किया—''हमारे सामने 'विश्वमित्र' के तीन अंक हैं। इनसे हमारा विश्वास हो गया है कि 'विश्वमित्र' हिंदी पत्रों के सामने एक आदर्श रख रहा है। इसके लेखों कविताओं और कहानियों का संकलन विचारपूर्वक किया जाता है। इसमें प्रकाशित साहित्य प्रत्येक विषय से संबंध रखता हुआ होता है। इसके संपादक स्वयं हिंदी के प्रतिभाशाली लेखक और कवि हैं, इसलिए हमें 'विश्वमित्र' से ऐसी ही आशा करनी चाहिए थी। संपादकीय टिप्पणियों में नवीनता और उपयोगिता है, जो विचारपूर्वक लिखी जाती है। हाँ, जहाँ प्रेमचंद्रजी के व्यक्तिगत आक्षेपों का उत्तर दिया, वहाँ हमें कुछ दुख हुआ है, पर अन्य नवीन अंकों से हमें यह मालूम हो गया कि अब यह पत्र व्यक्तिगत साहित्यिक द्वेष को आश्रय न देगा। पं. इलाचंद्रजी का धारावाहिक 'संन्यासी' उपन्यास प्रत्येक अंक का एक विशेष अंग है। 'विश्वमित्र' को हिंदी के प्राय: सभी बड़े-बड़े कवि और लेखक सहयोग देते हैं। हिंदी के पाश्चात्य विद्वान् भी अपने विचारों से हमें परिचित कराते हैं। छपाई-सफाई अच्छी है, चित्रों का संकलन काफी सुंदर किया जाता है। ऐसे अच्छे पत्र के प्रकाशन के लिए संपादक और प्रकाशक दोनों बधाई के पात्र हैं।''[2]

'माधुरी' को इसकी भाषा पर यदा-कदा आपत्ति होती थी—''स्वतंत्र दल पर कभी-कभी इसके आक्रमण उग्र हो जाते हैं और विरोधियों पर टीका-टिप्पणी करते वक्त असंयत भाषा अपना लेता है।''[3]

'वीणा' ने पत्र की प्रशंसा की, किंतु पत्र-पत्रिकाओं से विनिमय की नीति उसे पसंद नहीं आई। ''यह पत्र हिंदी में अपने ढंग का अकेला था। अंतरराष्ट्रीय विषयों पर अच्छा प्रकाश डाला जाता था। साप्ताहिक या दैनिक विश्वमित्र मासिक पत्रों से परिवर्तन करने में अपनी तौहीन समझता था।''[4] भारतीय पत्रकारिता कोश

1. सरस्वती, वर्ष 1926, पृष्ठ 708
2. प्रेमा, दिसंबर, 1932, पृष्ठ 252
3. माधुरी (1923), पृष्ठ 849
4. वीणा (1933), पृष्ठ 957

में इसका विवरण निम्नलिखित दिया गया है।[1]

'विशाल भारत' इसके प्रबंधन का प्रशंसक रहा, किंतु वह इसके संपादकीय-लेखों की प्रशंसा नहीं करता था—"'विश्वमित्र' के मालिक बाबू मूलचंद्र अग्रवाल ने प्रेस का प्रबंध बहुत उत्तम किया है। विश्वमित्र में जितने विज्ञापन रहते हैं उतने हिंदी के किसी अन्य दैनिक में नहीं आते। यही कारण है कि व्यापारिक दृष्टि से पूर्ण सफल है। इसमें व्यापार समाचार भी अच्छा उपयोगी रहता है। किंतु इसके संपादकीय लेख मानो औपचारिकता निवाहने के लिए बिना अंतर्दृष्टि और ऊर्जा-विहीन लिखे होते हैं। संपादकीय शैली-विहीन और समाचारों की प्रस्तुति वर्गीकरण रहित होती है।"[2]

'विश्वमित्र' को उल्लेखनीय बनाने के लिए कभी-कभी अंग्रेजी में भी अग्रलेख प्रकाशित किए जाते थे, जिससे अधिकारियों का ध्यान तुरंत आकृष्ट हो। हावड़ा स्टेशन पर बड़ी धाँधली थी, हैरीसन रोड पर ठगों की कई दुकानें थीं, जो बाहर से आने वाले यात्रियों को नीलामी माल देकर ठगा करती थीं। अंग्रेजी में लेख प्रकाशित होने पर रेलवे और पुलिस अधिकारियों का ध्यान आकृष्ट हुआ। स्टेशन की धाँधली बंद हुई और हैरीसन रोड की दुकानों पर पुलिस का पहरा बिठा दिया गया। 'विश्वमित्र' की खासी धूम मची। एक कोट्याधीश मारवाड़ी व्यवसायी के भाई को पुलिस ने हिरासत में ले लिया था। 'विश्वमित्र' ने अंग्रेजी में लेख लिखकर छुटकारे के लिए वकालत की। वे दूसरे ही दिन छोड़ दिए गए। व्यवसायी ने 'विश्वमित्र' संचालक को दस हजार रुपए के चेक से पुरस्कृत किया।[3]

आरंभिक दिनों में 'विश्वमित्र' छोटा समाचार अवश्य था, किंतु इसने अच्छे-अच्छे करोड़पति व्यवसायियों तथा गवर्नर एवं वायसरॉय तक पहुँच रखने वाली हस्तियों को अपने लेखन के प्रभाव से झुकने पर विवश कर दिया था। उन्होंने आत्मकथा में लिखा है—"सच्ची लगनवाला कोई-न-कोई रास्ता पा ही जाता है, इसका प्रमाण अनेक विकट अवसरों पर मिला। मारवाड़ी लक्षधीशों का मुखपत्र दैनिक 'कलकत्ता-समाचार' और हिंदी जगत् में चमकता हुआ सूर्य दैनिक 'भारतमित्र' जिस नगर में विद्यमान हों, वहाँ बेचारा नया छोटा सा दैनिक 'विश्वमित्र' क्या ख्याति-प्राप्त कर सकता है, परंतु छोटे से छोटा पत्र भी कभी-कभी अपना

---

1. विशाल भारत, दिसंबर, 1931, पृ. 678
2. मूलचंद्र अग्रवाल, पत्रकार की आत्मकथा, पृष्ठ 87
3. वही, पृष्ठ 88-89

चमत्कार दिखा सकता है। एक कोट्याधीश मारवाड़ी व्यवसायी ने प्रसंगवश एक कंपनी मीटिंग में साहबों को खुश करने के लिए कांग्रेसमैनों को भोंकने वाले कुत्तों की दुखदायी उपाधि दे डाली। संपादकीय आलोचना इतने प्रभावशाली व्यवसायी पर प्रभावोत्पादक न हुई। उन्होंने अपने शब्द वापस न लिया। गवर्नर के खास दोस्त थे और वायसरॉय तक पहुँच थी। यूरोपियन व्यवसायिओं में खासा नाम था। 'विश्वमित्र' संचालक ने उनके नाम पहला खुला पत्र प्रकाशित किया। सवेरे बाजार में कोलाहल मच गया। लोग दल बनाकर 'विश्वमित्र' कार्यालय पर धावा करने लगे, क्योंकि जितनी प्रतियाँ छापी गई थीं, वे दो पैसे की जगह दो-दो रुपए में बात की बात में बिक गईं। बाजार में प्रतियाँ न मिलने पर लोग कार्यालय में दौड़े। प्रति न मिलने पर आग बबूला होने लगे। दूसरे दिन दूसरा खुला पत्र प्रकाशित हुआ। बाजार में बड़ी भारी उथल-पुथल मच गई। कोट्याधीश का निकलना कठिन हो गया। कानूनी सलाह लेने पर पत्र बंद कराना संभव न दिखाई दिया, तब अपने शब्दों को वापस लेते हुए कोट्याधीश ने खेद प्रकट किया और तीसरा खुला पत्र 'विश्वमित्र' में प्रकाशित नहीं किया गया। हिंदी पत्रों को उपेक्षा की दृष्टि से देखने वाले सँभल गए और सेठजी ने हिंदी पत्रों के लिए वकालत कर सरकारी और यूरोपियन कारोबारियों से काफी विज्ञापन लिया।

एक समाचार-पत्र में प्रकाशित समाचार के अनुसार विश्वमित्र के दिल्ली संस्करण के श्रमजीवी पत्रकारों ने एक बार कम वेतन तथा काम की असहनीय पद्धति के कथित विरोध में हड़ताल भी की थी, जिसमें संपादकीय विभाग तथा प्रेस विभाग के सभी कर्मचारी शामिल थे। उक्त समाचार के अनुसार दिल्ली संस्करण के एक पत्रकार एन.के. तिवारी हड़ताल के सिलसिले में गिरफ्तार किए गए थे। हालती कैदी होते हुए भी उन्हें जेल में झाड़ू देने को बाध्य किया गया था। अंत में संघ ने अपने प्रस्ताव में कहा है कि 'एक पत्रकार से जेल के भीतर सफाई का काम लेना हद दरजे की नीचता है।' दिल्ली पत्रकार संघ ने अपनी एक सभा में कर्मचारियों के सहायता कोष इकट्ठा करने के लिए पाँच व्यक्तियों की एक समिति कायम करने का निश्चय किया था। उक्त समाचार की कतरन सप्रे संग्रहालय भोपाल की 'विश्वमित्र' की फाइल में सुरक्षित है, किंतु समाचार-पत्र का नाम अंकित नहीं है। टाइप फॉन्ट देखकर उक्त कतरन 'नवजीवन' 4 जुलाई, 1949 की प्रतीत होती है।

दैनिक तथा साप्ताहिक संस्करणों से भी अधिक प्रशंसा इसके मासिक संस्करण की होती थी। इसका श्रेय इसके संपादक-द्वय डॉ. इलाचंद्र जोशी तथा

डॉ. हेमचंद्र जोशी को है, भले ही पत्र की रीति-नीति तय करने में संचालक की भूमिका रही हो। अतः संचालक के नाते वह भी इस यश में भागीदार बने।

'मासिक विश्वमित्र का मूल्यांकन उस कालखंड की प्रमुख साहित्यिक पत्र-पत्रिकाओं ने किया था तथा उत्साहवर्द्धक प्रतिक्रिया व्यक्त करते हुए अपने-अपने पत्रों में समीक्षात्मक टिप्पणियाँ प्रकाशित की थीं। 'कर्मवीर' ने इसके नारी जागरण अंक पर विस्तार में चर्चा की थी—

> "अपने एक ही वर्ष के जीवन में शिशु विश्वमित्र ने हिंदी भाषी जगत् पर अपनी जबरदस्त धाक जमा ली है। वह अपने साथ अंतरराष्ट्रीयता का संदेश लेकर आया है। यही उसकी विशेषता है। अंतरराष्ट्रीय साहित्य उसका प्राण है।"

हमारे 'विश्वमित्र' के सुयोग्य संपादक डॉ. जोशी को यूरोपियन देशों के खूब भ्रमणों का स्वप्न रहा है। इसलिए आपके निजी अनुभव ही इतने है, जो अकेले ही पत्र को दिलचस्प बनाए रखने के लिए काफी हैं। इसके अलावा अंतरराष्ट्रीय साहित्य को जुटाने में जिन तकलीफों का सामना करना पड़ता है, उनसे समर लेना डॉ. जोशी के समान अपनी धुन के पक्के लोगों का शौक है। इसका थोड़ा सा अनुभव आलोचकों को भी है। इतने पर भी पत्र को सर्वांग सुंदर और पठनीय निकालना, जोशी-बंधुओं की प्रतिभा तथा उनके अथक परिश्रम का प्रतिफल है।

"मातृशक्ति की उन्नति में मानवता की उन्नति का सफल स्वप्न देखने वाले विद्वान् जोशी बंधुओं ने विश्वमित्र का प्रस्तुत विशेषांक निकाला है। इसमें विश्व के अन्य देशों की उन्नतिशील नारियों की हलचल का मनोयोगपूर्ण दिग्दर्शन कराया गया है। इस अंक को देखने से प्रत्येक भारतीय महिला को यह भली-भाँति ज्ञात हो जाएगा कि उसकी दूसरी बहनें अपने देशों में अपने लिए क्या कर रही हैं और उसे भारत में अपने लिए क्या करना लाजिम है। इस प्रकार संसार के नारी आंदोलनों का ज्ञाता हुए बिना भारतीय महिलाएँ अपनी हालत सुधारने में कामयाब नहीं हो सकतीं, क्योंकि बिना एक-दूसरे पर प्रभाव डाले होड़ के मैदान में सरसब्जी हासिल नहीं हो सकती।"[1]

अन्य पत्र-पत्रिकाओं ने मूल्यांकन इस प्रकार किया था—"गत मास में हमारे कई सहयोगियों ने अपने विशेषांक प्रकाशित किए हैं। इनमें हमको सबसे अधिक

---

1. कर्मवीर, 21 अक्तूबर, 1933, पृष्ठ 4

महत्त्वपूर्ण कलकत्ते में 'विश्वमित्र' का नारी जागरण अंक जान पड़ा। इसमें संसार के समस्त देशों के नारी आंदोलन की कथा भावमयी भाषा में व्यक्त की गई है। इसके प्राय: सभी लेख प्रत्यक्षदर्शी विद्वानों द्वारा लिखे गए हैं, जिन्होंने संसार के विभिन्न देशों की सामाजिक अवस्था का निरीक्षण किया है। इसमें संदेह नहीं कि हिंदी पाठकों को इस प्रकार की श्रेष्ठ सामग्री देकर विश्वमित्र के संपादक जोशी बंधु हिंदी मासिक पत्रों का मस्तक ऊँचा कर रहे हैं। हमें आशा है कि भविष्य में वे अपने इस उद्देश्य में और भी अधिक सफलता प्राप्त करेंगे।"[2]

विज्ञापन तथा प्रसार

'विश्वमित्र' ने हिंदी पत्रकारिता में प्रथम बार यह प्रयोग किया कि पत्र का संचालन केवल विज्ञापन से किया जा सकता है। 'विश्वमित्र' में विज्ञापन तथा पाठ्य-सामग्री का अनुपात कभी-कभी पचास-पचास प्रतिशत हो जाता था। विज्ञापन की इस बढ़त के लिए मूलचंद्रजी ने अनेक नए प्रयोग किए। उनमें से एक प्रयोग यह भी था कि विज्ञापन देने में सक्षम उद्योगपतियों तथा राज्यों का सद्भाव प्राप्त किया जाए। लोग प्राय: अपना सचित्र-परिचय प्रसन्नतापूर्वक देखकर उस पत्र के प्रति सद्भाव रखने लगते हैं। इस दृष्टि से उनके विशेषांकों में राज्यों, औद्योगिक घरानों तथा उद्योगपतियों के सचित्र परिचय प्रचुर मात्रा में मिलते हैं। 'रजत जयंती अंक' के अंत में 16 पृष्ठ केवल ऐसे धनीमानी सज्जनों के परिचय के लिए समर्पित किए गए।

लगभग 1928 ई. में जब मूलचंद्रजी जलवायु परिवर्तन के बाद पुन: कर्मक्षेत्र में उतरे तो पत्र-प्रचार और विज्ञापन-संग्रह की धुन उन पर सवार हुई। प्रवासी भारतीय भी काफी संख्या में उसे मँगाने लगे। एक स्थायी विज्ञापनदाता ने बताया कि मेरे पास हांगकांग से ऑर्डर आया है और उसमें लिखा है कि आपका 'विज्ञापन' विश्वमित्र में पढ़ा है। वह खुशी के मारे फूला नहीं समा रहा था। रूस और बर्लिन की संस्थाएँ भी साप्ताहिक की ग्राहक बनीं। अमेरिका में विज्ञापन-संग्रह के लिए एक प्रतिनिधि ठीक किया गया और उसने विज्ञापन भिजवाए। यूरोपियन कंपनियों के सबसे ज्यादा विज्ञापन एजेंसियाँ 'विश्वमित्र' की ओर आकर्षित होने लगीं।

'विश्वमित्र' के इस प्रचार-प्रसार की बढ़त के पीछे एक सुनियोजित

---

2. चाँद, 1933, पृष्ठ 187

व्यवस्था की गई थी। हिंदी की प्रमुख पत्र-पत्रिकाओं में विभिन्न प्रांतों में पूरे पृष्ठ के विज्ञापन 'विश्वमित्र' की ओर से छापे जाते थे। इसके विज्ञापन का नमूना जयाजी प्रताप (23 दिसंबर, 1926) तथा भारतधर्म (28 दिसंबर, 1926) में देखने को मिलता है—''हिंदी के राष्ट्रीय दैनिक पत्र 'विश्वमित्र' का नाम हिंदी संसार में प्रसिद्ध हैं। देश-विदेशों के ताजे समाचार, गंभीर लेख, मर्मस्पर्शी संपादकीय टिप्पणियाँ भावमयी फड़कती हुई कविताएँ, मनोरंजक कल्पों तथा व्यापार-व्यवसाय संबंधी लेखों एवं निर्भीक राष्ट्रीय नीति और हिंदू-संगठन का कट्टर पक्षपाती होने के कारण हिंदी संसार ने इसको बड़े चाव और उत्साह से अपनाया। यही कारण है कि दैनिक 'विश्वमित्र' ने थोड़े ही वर्षों में उच्च स्थान ग्रहण किया और 'सचित्र साप्ताहिक विश्वमित्र' ने तो हिंदी संसार में युगांतर ही कर दिया। देश, धर्म, समाज संबंधी लेखों, गल्पों, कविताओं तथा सामजिक चित्रों एवं भावमय व्यंग्य, हास्यपूर्ण कार्टूनों व सर्वांग सुंदर और निर्भीक नीति होने तथा केवल दो रुपए वार्षिक मूल्य होने के कारण हिंदी समाचार-पत्रों के युग में अपूर्व आदर्श स्थापित कर दिया है। यही कारण है कि 'साप्ताहिक विश्वमित्र' हिंदी पत्रों में सर्वाधिक 158 हजार प्रति सप्ताह प्रकाशित होता है।''[1]

प्रचार-प्रसार की इस नीति में, साप्ताहिक तथा मासिक का नियत तिथि पर प्रकाशन तथा सर्वत्र एजेंटों की नियुक्ति थी। दैनिक के प्रसार एजेंट ही साप्ताहिक तथा मासिक का वितरण पूरी चेष्टा से करते थे। देश की अन्य पत्रिकाओं के पास इस तरह का प्रसार तंत्र नहीं था। इससे यह उस समय देश के सर्वाधिक प्रसारित दैनिकों में था। दैनिक के पाँच संस्करण एक साथ प्रसारित होने से तत्समय यह हिंदी का सर्वोच्च प्रसारित समाचार बन गया था।

□

1. जयाजी प्रताप, 23 दिसंबर, 1926

हिंदी प्रकाशन जगत् के स्तंभ

बाबू मूलचंद्र अग्रवाल पत्रकार होने के साथ-साथ अच्छे लेखक और प्रकाशक भी थे। उन्हें हिंदी प्रकाशन जगत् के स्तंभ[1] के रूप में जाना जाता है। कलकत्ता के प्रारंभिक प्रकाशकों में उनकी गणना बड़े सम्मान के साथ की जाती है। कलकत्ता भारत में प्रकाशन का अग्रदूत तथा साहित्यिक प्रकाशनों का केंद्र था तथा मूलचंद्रजी कलकत्ते की विभूतियों में थे।[2] अखिल भारतीय प्रकाशक संघ के अनेक बार अध्यक्ष रह चुके कृष्णचंद्र बेरी अग्रवालजी के अनन्य प्रशंसकों में थे। उन्होंने अपनी पुस्तक में अनेक स्थानों पर उनका उल्लेख सम्मानपूर्ण ढंग से करने के साथ ही उक्त पुस्तक के 'स्मृति पाथेय' खंड में एक आलेख में उनका प्रकाशकीय योगदान निरूपित किया है।

राष्ट्रीय आंदोलन के उस दौर में प्रेस लगाना, राष्ट्रीय विचारों से ओतप्रोत साहित्यिक लेखन तथा प्रकाशन जोखिम भरा एवं साहसिक कार्य था। उस समय हिंदी प्रकाशन जीविका का एक साधन अवश्य था, किंतु साथ-ही-साथ यह साधना भी था और तप भी था।[3] उस दौर में मैंने कलकत्ता के चौराहों पर राष्ट्रीय पैंफलेट छापकर बेचते हुए प्रकाशकों तथा पुस्तक विक्रेताओं को पुलिस द्वारा बेरहमी से पीटे जाते हुए देखा। उनके प्रेस तथा कार्यालय के सामान गोरी सरकार की चेरी पुलिस उठा ले जाती थी। राष्ट्रीय आंदोलनों के दिनों में इन्ही प्रकाशकों ने साहित्य के दीप को अपनी साहित्य सेवा से दीप्त रखा। राष्ट्रीय आंदोलन के दिनों में देश के इन्हीं प्रकाशकों ने बापू के आह्वान पर दिन-रात ब्रिटिश जुल्मों को बरदाश्त कर राष्ट्रीय भावना जाग्रत् करनेवाले साहित्य का प्रकाशन किया और

1. कृष्णचंद्र बेरी, पुस्तक प्रकाशन : संदर्भ और दृष्टि, पृष्ठ 580
2. वही, पृष्ठ 364, 581
3. वही, पृष्ठ 233

पूरे देश के जीवन को बल दिया।[1] राष्ट्रीय आंदोलन में हमारी राष्ट्रीय चेतना जहाँ नेताओं की वाणी से अनुप्राणित होती रही, वहीं प्रकाशक उनकी वाणी को मुद्रित रूप देकर उन्हें घर-घर पहुँचा रहा था। आग की उन लपटों को हम प्रकाशकों ने तेज हवा दी, जिसका परिणाम हमारे सामने है।

इन परिस्थितियों में बाबू मूलचंद्र अग्रवाल ने अपना साहित्यिक जीवन प्रारंभ किया। साधन-विहीनता की स्थिति में ऋण लेकर प्रेस लगाया, छपाई प्रारंभ की। स्थितियों ने उनके साहित्यिक मन को ललकारा तो उस समय की जन-भावनाओं को देखते हुए उन्होंने रौलेट ऐक्ट, जलियाँवाला बाग (पंजाब हत्याकांड) जैसी घटनाओं पर पुस्तकें जनसाधारण की भाषा में लिखीं। क्रांति के इतिहास का जनता को स्मरण दिलाने के लिए 1857 की जन क्रांति पर '1857' नामक पुस्तक लिखी, जिसे पढ़कर युवाओं में सहज ही जोश आ जाता था, उनकी बाँहें फड़कने लगती थीं। महाराणा प्रताप के गौरव का स्मरण दिलाने के लिए 'मेवाड़ गौरव' पुस्तक लिखी, जिससे पराधीनता के लिए संघर्ष की भावना बलवती होती थी। उन दिनों शारदा ऐक्ट आया। उसने हिंदुओं की परंपरा से चली आ रही विवाह परंपरा पर प्रहार किया। उससे जन-सामान्य को परिचित कराने के लिए पुस्तक लिखी।

विदेशों के आंदोलनों की गूँज दूसरे देशों में भी होने लगी थी, मूलचंद्रजी के मस्तिष्क में भी विचार आया था कि पड़ोसी देश अफगानिस्तान की सामाजिक क्रांति में वहाँ के शाह अमानुल्ला और उनकी बेगम सुरैया का अप्रतिम योगदान है। वे अन्य देशों में भी समाजिक-क्रांति के पथ-प्रदर्शक माने जाते हैं, अतः क्यों न उनके जीवनचरित्र पर एक प्रेरणास्पद पुस्तक प्रकाशित की जाए। बेरीजी लिखते हैं—"मूलचंद्र अग्रवाल के विश्वमित्र दैनिक कार्यालय से उन दिनों राष्ट्रीय चेतना को जगाने वाले अनेक प्रकाशन प्रस्तुत किए गए।"[1] "यहीं से 1937 में अफगानिस्तान के शाह अमानुल्ला की जीवनी प्रकाशित हुई थी। अमानुल्ला और उनकी बेगम सुरैया को उन दिनों सामाजिक क्रांति का पथ-प्रदर्शक माना जाता था। इस जीवनी को प्रकाश में लाना मूलचंद्रजी की अनोखी सुझबूझ माना गया।"[2]

जिस तरह श्रीराम ने आतंक तथा अन्याय से मुक्ति दिलाने के लिए त्रेतायुग

---

1. कृष्णचंद्र बेरी, पुस्तक प्रकाशन : संदर्भ और दृष्टि, पृष्ठ 419
2. वही, पृष्ठ 581

में संघर्ष किया, वैसी चेतना जागरण के लिए उनसे उपयुक्त पात्र और कौन हो सकता है। राष्ट्रीय चेतना जागरण के लिए अग्रवालजी ने भगवान् राम को भी प्रासंगिक समझकर 'रामचरित मानस' तथा उसके पात्रों को अपने प्रकाशनों के लिए चुना।

'रामचरित मानस' जनता के हृदय में, घर-घर में प्रतिष्ठित है, इस विचार से उसका प्रचार-प्रसार राष्ट्रीय-कर्तव्य भी है और व्यावसायिक दृष्टि से लाभकारी भी, उसके सस्ते सुंदर आकर्षक शुद्ध संस्करण निकालने का उन्होंने संकल्प किया। उस समय तक गीताप्रेस, गोरखपुर का इस क्षेत्र में कार्य प्रारंभ नहीं हुआ था। उसके पूर्व अग्रवालजी ने सस्ते मूल्य पर मानस से संबंधित प्रकाशन लाने का प्रयास अपने प्रेस से किया। अन्य अनेक प्रकाशक भी रामचरित मानस प्रकाशित करते थे। उनकी तुलना में इनके प्रकाशन की विशिष्टता पर बेरी ने प्रशंसापूर्वक लिखा है—

> "कालक्रम में रामचरित मानस के प्रकाशन के क्षेत्र में कलकत्ता से पॉपुलर ट्रेडिंग कंपनी, रामनारायण त्रिवेदी तथा हिंदी प्रचारक पुस्कालय, बनारस से ठाकुर प्रसाद बुक सेलर, पटना के लहारिया सराय से पुस्तक भंडार, मथुरा से हिंदी पुस्तकालय, श्यामकाशी प्रेस तथा बंबई भूषण प्रेस, दिल्ली से पुस्तक भंडार तथा अग्रवाल बुक डिपो आदि प्रकाशक आए। प्राय: सभी ने रामायण के भाषा टीका संस्करण प्रकाशित किया। इन संस्करणों में पॉपुलर ट्रेडिंग कंपनी कलकत्ता का भाषा-टीका का संस्करण, जिसके प्रकाशक स्व. बाबू मूलचंद्रजी अग्रवाल थे, बहुत ही शुद्ध और सुमुद्रित था। इसके टीकाकार थे पं. बाबूराम मिश्र। पॉपुलर ट्रेडिंग कंपनी से सुमुद्रित तथा शुद्ध संस्करण का श्रेय बहुत कुछ पं. उमादत्तजी शर्मा को दिया जा सकता है, जो कि उपर्युक्त प्रकाशन संस्था के भागीदार थे। हिंदी में इसके पूर्व इतना अच्छा रामायण का संस्करण केवल बंबई के निर्णयसागर प्रेस ने प्रकाशित किया था।"[1]

उनके प्रकाशन संस्थान 'पॉपुलर ट्रेडिंग कंपनी' से लगभग 100 पुस्तकें प्रकाशित हुई थीं। तुलसीकृत रामायण (भाषा टीका) तथा महाभारत गद्य रूप में सर्वप्रथम इसी संस्था द्वारा प्रकाशित हुआ था।[2]

महिला जागरण के प्रबल पक्षधर अग्रवालजी ने मानस के नारी पत्रों पर

---

1. कृष्णचंद्र बेरी, पुस्तक प्रकाशन : संदर्भ और दृष्टि, पृष्ठ 355
2. वही

एक अच्छी खासी शृंखला प्रकाशित की थी। अन्य पात्रों पर भी पुस्तकें प्रकाशित की गई थीं।

सस्ते मूल्य पर पुस्तकें उपलब्ध कराना उनकी व्यावसायिक नीति का हिस्सा था। वे अपनी आत्मकथा में लिखते हैं—''पंजाब हत्याकांड' पुस्तक की लोकप्रियता ध्यान में रही। प्रथम प्रकाशक ने उसका दाम चार रुपए रखा था। एक रुपए का सस्ता संस्करण निकालने की धुन सवार हुई, स्वयं पुस्तक लिखने बैठ गया। इधर लिखता उधर कंपोज हो और प्रूफ देखकर हर रोज एक फॉर्म अखबारी कागज पर छपवाया जाए। एक महीने में पाँच हजार प्रतियाँ तैयार। बिक्री की मची धूम। हर रोज रुपए बरसते दिखाई देने लगे। फिर तो दो पुस्तकें और निकाल दीं। तीनों से हर रोज काफी रुपए आने लगे। रुपए की गरमी से घाव धीरे-धीरे भर गया।''[1] वह मुद्रण की शुद्धता के प्रबल पक्षधर थे। संयोग से उनके प्रकाशन में साझीदार पं. उमादत्त शर्मा की भी ख्याति इसके लिए थी। इससे मणिकांचन सहयोग बन गया। शुद्धतम् कलात्मक पुस्तकें इस प्रतिष्ठान की विशेषता बनीं। अपनी मौलिकता और सूझबूझ से नित्य नए संधान, प्रकाशनों को संस्थान की गरिमा के अनुकूल लाना उनकी धुन में सवार था। वह चाहते तो उस समय की प्रकाशन प्रवृत्ति-ऐयारी, तिलिस्म आदि का प्रकाशन करके भी अकूत धन कमा सकते थे। किंतु मूलचंद्रजी की नीति थी कि प्रकाशन एक सामाजिक और राष्ट्रीय दायित्व है, शिक्षा-संस्कृति और ज्ञान के प्रसार का माध्यम तथा समाज में संस्कार विकास की प्रक्रिया का अंग है, अतः उन्होंने बाजार का अनुभव तथा सस्ते मूल्य पर प्रकाशन की विधियाँ अपनाकर श्रेष्ठ साहित्य दिया।

उस समय हिंदी संक्रमण के दौर में थी। ऐसे समय में नए भाषायी तेवर के लेखक ढूँढ़ना, नए साहित्यकारों को खोज-खोज कर उन्हें प्रोत्साहित करना तथा अपने मिशन में जुटाना उनकी कार्य-संस्कृति का अंग था। उन्होंने एक लेखक मंडल बनाया था। 'विश्वमित्र' से जुड़े अनेक चर्चित एवं नए साहित्यकार तथा कलाकारों को जोड़ा था।

उन्होंने नारी-शिक्षा की दृष्टि से, बालिकाओं में अध्ययन की प्रवृत्ति विकसित करने हेतु रामायण के दस नारी पात्रों पर दस सचित्र पन्नों का एक सेट अत्यंत कम मूल्य, दस आना सेट, पर उपलब्ध कराने की योजना बनाई थी। इस योजना को काफी पसंद किया गया।

---

1. मूलचंद्र अग्रवाल, पत्रकार की आत्मकथा, पृष्ठ 46

वह दूरदर्शी थे तथा उनकी व्यावसायिक बुद्धि अत्यंत प्रखर थी। उन्होंने अनुमान लगाया कि देश में सर्वाधिक लोकप्रिय पुस्तक 'रामायण' तथा उसके पश्चात् 'महाभारत' है। इससे वे आम आदमी तक पहुँच सकते हैं। उन्होंने सस्ते मूल्य पर इसकी व्यवस्था की। आश्चर्य होता है कि उनके लगभग 50-60 वर्ष पश्चात् अखिल भारतीय प्रकाशक संघ ने विभिन्न विषयों की पाठकीय अभिरुचि जानने के लिए राष्ट्रीय मार्केट रिसर्च सर्वेक्षण कराया। इस हेतु 25000 पाठकों में उत्तर-देयक, लिफाफे तथा प्रश्नावली विभिन्न विषयों का उल्लेख कर भेजी गई। उसके उत्तर में अधिकांश पाठकों ने 'रामचरित मानस' का ही नाम प्रस्तावित किया। इस सर्वेक्षण तथा निष्कर्ष की चर्चा बेरी ने अपनी पुस्तक में की। इससे मूलचंद्रजी के बाजार अनुभव का सहज आकलन किया जा सकता है।

बाजार की माँग के सर्वेक्षण में उन्होंने अनुभव किया कि जनता राजनीतिक आंदोलनों, चेतना से जुड़े प्रसंगों, नित नए परिवर्तनों यथा रौलेट ऐक्ट, जलियाँवाला बाग कांड, शारदा बिल आदि पर पढ़ना चाहती है तथा कम मूल्य देकर उन्हें आकर्षित किया जा सकता है—तो उन्होंने वैसा ही किया। आत्मकथा में वे लिखते हैं—"नए-नए टाइप समय पर मिलते रहें, इसलिए टाइप फाउंड्री कायम कर ली गई। पंडित उमादत्तजी शर्मा के सहयोग से पुस्तक प्रकाशन कार्य भी जारी रखा गया और उससे अच्छी आमदनी होने लगी। सचित्र हिंदी पुस्तकें बड़े आकर्षक रूप में सस्ते दाम में निकाली गईं। बालिकाओं के लिए दस सचित्र पुस्तकें सर्व सुलभ मूल्य में मिलने से बहुत से शिक्षा विशेषज्ञों ने उन्हें पसंद किया। पुरस्कार वितरण में भी उनका उपयोग किया गया। साल भर में पाँच हजार रुपए, जो मकान के भाड़े में लगते थे, वे नए मकान में बचने लगे। छपाई विभाग और भी अधिक विस्तृत किया गया और बहुत सी मिलों तथा व्यवसायियों की छपाई आने लगी। ब्लॉक बनाने की व्यवस्था भी की गई।"

निष्कर्षत: यह कहा जा सकता है कि हिंदी प्रकाशन के क्षेत्र में उनका महत्त्वपूर्ण अवदान है।

□

परिशिष्ट

अ.भा. हिंदी पत्रकार-सम्मेलन में भाषण

बंधुओ, अपने हिंदी पत्रकार सम्मेलन का सभापति चुनकर आपने मुझे तो निश्चय ही अनुगृहीत किया है, परंतु अपने को विषम स्थिति में डाल दिया है, क्योंकि मुझमें वह क्षमता नहीं, जो इस तूफानी समय में नैया पार लगाने के लिए आवश्यक है। खतरे की जिम्मेदारी आप पर है, मैं तो अपनी कमजोरी के लिए क्षमा-याचना ही कर सकता हूँ।

अभी कुछ दिनों पहले इसी नगर में एक महत्त्वपूर्ण पत्रकार सम्मेलन हो चुका है। इसलिए लोग प्रश्न कर सकते हैं कि ये हिंदी पत्रकार इतनी जल्दी अपनी खिचड़ी अलग क्यों पकाने लगे। पत्रकार अपनी खिचड़ी अलग-अलग पकाने के लिए इस देश में काफी बदनाम भी तो हैं।

हिंदी पत्रकार अपनी खास कठिनाइयाँ रखते हैं और ये कठिनाइयाँ उन्हीं तक सीमित नहीं हैं। देशी भाषाओं के सभी पत्रकार इन कठिनाइयों का सामना कर रहे हैं। इसलिए यह सम्मेलन जहाँ हिंदी पत्रकारों के नाम पर हो रहा है, वहाँ इसका महत्त्व देशी भाषाओं के सभी पत्रकारों के लिए है।

युद्ध के कारण विदेशी खबरों का महत्त्व बहुत बढ़ गया है और विदेशी विज्ञापन धीरे-धीरे गायब होते चले जा रहे हैं। विदेशी खबरें खरीदने के लिए जहाँ ज्यादा पैसे खर्च करना अनिवार्य हो गया है, वहाँ आमदनी का रास्ता बंद होता चला जा रहा है। पाठक अंग्रेजी पत्र सामने रखकर तुलना करते हैं कि यह संवाद आज अमुक हिंदी दैनिक में क्यों नहीं निकला। हिंदी दैनिक इस नए बोझ को सँभालने में असमर्थ हैं, परंतु और मदों में जरूरत से ज्यादा कमी करके विदेशी खबरें खरीदने के लिए बाध्य हो रहे हैं। पहले यह सुविधा थी कि कम मूल्य चुकाना पड़ता था, परंतु धीरे-धीरे कई कारणों से वह सुविधा कम होने लगी। युद्ध के कारण उत्पन्न हुई विषम परिस्थिति में हिंदी पत्रकार संगठित होकर इस

सुविधा को पाने की चेष्टा न करेंगे, तो असहाय बोझ उनकी कमर तोड़ देगा। जिनकी कमर टूट रही है, उनकी शोचनीय अवस्था पर हँसने का समय नहीं है, एक-दूसरे की सहायता किए बिना किसी दिन अपना हँसना भी बंद हो सकता है, क्योंकि व्यापार क्षेत्र में लोभ अपना खास स्थान रखता है और वह हँसने वालों को काफी मजा चखा सकता है।

यह दुःख और लज्जा की बात है कि प्रांतीय भाषाओं के दैनिक हिंदी दैनिकों से काफी अच्छी अवस्था में पाए जाते हैं। इसका मुख्य कारण तो प्रांतीय भाषाओं के प्रेमियों का अपने पत्रों पर अगाध प्रेम है; परंतु साथ ही हम अपनी कमजोरियाँ भी स्वीकार करते हैं कि हम हिंदी पत्रकार कई मामलों में अपने को पिछड़ा हुआ पाते हैं। हमारे यहाँ समाचार-पत्रों के व्यवस्थापक अभी तक कम हैं और संपादन विभाग में भी हम उतने कुशल सहायक तैयार नहीं कर पाए हैं। हिंदी भाषियों द्वारा ही हिंदी पत्रों को अवहेलना की दृष्टि से देखा जाना इतना बड़ा लज्जाजनक दृश्य है कि उसकी चर्चा करने से भी दिल को बड़ी चोट पहुँचती है। हिंदी-भाषी पूँजीपति, व्यवसायी ओर विज्ञापनदाता हिंदी पत्रों की राष्ट्रीय नीति से लाभ तो काफी उठा लेते हैं, परंतु वे अपने सेवकों को मजबूत बनाना अपना कर्तव्य नहीं समझते।

हिंदी पत्रों को बहुत से पूँजीपति आर्थिक सहायता देने की उदारता दिखाते हैं, परंतु इस उदारता से अधिक मूल्य इस बात का है कि वे हिंदी पत्रों में विज्ञापन देकर उनकी सहायता करें। इस तरह समाचार-पत्र स्वावलंबी बनेंगे और विज्ञापनों को आकर्षित करने में समर्थ होंगे। मेरी निजी राय तो यह है कि समाचार-पत्र भी अपना नियम बना लें कि इनसे रुपए की सहायता हम विज्ञापन रूप में ही लेंगे, नकदी के रूप में नहीं, इससे आगे चलकर बड़ा लाभ होगा। विज्ञापन-प्राप्ति के लिए हिंदी पत्रों ने अब तक कोई संगठित उद्योग नहीं किया। यदि वे इस दिशा में कार्य करें तो थोड़ा-बहुत लाभ हो ही सकता है। अपने लाभ के लिए हिंदी पत्र काफी जोरदार दलीलें पेश कर सकते हैं, परंतु यह प्रभावशाली तर्क नहीं है कि मैं सबसे बड़ा हूँ और अमुक पत्र किसी काम का नहीं।

विज्ञापनदाताओं को मूर्ख समझना सबसे खतरनाक नीति है। हम अपने पत्र के मुख पृष्ठ पर चाहे जितने मोटे अक्षरों में घोषणा करें कि हमारे पत्र का सबसे अधिक प्रचार है, वे हमारी बातों में फँसकर अपना रुपया खर्च करने को तैयार न होंगे। वे तो ठोस बातें जानना चाहते हैं, यदि किसी पत्र ने घोषित कर रखा है कि हम सबसे पुराने हैं, तो विज्ञापनदाता इस घोषणा को महत्त्व देने के लिए

लालायित होते हैं और उसकी परीक्षा भी करते हैं। आगे चलकर उन्हें अपनी परीक्षा लाभदायक सिद्ध न हो, परंतु कुछ काल के लिए वे परीक्षा अवश्य करते हैं कि पुराना पत्र निश्चय ही कुछ तो प्रचार रखता होगा और कम प्रचार होने पर भी उसमें स्थायित्व की मात्रा तो विद्यमान है। यह पत्र अमुक क्षेत्र में प्रभावशाली प्रचार रखता है, यह भी विज्ञापनदाता के लिए काफी आकर्षण रखता है, क्योंकि उसे तो सभी क्षेत्रों में लाभ उठाना है। कहने का मतलब यह है कि जो बात खूब ठोंक-पीटकर मजबूत बना ली गई हो, उसी की घोषणा करनी चाहिए। ऊटपटाँग घोषणा से विज्ञापनदाता कभी-कभी नाराज भी बहुत हो जाते हैं और पत्र को अपने विज्ञापन नहीं देते। विज्ञापनदाता के लिए पाँच सौ प्रतियों का प्रचार क्या कम है, यदि उसे पाँच सौ के प्रचार का ही मूल्य चुकाना पड़ता है। यदि पाँच सौ की जगह दस हजार कहकर मूल्य लिया जाएगा तो सौदा थोड़े दिन में हानिकारक सिद्ध होगा।

मैं सबसे अधिक राष्ट्रीय और देशसेवक तथा दूसरे इस कोटि के नहीं— यह धारणा बड़ी खतरनाक है। पत्र-संचालक इस धारणा के शिकार बनकर काफी तकलीफ उठाने के लिए बाध्य हो जाते हैं। हम अधिक-से-अधिक राष्ट्रीय और देश सेवक बनें, यही लक्ष्य हमारे सामने होना चाहिए। तुलना की तरफ झुकने से अनेक कठिनाइयाँ सामने आने लगती हैं। इन पंक्तियों को चेतावनी के रूप में समझना चाहिए। इनसे यह अर्थ न निकाला जाए कि किसी पर कोई खास संकेत है।

राष्ट्रीयता का प्रसंग उपस्थित होने पर सरकार की दमन नीति पर सबसे पहले ध्यान जाता है। इस देश में काम आने वाली दमन नीति का सबसे अधिक प्रहार हिंदी पत्रों पर होता है। अलीगढ़ के एक हिंदी साप्ताहिक के संपादक पर इसलिए मामला चला दिया गया कि किसी संवाद के शीर्षक आपत्तिजक दिखाई दिए। जहाँ चेतावनी से काम चल सकता था। वहाँ मामले का बोझ बेचारे पत्र और संपादक पर लादा गया। अपराध भी दंडनीय घोषित हो गया, परंतु सरकारी अदालत के दौरा जज ने संपादक को निर्दोष घोषित किया। पत्र को परेशानी का सामना करना पड़ा, परंतु मामला चलाने वालों का बाल बाँका भी न हुआ। नाराजी में चाहे जो समाचार-पत्र पर आघात कर दे—मौत न हो, तो दूसरी बात है, परंतु चोट तो खानी ही पड़ी। इस प्रकार की परिस्थिति में सुदृढ़ संगठन के सिवा उपचार ही क्या है। संगठित पत्रकार यदि फलदायक प्रतिकार न भी कर सकें, तो भी कोई यह तो नहीं कह सकता कि चुपचाप अन्याय सह रहे हैं और संसार

को अन्याय का प्रतिकार करने के लिए आमंत्रित कर रहे हैं। स्वाभिमान का भी तकाजा है कि आवश्यक प्रतिकार के लिए चेष्टा की जाए—"यत्नेकृते यदि न सिध्यति कोऽत्र दोषः।"

किसी अधिकारी से राय लीजिए, वह तुरंत कह देगा कि खुराफात की जड़ ये देशी भाषा के पत्र ही हैं—पाठकों की राय लीजिए तो कहेंगे कि गर्ममसाला तो मिलता ही नहीं, समाचार-पत्र गवर्नमेंट गजट हो रहे हैं। इन दो तलवारों के बीच हिंदी पत्रों को अपना अस्तित्व कायम रखना है। गैर-जिम्मेदार अखबारनवीसी के दिन तो हवा हो गए। जिम्मेदारी के नाम पर कोई भी ईमानदार अखबारनवीस अपनी आत्मा का खून नहीं कर सकता। यदि वह देश को सुमार्ग दिखाने में असमर्थ है, तो कुमार्ग दिखाने का पाप अपने सिर पर कभी नहीं ले सकता। सरकार की भयंकरतम दमन नीति के कारण जिन हिंदी पत्रों ने अपने संपादकीय विचार बंद कर दिए, उन्होंने पाठकों को परम आवश्यक पाठ्य-सामग्री से कुछ काल के लिए वंचित तो किया है, परंतु साथ ही दमन नीति का आवश्यक प्रतिकार किया है। जो पत्र संपादकीय विचार प्रकाशित कर रहे हैं, वे केवल यही समझकर कि समाचारों पर कुछ प्रकाश पड़े और पाठकों को नियमपूर्व कुछ शिक्षा मिलती रहे। समाचार-पत्रों का दमन और सरकारी पक्ष-समर्थन के लिए उनका जबरदस्त नियंत्रण सभ्य संसार की नई पहेली है, जो जल्दी सुलझती नहीं मालूम होती और गणतंत्रवाद की इतनी अधिक चिल्लाहट के जमाने में दमन की नंगी तलवार के शिकार बने हुए समाचार-पत्र यही करुण-क्रंदन कर रहे हैं कि कैसा विचित्र गणतंत्रवाद और कैसी विलक्षण उसकी रक्षा।

जिस गणतंत्रवाद की रक्षा की दुहाई देकर इतना धन-जन संहार किया जा रहा है, उसकी रक्षा का यह सुंदर उदाहरण है कि गणतंत्रवाद के पोषक समाचार पत्रों का गला घोंटा जा रहा है। अब तो गणतंत्रवाद वही है, जो यह महाप्रभु कहें। सभ्यता की कैसी विचित्र दौड़ है और संसार में क्या हो रहा है। जिनके अंतःकरण है, वे पत्रकार काफी ग्लानि अनुभव करते हैं, परंतु वर्तमान सभ्यता के निर्माता स्वयं इस शोचनीय अवस्था को प्राप्त होंगे, इसकी किसने कल्पना की थी। जिन्हें संसार में ऊँचा उठाया गया, वे ही भक्षक बन गए, परंतु अब—'पुनर्मूषको भव' वाली कहावत कैसे चरितार्थ हो। यह तो हुई सभ्य संसार की बात। हम लोग हिंदी पत्रकार सम्मेलन कर रहे हैं—विश्व पत्रकार सम्मेलन नहीं, इसलिए अपनी कठिनाइयों, शिकायतों और परेशानियों की चर्चा करनी है। उन कठिनाइयों की संक्षिप्त चर्चा मैं कर ही चुका हूँ। अब बाप बंधु भविष्य कार्यक्रम

निश्चित कर सकते हैं। मेरा तो यही निवेदन है कि संसार को संगठन का पाठ पढ़ाने वाले पत्रकार असंगठित रहकर कुछ न कर सकेंगे। अब यह बात तो सर्वथा असंगत और लज्जाजनक प्रतीत होती है कि दूसरे का शकुन बिगाड़ने के लिए अपनी एक आँख फोड़ ली जाए। मिलकर चलने में कोई बुराई नहीं मालूम होती और इधर-उधर बिखरे रहकर हम कोई खास लाभ नहीं उठा रहे हैं। यदि मुझे कोई खास लाभ दिखाई देता तो मैं संगठन की यह अपील कभी आपसे न करता। आप लोग पथ-प्रदर्शक हैं, इसलिए आपसे कुछ कहना धृष्टता ही है, परंतु आपने अपने ऊपर जो खतरा लिया हो, उसका मूल्य कुछ तो चुकाना ही होगा, चाहे हँसकर चुकाएँ या मुझ पर क्रुद्ध होकर। सभा-सम्मेलनों में हृदय का सच्चा भाव प्रकट करना ईश्वरीय आदेश माना गया है, इसलिए मैंने जो कुछ धृष्टतापूर्वक निवेदन किया है, उसके लिए फिर क्षमा-प्रार्थी हूँ। परमात्मा हम लोगों को सुबुद्धि दें, जिससे भारतमाता की सेवा में अपनी शक्ति अधिक-से-अधिक प्रयोग कर सकें।

□

कृष्णानंद गुप्त

कृष्णानंद गुप्त-जीवन परिचय

भारतीय पत्रकारिता में स्वर्गीय कृष्णानंद गुप्त का नाम मानव-जाति शास्त्र तथा मानव विज्ञान (Ethnology and Anthropology) जैसे दुर्लभ विषय के स्वाध्यायी संपादकों में अत्यंत सम्मान के साथ लिया जाता है। वे देश के उन इने-गिने विद्वानों में थे, जिन्होंने उक्त विषयों पर विदेशों में हुए अध्ययन को आत्मसात् कर, भारतीय-परिप्रेक्ष्य में, उक्त विषयक पत्रकारिता का सूत्रपात कर 'लोकवार्त्ता' नाम्नी पत्रिका का संपादन किया था तथा ओरछेश वीरसिंह जूदेव (द्वितीय) के संरक्षण में लोकवार्त्ता परिषद् (टीकमगढ़) का गठन कर उक्त विषयों के वैज्ञानिक अध्ययन का अभियान चलाया था। इस पत्रिका के प्रकाशन के साथ ही जनपदीय-अध्ययन के अध्येता के रूप में अनेक उल्लेखनीय अवदानों के कारण उन्हें जनपदीय-आंदोलन के एक स्तंभ के रूप में गिना जाता है।

कृष्णानंदजी का जन्म 3 फरवरी, 1903 ईस्वी को ललितपुर (उन दिनों जिला-झाँसी) में हुआ था। उनके पिता लक्ष्मी प्रसाद वहाँ गिरदावर कानूनगो के रूप में पदस्थ थे। इसके पूर्व वे वहीं पटवारी-स्कूल के प्रधान अध्यापक थे। इसीलिए वे 'मास्टर साहब' के नाम से जाने जाते थे। लक्ष्मी प्रसादजी के दो विवाह हुए थे तथा कृष्णानंदजी दूसरे विवाह की संतान थे। उनके पूर्वज झाँसी जिले की गरौठा तहसील के निवासी थे। यह ग्राम झाँसी के पूर्व में लगभग 75 किलोमीटर दूर लखेरी नदी, जो कि धसान नदी की सहायक नदी है, के किनारे स्थित है। वहाँ का प्राकृतिक वातावरण अत्यंत मनोरम है। उनके अग्रज गोपी रंजन दास स्टेशन मास्टर थे। वे विद्या-व्यसनी अध्ययनशील व्यक्ति थे। सद्ग्रंथों तथा पत्र-पत्रिकाओं से उन्हें अत्यंत प्रेम था। वे 'सरस्वती' पत्रिका मँगाया करते थे, इससे परिवार का वातावरण साहित्यिक बनाए रखने में मदद मिलती। कृष्णानंदजी में साहित्यिक-संस्कार डालने तथा उनमें स्वस्थ एवं परिमार्जित साहित्यिक रुचि के विकास में उनकी महत्त्वपूर्ण

भूमिका थी। उनमें अध्ययन के प्रति बचपन से ही रुचि जाग्रत् करने की दृष्टि से गोपी भैया 'शिशु', 'बालसखा', 'विद्यार्थी' जैसी पत्रिकाएँ तथा अनेक रोचक और शिक्षाप्रद बाल-साहित्य मँगाते थे। यद्यपि पिताजी पढ़ाई के लिए खर्च भेजते थे, किंतु गोपी भैया पुस्तकों के लिए उन्हें अलग से धन उपलब्ध कराते थे।[1] इन पुस्तकों के पठन-पाठन तथा अध्ययन से उनमें स्वाध्याय की प्रवृत्ति बाल्यकाल से ही विकसित होने लगी थी तथा वे लेखन का अभ्यास करने लगे थे। सच्चे अर्थों में उनके साहित्यिक प्रेरणास्रोत अग्रज गोपीरंजन दास थे।

उनकी प्रारंभिक शिक्षा ललितपुर में आरंभ हो गई थी। उन्होंने वहाँ कक्षा-तीन तक की पढ़ाई की। सन् 1913 में उनके पिताजी का स्थानांतरण मोंठ हो गया, जहाँ हिंदी के मिडिल स्कूल में उनका प्रवेश कराया गया। सन् 1916 में दूसरी जुबान उर्दू लेकर हिंदी मिडिल की परीक्षा उत्तीर्ण की। इसके पश्चात् झाँसी के मैकडानल्ड हाईस्कूल (वर्तमान नाम—बिपिन बिहारी इंटर कॉलेज) में प्रवेश लिया तथा वहाँ से हाईस्कूल तथा मैट्रीकुलेशन की परीक्षाएँ उत्तीर्ण कीं। उल्लेखनीय है कि इसी विद्यालय में राष्ट्रकवि मैथिलीशरण गुप्त, उपन्यास सम्राट् वृंदावनलाल वर्मा तथा हॉकी के जादूगर मेजर ध्यानचंद ने भी शिक्षा प्राप्त की थी। इसी समय 1922 में वहाँ राजकीय इंटर कॉलेज स्थापित हुआ। उन्होंने यहाँ से इंटरमीडिएट परीक्षा उत्तीर्ण की। पाँचवीं कक्षा से ही उनमें कथा साहित्य तथा उपन्यास पढ़ने की रुचि जाग्रत् हो गई थी और मिडिल पास करते-करते वे देवकीनंदन खत्री के समस्त उपन्यासों सहित लगभग डेढ़-दो सौ साहित्यिक पुस्तकें पढ़ चुके थे। छात्र जीवन से ही उन्हें विविध विषयों की पुस्तकें पढ़ने तथा लेख एवं कहानियाँ लिखने का अभ्यास हो गया था। इसके चलते 1918 में उन्होंने हिंदी साहित्य सम्मेलन की मध्यमा (विशारद) परीक्षा उत्तीर्ण कर ली थी।

'होनहार बिरवान के होत चीकने पात' वाली कहावत उन पर सही रूप में लागू होती थी। उनका प्रथम लेख 'शिवाजी की गुरु-भक्ति' इलाहाबाद से प्रकाशित होनेवाली 'विद्यार्थी' पत्रिका में 1916 में प्रकाशित हुआ। उस समय वे मिडिल की छठवीं कक्षा के छात्र थे। उनके उल्लास और उत्साह की सीमा नहीं रही, जब उन्होंने देखा कि उक्त लेख सन् 1926 में बंगाल की हाईस्कूल परीक्षा के लिए स्वीकृत एक निबंध संग्रह में सम्मिलित किया गया। यह उनके लिए विस्मयकारक था।[2] उनकी पहली कहानी 'मौलिकता' सन् 1922 में प्रताप प्रेस कानपुर से प्रकाशित होनेवाली पत्रिका 'प्रभा' में प्रकाशित हुई। 'बालसखा' में भी दो लेख

प्रकाशित हुए। उस समय वे दसवीं कक्षा के छात्र थे। इन रचनाओं के प्रकाशन का यह प्रभाव हुआ कि स्व. गणेश शंकर विद्यार्थी, राष्ट्रकवि मैथिलीशरण गुप्त तथा सियारामशरण गुप्त के निकट संपर्क बनाने में सुविधा हुई। विद्यार्थीजी उन्हें काफी स्नेह करते थे तथा उनमें राष्ट्रीयता के संस्कार डालते रहते थे। कृष्णानंदजी ने विद्यार्थीजी से पत्रकारिता का प्रारंभिक पाठ सीखा तथा वे विद्यार्थीजी को पत्रकारिता का गुरु एवं प्रेरणा स्रोत मानते थे।[3]

गणेश शंकर विद्यार्थीजी से हुई प्रारंभिक भेंट के बारे में उन्होंने एक साक्षात्कार में 'प्रसाद-संदर्भ' की अध्येता डॉ. प्रमिला शर्मा को बताया था—'जब आठवीं कक्षा में था तो गणेश शंकर विद्यार्थी से भेंट हुई। वृंदावनलाल वर्मा के यहाँ वे अकसर आते थे। वर्माजी से तो हमारे बहुत ही आत्मीय संबंध थे। जब मैं पैदा हुआ तो वे हमारे घर के आँगन में खेल रहे थे। 'विद्यार्थीजी' के 'बलिदान' उपन्यास से मैं बहुत प्रभावित था। विद्यार्थीजी ने मुझसे पूछा, पढ़कर क्या करोगे? कुछ भी करना पर ब्रिटिश सरकार की नौकरी बिलकुल मत करना और उसके बाद गणेश शंकर विद्यार्थी ने 'बौना' पर कहानी कैसे लिखी जाए, इसका पूरा प्लॉट बनाकर मुझे कहानी लेखन की दिशा में उत्साहित किया। 'प्रताप' की जमानत के सिलसिले में वे प्राय: वृंदावनलाल वर्मा के पास आते रहते थे।

विद्यार्थीजी द्वारा 'नाइंटी थ्री' नामक कृति का 'बलिदान' नाम से किए गए अनुवाद को पढ़कर उनकी रुचि विदेशी-साहित्य के पठन-पाठन में जाग्रत् हुई। वे पाश्चात्य लेखकों से प्रभावित हुए तथा उन्होंने विक्टर ह्यूगो, अनातोले फ्रांसो और स्काट आदि के अधिकांश उपन्यास पढ़ डाले। ओ. हेनरी तथा मोपाँसा उनके कहानी कला के आदर्श रहे। गोर्की उनके प्रिय लेखकों में रहे। उन्होंने गोर्की की प्रसिद्ध कहानी 'शेलकस' का हिंदी अनुवाद भी किया था। गोर्की की कहानी का अनुवाद करनेवालों में श्री कृष्णानंदजी का स्थान शायद सर्वप्रथम था। यही नहीं प्रिंस क्रॉपाटकिन के क्रांतिकारी निबंधों को उन्होंने तब पढ़ा था जब हिंदी-जगत् में बहुत कम लोगों ने उनका नाम सुना था। मेरा अनुमान है कि कृष्णानंदजी ने सहस्त्रों रुपए पुस्तकों को खरीदने में खर्च कर दिए होंगे। किसी पुस्तक विक्रेता की दुकान पर जाना उनके लिए खतरनाक था। संसार के सर्वश्रेष्ठ रचनाकारों को पढ़ने के कारण उनकी समीक्षक शक्ति बहुत तीव्र हो गई थी। तौलने की तराजू, बावन तोले पाव, स्त्री ठीक और भाषा अथवा भाव की कोई भी त्रुटि उनकी आँख से बच नहीं पाती।[4]

सन् 1922 में जब वे इंटरमीडिएट में पढ़ते थे, तभी उनकी भेंट सियारामशरण

गुप्त से हुई, जो कुछ दिनों में मैत्री में बदल गई। सन् 1926 में जब सियारामशरणजी ने 'साहित्य सदन' की ओर से बच्चों पर एक पुस्तक-माला निकालने की योजना बनाई तब उन्होंने उस कार्य में सहयोग के लिए कृष्णानंदजी को आमंत्रित किया। वे पढ़ाई छोड़कर 'साहित्य सदन' परिवार के सदस्य हो गए। यहाँ रहकर उन्होंने अपना साहित्यिक लेखन भी किया तथा 'साहित्य सदन' को अपनी साहित्यिक-सेवाएँ देकर उनकी योजनानुसार कार्य भी किया। कृष्णानंदजी वहाँ जिस अंतरंगता के साथ रहे, उसका आकलन इन पंक्तियों से किया जा सकता है—'साहित्य सदन, चिरगाँव उस समय श्री मैथिलीशरण गुप्त का घर ही नहीं था, बल्कि वास्तव में साहित्य-सदन था, जिसके सदस्य भी मैथिलीशरण गुप्त और श्री सियारामशरण गुप्त के अतिरिक्त मुंशी अजमेरीजी और श्री कृष्णानंद गुप्त भी थे। कृष्णानंदजी को हम प्यार से काका साहब कहने लगे थे। काकाजी के प्रति उनके वृहद् ज्ञान, उनकी तीक्ष्ण विश्लेषण शक्ति और उनकी प्रसाद-युक्त शैली का मैं हमेशा कायल रहा।'[5] श्री गुप्तजी बहुभाषाविद् थे। हिंदी, उर्दू, अंग्रेजी, संस्कृत, बँगला, गुजराती तथा मराठी के वे अच्छे ज्ञाता थे।

1926 से 1930-31 तक गुप्तजी साहित्य-सदन चिरगाँव में रहे। इस अवधि में उनकी चार पुस्तकें साहित्य-सदन से तथा दो पुस्तकें गंगा पुस्तक-माला लखनऊ से प्रकाशित हुईं। इनमें कहानी संग्रह 'अंकुर' (1927), बालोपयोगी 'स्वास्थ्य संलाप' (1927), गोर्की की एक लंबी कहानी का अनुवाद 'शेलकश' (1929) तथा बँगला की एक पुस्तक 'गीता-रहस्य' (1929) का हिंदी अनुवाद साहित्य-सदन चिरगाँव से प्रकाशित हुआ तथा गंगा पुस्तक माला, लखनऊ से 'केन' उपन्यास (1929) तथा 'प्रसादजी के दो नाटक' नामक आलोचनात्मक पुस्तकें प्रकाशित हुईं। इसमें प्रसादजी के नाटकों की निर्मम आलोचना थी। उस समय श्री मैथिलीशरण गुप्त तथा श्री जयशंकर प्रसाद दो साहित्यिक गुट जैसे थे। 'प्रसाद का ग्रुप मैथिलीशरण गुप्त को 'तुकाराम' कहता था। तुक ही जिसके लिए राम हो अर्थात् तुकाराम और दूसरा मजाक भी तुमने सुना होगा श्री नारायण चतुर्वेदी 'मैं थैलीशरण हूँ' कहकर गुप्तजी को याद करते थे।'[6] इसलिए जब कृष्णानंदजी ने साहित्य-सदन में रहते हुए प्रसादजी पर आलोचना परक पुस्तक लिखी तो उन्हें यह आक्षेप भी सुनना-सहना पड़ा कि उक्त पुस्तक लेखन में अप्रत्यक्ष रूप से गुप्तजी का हाथ था। इसकी सफाई अनेक बार कृष्णानंदजी को देनी पड़ी। 'मेरा प्रसाद के नाटकों पर जब लेख छपा, उसके बाद ही मैथिलीशरण गुप्त को पता चला। उस

आलोचना को लिखवाने में मैथिलीशरण गुप्त का कोई हाथ न था। जब किताब छपी थी, मैथिलीशरणजी उस समय बनारस में थे। इस प्रकरण से संबंधित डॉ. वृंदावनलाल वर्मा का एक संस्मरण इस पुस्तक के तृतीय अध्याय में दिया गया है।

कृष्णानंदजी की स्वाध्यायी-प्रवृत्ति में उनके समृद्ध पुस्तकालय का विशेष योगदान है। इस पुस्तकालय को उन्होंने बड़े मनोयोग से बनाया था। बाबू वृंदावन दास के शब्दों में—"उनका अपना एक समृद्ध पुस्तकालय है। जिसको उन्होंने अपने प्राणों से सींचा है। हमसे कई सज्जनों ने उस पुस्तकालय की बड़ी प्रशंसा की है। हमने स्वयं 'ब्रजभारती' में गुप्तजी के जीवन पर दो लेख प्रकाशित किए हैं। इन दोनों लेखों के लेखक हैं—क्रमशः श्री ब्रजबल्लभ गुप्त और साहित्याचार्य श्री श्याम सुंदर 'बादल'। दोनों महानुभावों ने अपने-अपने लेख में गुप्तजी के पुस्तकालय की भूरि-भूरि प्रशंसा की है। श्रद्धेय बनारसीदास चतुर्वेदी ने तो हमें अनेक बार गुप्तजी के लोक साहित्य और भाषा विज्ञान संबंधी पांडित्य तथा उनके पुस्तकालय के बारे में लिखा है। हमने इन सबसे प्रभावित होकर गुप्तजी के पुत्र चि. रमेश गुप्त को लिखा कि वे अपने पिताजी के पुस्तकालय पर हमको एक प्रामाणिक लेख लिखकर भेजें, जिससे कि हम उसे 'ब्रजभारती' में प्रकाशित कर सकें।"[7] प्रसाद-साहित्य की अध्येता डॉ. प्रमिला शर्मा लिखती हैं—"हालाँकि उनका अधिकांश पुस्तकालय उरई जा चुका है पर यहाँ गाँव में भी वाङ्मय का कोई ऐसा विषय नहीं है, जिसकी श्रेष्ठ पुस्तकें उनके पास न हों। भाषा विज्ञान, शरीर विज्ञान, नक्षत्र-विद्या, ज्योतिष, लोक-साहित्य, हस्तरेखा, भौतिकी आदि। इस विशाल पुस्तक संग्रह को उन्होंने बड़े मन से जुटाया है। लखनऊ में एक-दो ऐसे पुस्तक विक्रेता थे, जिन्हें सेवानिवृत्त अंग्रेज अधिकारी अपनी पुस्तकें इंग्लैंड जाते हुए बेचते थे और ज्ञान-पिपासु कृष्णानंदजी उनसे खरीदते थे।"

सुप्रसिद्ध बुंदेली विद्वान् डॉ. गणेशीलाल बुधौलिया के शब्दों में—"संसार का सारा ज्ञान पुस्तकों में है, जिन परिवारों में पठन-पाठन का व्यसन नहीं, सचमुच में वे बड़े अभागे हैं। अपने यहाँ उपनिषद् भी कहता है—'स्वाध्यामां प्रमदः'— स्वाध्याय में प्रमाद मत करो। गुप्तजी इस शास्त्रीय वचन के प्रति कितने निष्ठावान हैं, इस बात का ज्वलंत प्रमाण उनका पुस्तकालय है। शोध छात्रों के लिए वह गरौठा ग्राम 'गंगा की गंगा और शहजादपुर की हाट' है। साहित्यकारों के लिए वह तीर्थस्थल है। उसमें अनेक मूल्यवान और दुर्लभ ग्रंथ संगृहीत हैं।"[8]

उनके पुस्तकालय में विभिन्न प्रकार के संदर्भ-ग्रंथ, कोश, एनसाइक्लोपीडिया,

लोक साहित्य, इतिहास विषयक दुर्लभ ग्रंथ थे। इनकी संख्या पाँच हजार से अधिक रही होगी।

अब गुप्तजी का समृद्ध पुस्तकालय दो हिस्सों में बँट गया है। श्री कृष्णानंदजी प्राय: अपने ज्येष्ठ पुत्र के साथ रहते थे तथा अपने नियमित उपयोग एवं अध्ययन के ग्रंथ, जिनकी अनुमानित संख्या डेढ़ दो हजार रही होगी, अपने साथ रखते थे। इसमें 'डिक्शनरी ऑफ रिलीजन ऐंड एथिक्स' के अलावा लोक साहित्य का प्रचुर भंडार था। शेष पुस्तकों का विशाल संग्रह ग्राम-गरौठा स्थित उनके आवास पर रहा, जो उनके द्वितीय पुत्र रमेश गुप्त के पास रहा। इसमें सौ वर्ष से अधिक पुरानी अनेकों दुर्लभ पुस्तकें भी हैं।

पुस्तक-प्रकाशन के संदर्भ में गुप्तजी ब्रिटिश सरकार के प्रशंसक तथा स्वतंत्रता के बाद गठित भारत-सरकार के कटु आलोचक थे। उनका कहना है कि 'विविध विषयों की पुस्तकें पढ़ने का मुझे बेहद शौक था। नेलसन सीरीज सात सौ पेज की किताब बारह आने में मिलती थी। वह इसलिए कि अंग्रेजी सरकार अंग्रेजी की सस्ती किताबें छपवाकर उसका प्रचार करना चाहती थी। खेद का विषय है कि स्वाधीन भारत में लोगों को प्रबुद्ध बनाने का कोई विचार नहीं किया गया। आज भी प्रकाशकों का लक्ष्य पैसा कमाना है, ज्ञान का प्रसार करना नहीं।'[9] सन 1940-41 में उन्होंने तीन बालोपयोगी पुस्तकें और लिखीं—पदार्थ परिचय, जीव की कहानी तथा नागरिक शास्त्र। इसी अवधि में उनका कहानी संग्रह 'पुरस्कार' प्रकाशित हो गया था।

ओरछेश की उन पर विशेष कृपा थी। टीकमगढ़ में साहित्यिक, सांस्कृतिक वातावरण बनाकर बुंदेलखंड प्रांत निर्माण आंदोलन की पृष्ठभूमि तैयार करने के लिए जिन लोगों को उन्होंने टीकमगढ़ बुलाया, उनमें पं. बनारसीदास चतुर्वेदी के साथ कृष्णानंदजी भी थे। यहाँ उन्होंने 'लोकवार्त्ता परिषद्' के बैनर तले ओरछेश के संरक्षण में 'लोकवार्त्ता' नाम्नी पत्रिका के प्रकाशन सहित अनेक महत्त्वपूर्ण कार्य किए। उन्होंने जो सबसे महत्त्वपूर्ण कार्य किया, वह था वृहद् रूप में बुंदेली भाषा की सामग्री का संकलन। पं. बनारसीदास चतुर्वेदी के साथ ओरछा राज्य के कर्मचारियों तथा बुंदेलखंड के अन्य उत्साही साहित्यिक कार्यकर्ताओं के सहयोग से उन्होंने प्रचुर रूप में बुंदेली कहावतों, गीतों, शब्दों आदि का संग्रह किया। फिर इसके आधार पर एक बुंदेली कोश के निर्माण की योजना भी बनाई। 1946 में 'लोकवार्त्ता' बंद हो गई। सन् 1947 में गुप्तजी अपने निवास-स्थान गरौठा चले आए। पाँच वर्ष

के अनवरत परिश्रम से उन्होंने इस कोश को तैयार किया। हिंदुस्तानी एकेडमी ने इसे स्वीकार भी कर लिया था, पर ऐसी कुछ परिस्थितियाँ पैदा हुईं कि गुप्तजी का स्वाभिमान जाग्रत् हो गया और उन्होंने एकेडमी के माँगने पर भी फिर पांडुलिपि नहीं भेजी।'[10] बाद में गुप्तजी ने उसे ब्रज साहित्य मंडल की एक योजना में सम्मिलित कराकर प्रकाशित कराने का निर्णय लिया, किंतु वहाँ से भी प्रकाशन संभव नहीं हो सका। उसके कुछ भाग दीमक खा गए। उक्त महत्त्वपूर्ण कोश की पांडुलिपि गुप्तजी के अंतिम दिनों तक उनके पास, उनके पुत्र श्रीकांत गुप्त के संरक्षण में रही। जिसे गुप्तजी के निधन के बाद उनकी एक रिश्तेदार डॉ. सरोज गुप्ता (सागर) ले गईं। वे उसे प्रकाशित कराने हेतु प्रयासरत हैं।[11]

उक्त संगृहीत सामग्री के आधार पर उन्होंने 'बुंदेली कहावत कोश' का संपादन किया। उन्होंने एस.डब्ल्यू. फैलन द्वारा संपादित 'डिक्शनरी ऑफ इंडियन प्रोवर्स' को 'हिंदुस्तानी कहावत कोश' नाम से अनूदित करके नेशनल बुक ट्रस्ट से प्रकाशित कराया। इसके दो संस्करण प्रकाशित हो चुके हैं।

गुप्तजी टीकमगढ़ में संगृहीत अधिकांश सामग्री तथा पुस्तकें अपने साथ अपने ग्राम गरौठा ले आए। वे जीवन के अंतिम क्षण तक उनका उपयोग कर ठोस सामग्री हिंदी साहित्य को देने का मन बनाए रहे। इनमें 'लोकवार्त्ता' का पुनः प्रकाशन तथा 'बुंदेली कोश' का पुनः संपादन भी सम्मिलित था। किंतु ऐसा संभव नहीं हो सका। उनके पश्चात् उनके साहित्यिक-अभिरुचि संपन्न पुत्र श्री रमेश गुप्त ने उक्त सामग्री का उपयोग करते हुए उस कार्य को आगे बढ़ाने का मन बनाया है। उनके पास गुप्तजी के पास आए पत्रों का विशाल संग्रह भी है। वे उन पत्रों, गुप्तजी के स्फुट लेखों तथा दुर्लभ सामग्री का संकलन-संपादन करके प्रकाश में लाने का प्रयत्न कर रहे हैं। कई बक्सों में बंद उक्त सामग्री दर्जनों पुस्तकों का कलेवर बन सकती है तथा इसे व्यवस्थित ढंग से प्रस्तुत करके कोई भी व्यक्ति साहित्यकार की पंक्ति में स्थान प्राप्त कर सकता है।

1947 में ग्राम गरौठा वापिस आने के दो-तीन वर्ष बाद 1949-50 में उन्हें लीडर प्रेस इलाहाबाद से प्रकाशित होनेवाली पत्रिका 'संगम' के संपादन का आमंत्रण मिला। गुप्तजी ने उसे स्वीकार कर लिया और प्रयाग पहुँच गए। एक साक्षात्कार में उन्होंने बताया—''1949 में मेरे बड़े लड़के ने इंटर पास किया। उसकी पढ़ाई के लिए जरूरी था कि मैं कहीं ऐसी जगह रहूँ, जहाँ उसकी व्यवस्थित शिक्षा हो सके। उसी समय मैं 'संगम' के बंधन में बँध गया। ढाई साल छपा।

विशेषांक बहुत अच्छा निकलता था। पर अब तो मेरे पास भी उनकी प्रति नहीं है। संभवत: इंडियन प्रेस के पास हो, तुम उनसे लिखकर पूछो। विज्ञापन के अभाव के कारण पत्रिका बंद हो गई।''[12] उक्त साक्षात्कार में 'इंडियन प्रेस' शब्द का प्रयोग त्रुटिपूर्ण है। 'संगम' का प्रकाशन लीडर प्रेस से होता था। उस प्रेस से दो दैनिक हिंदी में 'भारत', अंग्रेजी में 'लीडर' तथा एक मासिक पत्रिका 'संगम' प्रकाशित होती थी। उक्त पत्रिका के प्रधान संपादक कृष्णानंदजी तथा सह-संपादक स्व. कविवर रमानाथ अवस्थी थे। एक भ्रामक एवं त्रुटिपूर्ण सूचना के आधार पर मेरी एक पुस्तक 'साहित्यिक-श्राद्ध'[13] में सह-संपादक का नाम 'धर्मवीर भारती' गलत छप गया है। उसे सुधारकर उसके स्थान पर 'रमानाथ अवस्थी' पढ़ा जाना अभीष्ट है। इन पंक्तियों के लेखक ने 'लीडर प्रेस' से संपर्क किया, उसे बताया गया कि 'संगम' की फाइलें, अब वहाँ उपलब्ध नहीं हैं।

गुप्तजी के तीन पुत्र श्रीकांत गुप्त, रमेश गुप्त तथा विनोद गुप्त हैं और एक पुत्री भी। 1955 में गुप्तजी की पत्नी का निधन होने के बाद, माँ के शोक में पुत्री की वाक्-शक्ति लुप्त हो गई थी। ज्येष्ठ पुत्र श्रीकांत गुप्त राजस्व विभाग में, नायब तहसीलदार से डिप्टी कलेक्टर तक विभिन्न पदों पर रहे। रमेश गुप्त शिक्षक रहे तथा विनोद-व्यापार करते हैं। गुप्तजी की मनपसंद सेवा पुत्र श्रीकांत के यहाँ होती थी, इसलिए वे अपनी पत्नी के निधन के पश्चात् प्राय: उनके साथ ही रहते थे तथा गाँव आने-जाने का क्रम भी बना रहता था। उनका निधन 27 अक्तूबर, 1990 को गरौठा में हुआ। उस समय राम-जन्मभूमि विवाद के कारण कर्फ्यू लगा हुआ था अत: उनके सभी पुत्र भी उनकी अंत्येष्टि में सम्मिलित होने से वंचित रह गए थे।

ज्येष्ठ पुत्र श्रीकांत गुप्त की राठ (हमीरपुर) में तैनाती के समय निकट परिचय बुंदेलखंड के गांधी कहे जानेवाले दीवान शत्रुघ्न सिंह से हुआ, लोक संस्कृति के अध्येता पं. श्यामसुंदर बादल इस भेंट के माध्यम बने। बादलजी के शब्दों में—''कदाचित् दिसंबर सन् 1975 में पूज्य दीवान साहब की संरक्षकत्व में ईसुरी स्मारक समिति की स्थापना हुई। अध्यक्ष का भार उन्हें ही सौंपा गया एवं शेष कार्यभार का हम लोगों ने शिरोधार्य किया। दो मास के पश्चात् ही बसंत पंचमी के शुभ पर्व पर बड़े समारोह के साथ श्री गुप्तजी की ही अध्यक्षता में ग्राम-धवार (ईसुरी के निधन स्थल) में एक महान् लोकप्रिय लोककवि का सोल्लास स्मृति दिवस मनाया गया।''[14]

गुप्तजी का व्यक्तित्व उनकी स्वाध्यायी प्रवृत्ति का परिचायक था। मस्तक पर

रेखाएँ उनकी अध्ययनशीलता की परिचायक थीं। लगभग पाँच फीट कद, कृशकाय शरीर, दुर्बल देहयष्टि, गेहुँआ वर्ण, आँखों पर चश्मा तथा खादी का कुरता-पायजामा—इसी रूप में इन पंक्तियों के लेखक ने उन्हें देखा है। वे फोटोग्राफी तथा भाँति-भाँति के 'पेन' रखने के शौकीन थे। आत्मश्लाघा से वे बचते थे तथा अभिनंदन समारोहों में जाने के पक्षधर नहीं थे। पहले वे 'ना' कहते थे, किंतु बाद में आग्रह करने पर मान जाते थे।

इन पंक्तियों का लेखक श्रेष्ठ साहित्यकारों तथा संस्कृति-कर्मियों के प्रति श्रद्धा-निवेदन का प्रबल समर्थक रहा है तथा प्रेरक-व्यक्तित्वों के अभिनंदन तथा सम्मान को महत्त्वपूर्ण सामाजिक अनुष्ठान मानता रहा है। इस क्रम में गुप्तजी का अभिनंदन तीन बार कराने का वह निमित्त बना। प्रथम बार डी.वी. कॉलेज उरई में बुंदेलखंड साहित्यकार सम्मेलन (1970) में (उन दिनों में हिंदी साहित्य परिषद् का अध्यक्ष था), दूसरी बार अ.भा. गहोई वैश्य महासभा के बड़ागाँव अधिवेशन (1971) में (तब मैं अ.भा. गहोई वैश्य नवयुवक मंडल का राष्ट्रीय अध्यक्ष था) तथा तीसरी बार भारती साप्ताहिक के 'लोक संस्कृति विशेषांक तथा कृष्णानंद गुप्त अभिनंदन अंक' के माध्यम से। पत्र संपादक श्री धूसरजी ने उक्त विशेषांक के कार्यकारी संपादक का दायित्व मुझे सौंपा था। उस समय गुप्तजी ज्येष्ठ पुत्र श्रीकांत के पास कोंच में रहते थे। कोंच मेरा गृह-नगर था, इस नाते उनसे प्रायः भेंट होती रहती थी। तब उनकी आत्मश्लाघा की संकोची प्रवृत्ति का परिचय मिला। जब मैंने बड़ागाँव (झाँसी) अधिवेशन में उनके अभिनंदन का प्रस्ताव एक पत्र लिखकर रखा तो उनका पत्र मिला।[15]

''प्रिय भाई कुमुदजी,

अभी कार्ड मिला। इस संबंध में अधिवेशन के स्वागत मंत्री श्री लखन लालजी का भी पत्र मुझे मिला था। उन्हें लिख चुका हूँ। अस्वस्थ रहता हूँ और सभा-सुसाइटियों और जलसों से बहुत घबराता भी हूँ। फिर अपने अभिनंदन की बात भी कतई जँचती नहीं। अभिनंदन तो समाज के प्रतिभाशाली नवयुवकों का होना चाहिए, जिनसे हमें विशेष आशाएँ हैं। बूढ़ों का अभिनंदन क्या? फिर भी कुछ मित्रों और बंधुओं के दर्शनार्थ, यदि स्वास्थ्य ने गवाही दी तो, किसी दिन आने की चेष्टा करूँगा।''

वे इतने संकोची थे कि अभिनंदन के लिए स्वयं आने से कतराए, अतः उन्हें झाँसी ले जाने हेतु विशेष व्यवस्था की गई तथा उनके मित्र परशुराम गुप्त एडवोकेट

के आवास से, जहाँ वे प्राय: ठहरते थे, गाड़ी भेजकर बुलाया गया था। वे विचारों से गंभीर, किंतु विनोदी स्वभाव के थे। टीकमगढ़ प्रवास के समय सभी लोग उनको 'काका साहब' कहकर संबोधित करते थे। अंबिका प्रसाद 'दिव्य' ने एक संस्करण में लिखा है—''चौबेजी तो सदैव काका साहब को छेड़ते रहते थे। पर मौका मिलने पर काका साहब भी उन्हें न छोड़ते। एक बार की बात है, एक कुत्ते ने भौंक-भौंककर नींद हरामकर रक्खी थी। संयोग से काका कृष्णानंदजी भी वहीं सो रहे थे। उन्होंने चौबेजी के नौकर गुविंदा को बुलाकर कहा, 'अरे, जरा जवाकुसुम तेल लाकर इसके सिर पर मलना।' सुनकर चौबेजी ठहाका मारकर हँस पड़े। बात यह भी थी कि उन्हें जवाकुसुम तेल पसंद है और सदैव सिर पर उसकी मालिश करवाते थे।''[16]

बुंदेली भाषा तथा साहित्य के उद्‌भट विद्वान् होने के कारण बिहार राष्ट्रभाषा परिषद् ने अपनी लोकभाषा व्याख्यान-माला के अंतर्गत 'बुंदेलखंडी भाषा तथा साहित्य' पर उनका व्याख्यान कराकर प्रकाशित किया था तथा विश्वविद्यालयों ने उन्हें पी-एच.डी. उपाधि के लिए शोध निरीक्षक नामित किया था।

बुंदेलखंड विश्वविद्यालय ने अपने प्रारंभिक वर्षों में बुंदेली इतिहास—संस्कृति, साहित्य के शोध संबंधी कार्यों को व्यवस्थित रूप देने के लिए एक समिति 'बुंदेली इतिहास-साहित्य संस्कृति शोध विकास परिषद्' गठित करके इस अंचल के अनुभवी मनीषियों को उसका दायित्व सौंपा था तथा 'बेतवा-वाणी' नामक एक पत्रिका प्रकाशित की गई थी, उस समिति तथा संपादक मंडल में कृष्णानंदजी को भी सदस्य नामित किया गया था।

देश स्वतंत्र होने के बाद कला-संस्कृति प्रेमी तथा केंद्रीय सूचना सचिव एन.सी. मेहता ने उनकी नियुक्ति दिल्ली में एक उच्च पद पर की थी, किंतु उन्होंने अपने विचित्र स्वभाव के कारण अगले दिन ही उस पद से त्याग-पत्र दे दिया था। संबंधित विभाग के उच्च अधिकारी ने बताया भी कि यह नियुक्ति तो सरदार वल्लभ भाई पटेल के निर्देश पर की गई थी, किंतु उन पर इसका कोई प्रभाव न पड़ा तथा त्याग-पत्र वापस नहीं लिया। इसी प्रकार उन्हें विंध्य प्रदेश के निर्माण के पश्चात् सूचना विभाग में प्रधान संपादक बनाया गया था, किंतु एक मंत्री की किसी बात पर असहमति के कारण पंद्रह दिन के अंदर उससे भी त्याग-पत्र दे दिया था।

इस प्रकार की संशयात्मक दुविधाएँ उनके स्वभाव का अंग बन गई थीं। साहित्य सदन चिरगाँव में उनके अति निकट रहे उनके एक मित्र स्व. हरगोविंद गुप्त

ने एक स्थान पर लिखा है—"वे अपने मन के विपरीत, किसी के साथ चल नहीं सके। झुकने, लचने की अपेक्षा टूटना ही उन्हें पसंद रहा। यदि वे अपने सिद्धांतों या मान्यताओं से दूसरों के सिद्धांतों या मान्यताओं का समझौता कर-करा पाते, तो सचमुच हिंदी को बहुत कुछ मिला होता।"[16]

श्री गुप्तजी का पुरातत्त्व विषय में अच्छा अध्ययन था और उन्होंने उससे संबंधित अनेक लेख लिखे।

उनके व्यक्तिगत स्वभाव तथा विचारों के बारे में उनके निकटस्थ सज्जनों की अपनी-अपनी दृष्टि है। स्व. हरगोविंद गुप्त के ही शब्दों में—"उनके विचारों और अध्ययन की दृष्टि न्यारी ही है। सृजन की कला भी अपनी है। इन्हीं सबके साथ उनका स्वभाव भी अपने ढंग का है। सबसे अलग और निराला। किसी के साथ समझौता करके चलना उनकी कुंडली के ग्रहों में जैसे है ही नहीं। औरों की क्या, अपने आपसे भी उनका समझौता कम ही होता है। बहुत बड़े विद्वान् होकर भी वे निभने-निभाने की प्रारंभिक बातें यानी ओना-मासी नहीं पढ़े हैं। इसका उन्हें कोई खेद नहीं है। यही एक अद्‌भुत बात है। मैं समझता हूँ, दुनिया के अधिकांश विद्वान् या बुद्धिजीवी उन जैसे ही रहे होंगे। यानी वे दुनियादार हो ही नहीं सकते।"[17] राठ के प्रवास में उनके निकट रहनेवाले डॉ. श्यामसुंदर बादल लिखते हैं—"हमारे कुछ मित्रों के विचार में श्री गुप्तजी तेज प्रकृति के, सनकी एवं परिस्थितियों से समझौता न कर सकनेवाले प्राणी हैं, किंतु मेरा अनुभव इसके विपरीत है। मैंने उन्हें सरस प्रकृति का विचारशील एवं संवेदनशील व्यक्ति माना है। हाँ, वे अन्याय के प्रति स्पष्ट वक्ता अवश्य हैं। उनके स्वाभिमान पर चोट पहुँचे तो उन्हें हम अप्रसन्न भी देख सकते हैं, पर इससे कभी किसी का दिल दुखा हो, इसका हमें ज्ञान नहीं। वे साक्षर से अधिक सरस हैं। संस्कृत की एक सूक्ति है—

साक्षरा विपरीताश्चेद् राक्षसा एव केवलम्।
सरसा विपरीताश्चेद् सरसत्त्वं न मुञ्चति।

अर्थात् साक्षर (कोरा शिक्षित व्यक्ति) यदि नाराज हो जाए तो वह केवल राक्षस (अनिष्टकारी) बन जाता है, पर सरस (सहृदय व्यक्ति) विपरीत होने पर भी अपनी सरसता नहीं छोड़ता।"[18]

'क्षणे रुष्टा, क्षणे तुष्टा' वाला स्वभाव जैसे गुप्तजी की प्रकृति में था। उनके एक अन्य निकटस्थ सज्जन ब्रजबल्लभ गुप्त के शब्दों में—"...इस प्रकार गुप्तजी

का संबंध साहित्य सदन से हुआ और एक घर के व्यक्ति के रूप में ही पूज्य दद्दा और गुप्तजी के संबंध बड़े घनिष्ठ और मधुर रहे, किंतु दुर्भाग्यवश एक व्यापारिक मामले को लेकर बाद में वे उतने ही कटु भी हो गए।''[19]

उनके साहित्यिक व्यक्तित्व और कृतित्व को सार रूप में इस प्रकार समझा जा सकता है—'लोकवार्त्ता का प्रकाशन हिंदी के लिए निस्संदेह एक नया पराक्रम था। फ्रांस और इंग्लैंड के प्राच्य विद्या विशारदों तक भी इसका नाम पहुँचा और सुदूर पूर्व में नृ-विज्ञान और लोकवार्त्ता के अध्ययन के लिए 'इकोल फ्रांसेस[20] एक्स्ट्रीम ओरिएंट' नाम की जो प्रसिद्ध संस्था है, गुप्तजी अपने उक्त कार्य के लिए उसके सम्मानित सदस्य बनाए गए। 'लोकवार्त्ता' के निकलने पर हिंदी में इस विद्वान् की चर्चा होने लगी और लोकवार्त्ता स्थायी साहित्य की चीज बन गई। गुप्तजी को इस बात का श्रेय प्राप्त है कि हिंदी को उन्होंने 'लोकवार्त्ता' जैसा शब्द प्रदान किया और उसे टकसाली बनाया।[21]

गुप्तजी के साहित्यिक अवदान के लिए उन्हें अनेक साहित्यिक संस्थाओं द्वारा सम्मानित किया गया। इनमें सर्वाधिक महत्त्वपूर्ण उत्तर प्रदेश हिंदी संस्थान लखनऊ द्वारा उनकी आजीवन-सेवा पर बुंदेली विधा पर नामित पुरस्कार मैथिलीशरण गुप्त पुरस्कार (1984) है। यह भी उल्लेखनीय है कि उत्तर प्रदेश शासन द्वारा राष्ट्रकवि मैथिलीशरण गुप्त जन्मशती समारोह (3 अगस्त, 1986) में हिंदी भाषा, साहित्य तथा बुंदेलखंड की लोक संस्कृति की महत्त्वपूर्ण सेवा के लिए विशेष रूप से उन्हें समादृत किया गया था। प्रशस्ति-पत्र में इस तथ्य का विशेष रूप से उल्लेख किया गया था कि आपको लगभग आधी शती तक श्री मैथिलीशरणजी का सान्निध्य तथा स्नेह प्राप्त होता रहा है।

संदर्भ

1. श्री कृष्णानंद गुप्त से साक्षात्कार
2. वही
3. श्री कृष्णानंद गुप्त से साक्षात्कार
4. बनारसीदास चतुर्वेदी, बंधुवर श्री कृष्णानंद गुप्त (साप्ताहिक भारती, लोक संस्कृति विशेषांक 1970, पृष्ठ 10, 73)
5. जगदीश प्रसाद चतुर्वेदी, श्री कृष्णानंद गुप्त (साप्ताहिक भारती, लोक संस्कृति विशेषांक, पृष्ठ 9)
6. डॉ. प्रमिला शर्मा, 'वही जो राइटर वाइटर है,' साप्ताहिक हिंदुस्तान, 29 मार्च, 1992, पृष्ठ 44-45

7. वृंदावनदास—लोक साहित्य के मनीषी श्री कृष्णानंद गुप्त (साप्ताहिक ब्रज भारती-लोक संस्कृति विशेषांक, पृष्ठ 7)
8. डॉ. गणेशीलाल बुधौलिया, श्री कृष्णानंदजी व्यक्ति नहीं संस्था (साप्ताहिक भारती, लोक संस्कृति विशेषांक, पृष्ठ 27)
9. डॉ. प्रमिला शर्मा, 'वही जो राइटर वाइटर है', (साप्ताहिक हिंदुस्तान, 29 मार्च, 1992, पृष्ठ 44-45)
10. ब्रजबल्लभ गुप्त, कृष्णानंद गुप्त—एक व्यक्तित्व (गहोई वैश्य बंधु-गहोई साहित्यकार अंक, पृष्ठ 37-38)
11. श्रीकांत गुप्त से साक्षात्कार
12. डॉ. प्रमिला शर्मा, 'वही जो राइटर वाइटर है', (साप्ताहिक हिंदुस्तान, 29 मार्च, 1992, पृष्ठ 44-45)
13. अयोध्या प्रसाद गुप्त 'कुमुद', साहित्यिक श्राद्ध, पृष्ठ 63
14. श्यामसुंदर बादल, श्रमजीवी साहित्यकार श्री कृष्णानंद गुप्त, बृजभारती (वर्ष 24, अंक 1, पृष्ठ 13)
15. लेखक के निजी संग्रह में
16. अंबिका प्रसाद 'दिव्य', काका श्री कृष्णानंद (साप्ताहिक भारती, लोक संस्कृति विशेषांक, पृष्ठ 17)
17. हरगोविंद गुप्त, मेरे शुभैषी श्री कृष्णानंद गुप्त (साप्ताहिक भारती, लोक संस्कृति विशेषांक, पृष्ठ 25)
18. वही
19. श्यामसुंदर बादल, श्रमजीवी साहित्यकार श्री कृष्णानंद गुप्त, बृजभारती (वर्ष 24, अंक-1, पृष्ठ 12)
20. ब्रजबल्लभ गुप्त, कृष्णानंद गुप्त—एक व्यक्तित्व (साप्ताहिक भारती, लोक संस्कृति विशेषांक, पृष्ठ 16)
21. डॉ. वृंदावनलाल वर्मा, लोकवार्त्ता पत्रिका (साप्ताहिक भारती, लोक संस्कृति विशेषांक, पृष्ठ 11)

□

लोकमर्मज्ञ-संपादक

हिंदी के स्वाध्यायी तथा लोकमर्मज्ञ संपादकों में कृष्णानंद गुप्त का विशिष्ट स्थान है। वे नृ-शास्त्र तथा लोक-साहित्य में अपने ढंग के विद्वान् थे। पाश्चात्य देशों में लोकवार्त्ता शास्त्र (फोकलोर) पर हुए शोध सर्वेक्षण कार्यों तथा गहन अध्ययनपरक लेखन से प्रभावित होकर उन्होंने हिंदी को 'लोकवार्त्ता' पत्रिका का अवदान दिया। यह पत्रिका देश में, विशेषकर हिंदी क्षेत्र में, अपने ढंग की पहली पत्रिका थी। उस समय तक हिंदी में लोकवार्त्ता शास्त्र, मानव विज्ञान तथा लोकभाषा शास्त्र पर कोई पत्रिका प्रकाशित नहीं होती थी। इस प्रकार कृष्णानंदजी हिंदी पत्रकारिता में एक मौलिक दृष्टिकोण लेकर उपस्थित हुए, जिसकी विज्ञजनों ने सराहना की।

इस पत्रिका की पृष्ठभूमि में सुप्रसिद्ध पुरातत्त्ववेत्ता डॉ. वासुदेव शरण अग्रवाल का 'जनपदीय आंदोलन' तथा हिंदी साहित्य सम्मेलन की विकेंद्रीकरण नीति भी थी, जिसका प्रबल समर्थन पं. बनारसीदास चतुर्वेदी ने किया था। वे मांडलिक आधार पर हिंदी-जगत् की संस्थाओं का संगठन खड़ा करने का आंदोलन चला रहे थे तथा ओरछेश के संरक्षण में कुंडेश्वर (टीकमगढ़) में 'मधुकर' नामक पाक्षिक पत्र निकालकर उन्होंने अपनी पूरी शक्ति इस ओर झोंक दी थी। चतुर्वेदीजी 1937 में कुंडेश्वर आए तथा 1940 से उन्होंने विकेंद्रीकरण का आंदोलन चलाया, वह टीकमगढ़ आने के बाद का ही था।[1]

हिंदी साहित्य सम्मेलन ने अपने हरिद्वार अधिवेशन (1943) में निम्नांकित प्रस्ताव पारित किया था—

"इस सम्मेलन का यह विश्वास है कि भारतीय संस्कृति का निवास हमारे जनपदों में है। अतः यह सम्मेलन एक समिति की स्थापना करता है, जो भारत के विभिन्न जनपदों की भाषा, पशु-पक्षी, वनस्पति, ग्राम-गीत, जन-विज्ञान,

संस्कृति, साहित्य तथा वहाँ की उपज का अध्ययन कराने की योजना उपस्थित करे। उस समिति में निम्नलिखित विद्वान् हों—सर्वश्री वासुदेव शरण अग्रवाल (लखनऊ), बनारसीदास चतुर्वेदी (टीकमगढ़), राहुल सांकृत्यायन (बिहार), चंद्रबली पांडेय (काशी), अमरनाथ झा (प्रयाग), जैनेंद्र कुमार (दिल्ली) तथा सत्येंद्र (मथुरा)।

"इस समिति को अधिकार होगा कि वह आवश्यकतानुसार अन्य सदस्यों को भी सम्मिलित कर ले तथा जिस जनपद में वह काम करे, वहाँ के भी चार सज्जनों तक को इस समिति में सम्मिलित कर ले।"[2]

कृष्णानंदजी ने उक्त प्रस्ताव की भावना के साथ ही मानव विज्ञान और समाजशास्त्र को प्रमुखता से जोड़कर 'लोकवार्त्ता' का प्रकाशन प्रारंभ किया। कृष्णानंदजी के कुंडेश्वर आने, लोक संस्कृति विषयक विभिन्न कार्यों को हाथ में लेने तथा 'लोकवार्त्ता' के प्रकाशन की कहानी भी रोचक है। इसके पूर्व कि 'लोकवार्त्ता' पर विचार किया जाए, इस प्रकल्प के संक्षिप्त इतिहास पर विहंगम प्रकाश डालना भी प्रासंगिक है, जिससे संपादक की लोक-मर्मज्ञता तथा तत्संबंधी अन्य योगदान की जानकारी भी हो सके।

1933 में गुप्तजी ने सुधा के 'ओरछा अंक' का संपादन किया था। उसके लिए उन्होंने जितना श्रम किया, स्वयं ओरछा जाकर सामग्री संकलित की तथा ओरछेश से मिले। उससे ओरछेश वीरसिंह जूदेव द्वितीय उनके बहुआयामी ज्ञान के अनन्य प्रशंसक बन गए थे। उन्होंने बुंदेलखंड प्रांत निर्माण हेतु एक आंदोलन चलाने की इच्छा से, साहित्यिक-सांस्कृतिक वातावरण बनाने के लिए, अनेक साहित्यकारों सर्वश्री बनारसीदास चतुर्वेदी, यशपाल जैन, जगदीश प्रसाद चतुर्वेदी आदि को टीकमगढ़ आमंत्रित करके विशिष्ट राजकीय-अतिथि के रूप में टीकमगढ़ तथा कुंडेश्वर में साधन-सुविधाएँ उपलब्ध कराई थीं। वे स्वयं साहित्यप्रेमी थे तथा साहित्य एवं साहित्यकारों पर उदारतापूर्वक धन लुटाते थे। ओरछेश ने गुप्तजी की ख्याति सुनकर पं. बनारसीदास चतुर्वेदी के माध्यम से 1942 में उन्हें टीकमगढ़ बुला लिया। मूलतः उन्हें एक 'अंग्रेजी-हिंदी कोश' निर्मित करने के लिए बुलाया गया था, किंतु वह कार्य आगे नहीं बढ़ सका। गुप्तजी वापस लौटना चाहते थे, किंतु ओरछेश की इच्छा थी कि 'मधुकर' पत्रिका के माध्यम से पं. बनारसीदास चतुर्वेदी बुंदेलखंड के लिए जो कार्य कर रहे हैं, उसे जनपदीय-आंदोलन की रूपरेखा के आधार पर 'लोकवार्त्ता परिषद्' (फोकलोर सोसाइटी) बनाकर आगे

बढ़ाया जाए। यह कार्य कृष्णानंदजी को सौंपा गया। इसका कार्य निश्चित किया गया—जनपदीय संस्कृति, लोकभाषा और साहित्य का संरक्षण तथा उसके वैज्ञानिक अध्ययन को बढ़ावा देना। यूरोप तथा अमरीका में 'फोकलोर' पर काफी कार्य चल रहा था, भारत में यह अपने ढंग का अनुष्ठानपरक कार्य था। कृष्णानंदजी को इस संबंध में वैश्विक गतिविधियों की जानकारी थी, अतः उन्हें परिषद् का सचिव तथा अंतरराष्ट्रीय मानव विज्ञानी डॉ. वैरियर एल्विन को अध्यक्ष बनाया गया। उन्हें ऑक्सफोर्ड विश्वविद्यालय ने मानद डी.एस.सी. प्रदान की थी। ओरछेश स्वयं परिषद् के संरक्षक बने।

लोकवार्त्ता परिषद् की ओर से एक पत्रिका 'लोकवार्त्ता' के प्रकाशन का निश्चय किया गया। कृष्णानंदजी उसके संपादक बनाए गए। इसके साथ ही 'बुंदेली हिंदी कोश' तथा 'बुंदेली विश्वकोश' के निर्माण का संकल्प 'एक यज्ञ' के रूप में किया गया। इसका संयोजक संपादक भी गुप्तजी को बनाया गया। उनके कार्य में सहयोग के लिए श्री जगदीश प्रसाद चतुर्वेदी को भी बुला लिया गया। ओरछेश का संरक्षण था ही, संसाधनों की कोई कमी नहीं थी। कार्य प्रारंभ हुआ। जून 1944 में 'लोकवार्त्ता' (त्रैमासिक) का प्रवेशांक प्रकाशित हुआ। पत्रिका का देश भर के विद्वानों ने स्वागत किया, किंतु कतिपय कारणों से इस पत्रिका के केवल छह अंक प्रकाशित हो सके। फिर भी अंक इतने उच्च स्तरीय थे कि उस पत्रिका ने हिंदी-जगत् में अपनी पहचान स्थापित कर ली थी।

ओरछेश की उन पर विशेष कृपा थी। कृष्णानंदजी के परामर्श पर ओरछा राज्य का एक बड़ा अमला उनके सहयोग हेतु लगा दिया गया, जिसके सहयोग से उन्होंने लोक साहित्य की यत्र-तत्र बिखरी दुर्लभ सामग्री का प्रचुर संग्रह किया। बुंदेलखंड के उत्तर प्रदेश तथा विंध्य प्रदेश में विस्तृत सभी जिलों में समितियाँ बनाई गईं। उनके संयोजकों तथा सदस्यों को पत्र भेजकर हर गाँव, कस्बे को खँगालकर डॉ. वासुदेव शरण अग्रवाल की 'जनपद-कल्याणीयम्' योजनांतर्गत आनेवाले सभी विषयों पर सामग्री संगृहीत की गई। 'मधुकर' जनपद आंदोलन अंक के अनुसार इस योजना के लिए डॉ. अग्रवाल ने पं. बनारसीदास चतुर्वेदी को पत्र भेजकर यह सुझाव दिया था—

जनपद संबंधी खोज के लिए बुंदेलखंड के चुने हुए विद्वानों की समितियाँ संगठित की जाएँ तो कार्य में प्रगति हो सकती है। उदाहरणार्थ, प्रारंभ में निम्नलिखित समितियाँ कार्य कर सकती हैं—

1. **भाषा समिति**—बुंदेली भाषा की वैज्ञानिक खोज और कोश का निर्माण, इसी के अंतर्गत बुंदेली-भाषा के धातु-पाठ के संग्रह का कार्य है।
2. **भूगोल या देशदर्शन समिति**—बुंदेलखंड की आँखों देखा भौगोलिक वर्णन तैयार करना। इसके लिए प्राचीन माहात्म्य-ग्रंथ जितने भी मिल सकें, इकट्ठे किए जाएँ और स्थानों की पहचान में उनका उपयोग किया जाए। एक-एक नदी के सांगोपांग वर्णन का भार एक-एक स्थानीय विद्वान् उठा लें तो क्या कहना है।
3. **पशु-पक्षी समिति**—एक प्रकार से सारे प्रदेश की प्राणि विषयक खोज (Zoological Survey) करना इस समिति का कार्य होना चाहिए। इसके सदस्यों को पहले मिलकर कार्य की विस्तृत विधि तय कर लेनी चाहिए। अंग्रेजी में जो सर्वे (Survey) निकल चुके हैं, उनसे सहायता मिल सकती है। पर स्थानीय कार्यकर्ताओं को अपनी जड़ें स्वयं अपने पैरों के नीचे के पाताल में भेजनी पड़ेंगी। गाँवों में प्रचलित नामों का संग्रह तो एक आवश्यक कार्य है ही।
4. **वृक्ष-वनस्पति समिति**—इसमें अपने यहाँ के वैद्यों को जुटाना चाहिए। वाट्स (Watts) की 'डिक्शनरी ऑफ इकनॉमिक प्रोडक्ट्स (Dictionary of Economic Products) तथा संस्कृत के निघंटु ग्रंथों से सहायता लेनी चाहिए। देहातों में जितनी भी छानबीन इस विषय की की जाए, कम है। बेपहचानी जड़ी-बूटियों को कोलकाता के कर्नल चोपड़ा के यहाँ भेजा जाना चाहिए।
5. **ग्राम-गीत समिति**—ग्राम-गीत, कहावतें, कथा-कहानी आदि के संग्रह का कार्य।
6. **मानव विज्ञान समिति (Anthropological Committee)**—बुंदेलखंड की वन्य आदिम-जातियों का अध्ययन तथा विभिन्न जाति और वर्ग के लोगों के आचार-विचार एवं रीति-रिवाज का अध्ययन।
7. **संस्कृति और साहित्यि-समिति**—सभ्यता और संस्कृति की दृष्टि से तथा वर्तमान रहन-सहन की दृष्टि से बुंदेलखंड और वहाँ के निवासियों का अध्ययन।
8. **खनिज पदार्थ और कृषि-उद्योग समिति**—सब प्रकार से भौतिक उन्नति का अध्ययन।

यदि एक संगठित और व्यवस्थित रीति से पाँच वर्ष तक इस प्रकार कार्य होगा तो आशा है, देश और जनता के वास्तविक जीवन का हम गाढ़ा परिचय प्राप्त कर सकेंगे।

इस योजना के छठवें बिंदु 'जन-विज्ञान समिति' को विशेष महत्त्व देकर 'लोकवार्त्ता' के प्रकाशन-संपादन की विशेष संपादकीय नीति तैयार की गई। इसके पीछे एक दृष्टि और भी थी, लोक साहित्य के वैज्ञानिक अध्ययन को बढ़ावा देना। इस दृष्टि से प्रवेशांक का संपादकीय 'निवेदन' पठनीय है, इसे परिशिष्ट में सम्मिलित किया गया है। तथापि यहाँ उसका निम्नांकित अंश उद्धृत करना प्रासंगिक है—"लोकवार्त्ता शास्त्र तुलनात्मक अध्ययन की वस्तु है, उसके आलोचन का पूरा लाभ और आनंद भी, तभी उठाया जा सकता है, जबकि विभिन्न देशों और कालों के मानवी रीति-रिवाजों तथा संस्कारों की परस्पर तुलना करके उनके मूल स्रोत पर पहुँचने की चेष्टा की जाए। अत: पाठकों के हम बड़े कृतज्ञ होंगे यदि वे स्थानीय रीति-रिवाजों, पूजा-रचाओं आदि का विवरण समय-समय पर हमें लिख भेजने की कृपा करें। विवरण पूरा हो, जैसा कि बाबू की पूजा का दिया गया है और कब, किस स्थल पर किससे प्राप्त हुआ, इसका भी उल्लेख होना चाहिए। पाठकों ने यदि हमारी इस प्रार्थना पर ध्यान दिया तो 'लोकवार्त्ता' को निस्संदेह हम अधिक रोचक और उपयोगी बनाने में समर्थ हो सकेंगे।"[3]

लोकवार्त्ता की संपादकीय-नीति की दो दिशाएँ निर्धारित हुईं, प्रथम कि लोकवार्त्ता शास्त्र क्या है, इसको विभिन्न दृष्टिकोण से परखा जाए, विशेष कालखंड तथा क्षेत्रीय सीमा से ऊपर उठकर, राष्ट्रीय या वैश्विक परिप्रेक्ष्य में लोकवार्त्ता का अनुशीलन किया जाए। दूसरा कि बुंदेलखंड के विशेष संदर्भ में 'जनता के रहन-सहन, रीति-रिवाजों, उत्सवों, धार्मिक विश्वासों और संस्कारों तथा लोक-साहित्य और लोककलाओं के अध्ययन की त्रैमासिक पत्रिका' के रूप में प्रकाशित की जाए। उक्त प्रयोजन को पत्रिका के आवरण पृष्ठ पर हिंदी में लिखा जाता था तथा अंग्रेजी में 'A quarterly study of Authropological Science Folklore with special reference to Bundelkhand' भी लिखा जाता था। पत्रिका का प्रकाशन लोकवार्त्ता परिषद् टीकमगढ़ (मध्य भारत) द्वारा किया जाता था। संपादक में कृष्णानंद गुप्त का नाम जाता था, अन्य किसी सह-संपादक का उल्लेख नहीं होता था। पत्रिका के प्रारंभिक चार अंक 'वीर सिंह देव प्रिंटिंग प्रेस,

टीकमगढ़, से मुद्रित हुए तथा अंतिम दो अंक, भार्गव प्रिंटिंग वर्क्स, लाटूश रोड, लखनऊ से प्रकाशित हुए। देशज का प्रभाव देने के लिए सभी अंक हाथ से निर्मित कागज पर प्रकाशित किए जाते थे। आवरण पृष्ठ सादा रहता था। प्रथम चार अंकों में आवरण पृष्ठ पर कोई चित्र या मास्टहैड का डिजाइन मुद्रित नहीं होता था, किंतु पाँचवें अंक (वर्ष-2, अंक-1) के आवरण पर एक 'कमल युक्त मंगल कलश' का रेखाचित्र प्रकाशित किया गया, जो प्रतीक शास्त्र की दृष्टि से समृद्धि तथा सात्विकता का प्रतीक है। अंतिम अंक का आवरण पृष्ठ इस लेखक को देखने को नहीं मिला। इस अंक की जो खंडित प्रति प्राप्त हुई, उस पर आवरण पृष्ठ नहीं है।

अनेक लेखों की सामग्री के पश्चात् शेष बचे रिक्त-स्थान पर 'फिलर' के रूप में प्रसिद्ध लेखकों के लोकवार्त्ता संबंधी श्रेष्ठ उद्धरण दिए जाते थे; यथा—

"मानव के प्रति मानव के हृदय में सहानुभूति उत्पन्न करने हेतु 'लोकवार्त्ता' का अध्ययन एक सर्वोत्तम साधन है।"—एन्ड्रयू लैंग[4]

"प्राचीन जातियों के विचारों का अध्ययन करने के लिए इतिहास की अपेक्षा उनकी पौराणिक कथाएँ हमारे लिए अधिक शिक्षाप्रद हैं।"—सर एडवर्ड बी. टेलर[5]

'लोकवार्त्ता' की रीति-नीति के संबंध में निम्नांकित जानकारी प्रकाशित की जाती थी—

(1) लोकवार्त्ता प्रति तीसरे मास नियम से प्रकाशित होगी।

(2) उसका मुख्य उद्देश्य शास्त्रीय ढंग से बुंदेलखंड की लोकवार्त्ताओं का अध्ययन और संकलन तथा सर्वसाधारण में तत्संबंधी ज्ञान का प्रचार करना है।

(3) उसमें अधिकतर बुंदेलखंड की जनता में प्रचलित रीति-रिवाजों, उत्सवों, धार्मिक-विश्वासों, त्योहारों तथा लोक-साहित्य और लोक-कलाओं के विविध अंगों से संबंधित लेख प्रकाशित होंगे। पुरातत्त्व से, विशेषकर धार्मिक कलाओं से भी लोकवार्त्ता का संबंध है। अतएव इस विषय के लेखों को भी उसमें उचित स्थान मिलेगा। केवल कविता अथवा कल्पना-मूलक लेख उसमें नहीं छपेंगे।

(4) लोकवार्त्ता का दृष्टिकोण शुद्ध सांस्कृतिक एवं वैज्ञानिक होगा। वह किसी प्रकार के वाद-विवाद में नहीं पड़ेगी और न किसी एक-मत

के समर्थन अथवा विरोध से उसका कोई संबंध होगा।

(5) लोकवार्त्ता का वार्षिक मूल्य 5) तथा एक प्रति का ।।) आठ आने होगा।

लेखकों से 'लोकवार्त्ता' में प्रकाशित होने के लिए जो लेख, ग्राम-गीत, तथा रीति-रिवाजों के विवरण भेजे जाएँ, वे पूरे तथा प्रामाणिक होने चाहिए। संग्रहीत सामग्री के विषय में यह बताना आवश्यक है कि कब, किस प्रकार और कहाँ से उसका संग्रह किया गया है।

पत्रिका के लेखों तथा लेखकों का चयन भी महत्त्वपूर्ण था। उक्त विषयों से संबंधित देश के मूर्धन्य विद्वानों से लेख आमंत्रित किए जाते थे। उदाहरणार्थ—मानव विज्ञान पर विश्व के प्रमुख विद्वानों में एक डॉ. वैरियर एल्विन, भाषाशास्त्र के राष्ट्रीय ख्याति के विद्वान् डॉ. सुनीति कुमार चाटुर्ज्या, पुरातत्त्व तथा जनपदीय अध्ययन के अध्येता डॉ. वासुदेव शरण अग्रवाल, संपादक प्रवर डॉ. बनारसीदास चतुर्वेदी, आंचलिक इतिहास के अध्येता उपन्यास सम्राट् वृंदावनलाल वर्मा, लोक-साहित्य के मनीषी पं. रामनरेश त्रिपाठी, गणेश चौबे, माधवराव विनायक किवे, बुंदेली लोक साहित्य के मर्मज्ञ शिवसहाय चतुर्वेदी, गुजराती साहित्य के सुप्रसिद्ध अध्येता रविशंकर नरोत्तम दास पाठक तथा बुंदेलखंड के इतिहास मर्मज्ञ कुँवर कन्हैया जू आदि के लेख प्रकाशित होते थे।

लेखों के विषय भी पत्रिका के उद्देश्यानुकूल होते थे। इनमें लोकवार्त्ता शास्त्र की अवधारणा पर लेखों को विशेष महत्त्व दिया जाता था। विभिन्न जातियों, यथा बुंदेलखंड की सौंर जाति, गोंड़, गड़रिये, अहीर, कोल, मुंडा, वन्य जातियों, सुनार, माड़िया आदि की परंपराओं, विभिन्न देव-देवताओं की पूजा विषयक परंपरा, यथा बाबू पूजा, इंदर का जग्य, दूर्वाष्टमी, पीपल की भाँवर, कारसदेव, भोले बाबा, रक्कस बाबा, अखती आदि लोकगाथाओं, यथा जगदेव कौ पंवारौ, कारसदेव की गोट, मथुरावली, लोकगीत तथा इतिहास एवं पुरातत्त्व पर 'रावण के सांस्कृतिक वंशधर, ओरछा राज्य में मनसा की मूर्तियाँ, भाषाविज्ञान पर 'द्राविण' जैसे उच्च स्तरीय लेख प्रकाशित किए गए थे। पाठकों के पत्रों, सूचनाओं और जिज्ञासाओं को भी समुचित स्थान दिया जाता था।

जिस किसी विषय को संपादक नीतिगत महत्त्व देते थे, उस पर पाठकीय-पत्रों तथा उस पर संपादकीय टिप्पणियों के माध्यम से 'साहित्यिक-परिचर्चा' के रूप में आगे बढ़ाकर विभिन्न क्षेत्रों में उसके स्वरूपों को समझने के लिए तुलनात्मक चित्र प्रस्तुत किया जाता था। उदाहरणार्थ, उन्होंने प्रवेशांक में 'बाबू

शब्द और बाबू की पूजा' विषय 'सत्यशोधक' द्वारा उठाया तथा अपने संपादकीय में भी उसकी चर्चा की, तो इस पर आनेवाले पाठकीय पत्रों को विशेष स्थान दिया गया। इसका लाभ यह हुआ कि देश के विभिन्न अंचलों के विद्वानों के तत्संबंधी दृष्टिकोण सामने आए। इस विषय पर सर्वश्री डॉ. हजारी प्रसाद द्विवेदी, शांति निकेतन (बंगाल) (अंक-2, पृष्ठ 121), गणेश चौबे, मोतिहारी (बिहार) (अंक-2, पृष्ठ 121) तथा स्वामी प्रसाद गंगेले, नौगाँव (म.प्र.) (अंक-4, पृष्ठ 235) के विद्वत्तापूर्ण विचार आए। इससे 'बाबू शब्द तथा उनकी पूजा' पर अनेक नई जानकारियाँ सामने आईं। डॉ. हजारी प्रसाद द्विवेदी ने 'बाबू' शब्द को प्राकृत के 'आबुक' (पिता के अर्थ में) तथा 'मैर' (बंगाल में माता के अर्थ में) से व्याख्यायित करके उसे 'पितृपूजा' का ही स्वरूप माना। इस प्रकार विचारों की शृंखला एक तार्किक परिणति तक पहुँचती है। इसी प्रकार पाठकीय 'चिट्ठी-पत्री' के माध्यम से लोकवार्त्ता संबंधी अनेक नए तथ्य उद्‌घाटित हुए, उससे पाठक लाभान्वित हुए।

संपादक की दृष्टि में, प्रत्येक अंक में, संपादकीय (अग्रलेख) प्रकाशित किया जाना अथवा विशिष्ट स्थान पर देना आवश्यक नहीं था। वर्ष-1, अंक-1 में संपादकीय प्रारंभ में 'निवेदन' शीर्षक से दिया गया, वर्ष-1, अंक-2 में संपादकीय सबसे अंत में दिया गया, वर्ष-1, अंक-3 में संपादकीय अंतिम लेख से पूर्व दिया गया तथा अन्य तीन अंकों में संपादकीय देने की आवश्यकता ही नहीं समझी गई। 'लोकवार्त्ता' के संपादन की एक प्रमुख विशेषता प्रकाशित लेखों में से अनेक के अंत में दी गई संपादकीय टिप्पणी होती थी। यह टिप्पणी कहीं लेखक के साथ सहमति, कहीं असहमति व्यक्त करती थी तो कहीं पूरक जानकारी या अपेक्षित परामर्श के रूप में होती थी। कभी-कभी तो ये टिप्पणियाँ 3-4 पृष्ठों तक चली जाती थीं, मानो उस विषय पर एक स्वतंत्र लेखन हो। बड़े-से-बड़े विद्वान् के लेखों पर टिप्पणी उनकी स्पष्टवादिता तथा अध्ययनशीलता की परिचायक हैं। इतना ही नहीं, उन्होंने पाठकीय-पत्रों में उठाए गए बिंदुओं तथा जिज्ञासापरक प्रसंगों में सप्रमाण अपना पक्ष प्रस्तुत किया है। उदाहरणार्थ, श्री भैरों प्रसाद सक्सेना (टीकमगढ़) के लेख 'गड़रियों में विवाह प्रथा' पर संपादकीय टिप्पणी में आर्यों तथ अनार्यों के विवाह की तुलनात्मक टिप्पणी ध्यातव्य है—''गड़रियों के विवाह की यह प्रथा सचमुच विलक्षण है। ये लोग ब्राह्मण श्रेष्ठता नहीं मानते, ऊपर के विवरण से यह स्पष्ट है। अन्य जातियों की देखादेखी सगाई

के समय केवल ब्राह्मण बुलाने की रस्म अदा करते हैं।

"उनका भाँवर का मंत्र तो विवाह के समय बलि की प्रथा का स्मारक जान पड़ता है। अनार्य जातियों में पूजा, उत्सव आदि के समय भैंसा, बकरी, गाड़र आदि पशुओं की बलि देने की प्रथा रही है। प्रतीत होता है कि गड़रियों में गाड़र की बलि देकर विवाह की रस्म पूरी होती थी। परंतु उसकी जगह अब केवल झूठमूठ गाड़र मारने का मंत्र पढ़ दिया जाता है। आर्यों में भी वैवाहिक-यश के समय गो-बलि होती थी। अहिंसा धर्म की प्रतिष्ठा के बाद वह प्रथा अब उठ गई है।"[6]

श्री भास्कर रामचंद्र भालेराव के लेख 'लोकवार्त्ता संग्रह का एक अमूल्य प्राचीन ग्रंथ' नामक लेख पर 'चकत्ता की परंपरा' विषयक उनकी निम्नांकित टिप्पणी उनके गहन अध्ययन तथा दृष्टिकोण की परिचायक है—'चकत्ता की परंपरा' की दो प्रतियाँ हमारे टीकमगढ़ में भी मौजूद हैं। एक तो राजकीय संग्रहालय में और दूसरी स्वर्गीय नत्थे खाँ साहब जमादार के वंशजों के पास। इनमें से एक प्रति इस समय हमारे सामने है। उसमें लेखक का नाम नहीं। 'अथ चकत्ता पातसाही की परंपरा लिखते' इस प्रकार ग्रंथ प्रारंभ होता है। अंत में लिखा है 'इति श्री अकलनामा चकत्ता संपूर्ण'। इससे जान पड़ता है कि असली ग्रंथ का नाम 'अकलनामा चकत्ता' रहा होगा और चकत्ता की परंपरा उसका एक खंड है।

इतिहास की दृष्टि से पुस्तक उतनी रोचक और महत्त्वपूर्ण नहीं, जितनी लोक-विज्ञान की दृष्टि से। कई विषय अध्ययन के योग्य हैं। वस्त्रों के जो नाम दिए गए हैं, उनसे तत्कालीन मुसलमान बादशाहों की सुरुचि और कलाप्रियता का अच्छा परिचय मिलता है। झिलमिल, गुलबदन, बुलबुलचश्म आदि नाम सचमुच प्यारे हैं। कुछ नाम स्थानवाची भी हैं, जैसे भड़ौंची, खैराबादी। ये नाम इस बात के द्योतक हैं कि किसी जमाने में यहाँ अच्छा कपड़ा बनता रहा होगा। फिर कुछ नाम व्यक्तिवाची भी हैं। हिंदी या पुराने देशी नाम बहुत कम हैं। सिरीसाफ श्री छाप जान पड़ता है। 'ताड़पत्री' ध्यान देने योग्य है। भारतीय शिल्प में ताड़पत्र के अलंकरण का एक विशेष महत्त्व रहा है। ये सब नाम मुसलमानी युग के हैं। उसके पूर्व हिंदू काल के राजाओं ने भी अपनी रुचि-विभिन्नता के अनुसार वस्त्रों का नामकरण किया होगा। राजा की रुचि का साहित्य और कला पर बड़ा प्रभाव पड़ता है। एक राजा के बाद जब दूसरा आता होगा तो कला-वस्तुओं के नामों के साथ-साथ उनके रूप रंग और शिल्प में भी परिवर्तन घटित हो जाता होगा।

इस प्रकार न जाने कितने अद्‌भुत, कितने कवित्वपूर्ण और कितने रोचक नामों की सृष्टि हुई होगी। पर उनके उद्धार का अब कोई उपाय नहीं। काल के प्रवाह के साथ वे सब न जाने कहाँ विलीन हो गए हैं। यदि वे आज हमें पढ़ने को मिलते तो प्राचीन नरेशों की विभिन्न रुचियों और कला-प्रवृत्तियों के अध्ययन का एक अपूर्व अवसर हमें मिलता और साथ ही देश के कला-कौशल की समसामयिक अवस्था का ज्ञान भी हमें देता। 'चकत्ता की परंपरा' की यह हस्तलिखित पोथी हमें यह संदेश देती है, जो कुछ हम जानते हैं, अथवा जो कुछ जानने योग्य हैं, उन सबको यत्नपूर्वक सुरक्षित करके रखा जाए। पुराणों की रचना का यही उद्‌देश्य था। उनमें इतिहास, दर्शन, धर्म और कला से लेकर आहार-विहार संबंधी साधारण नियमों तक का उल्लेख हुआ है। कोई बात छोड़ी नहीं गई। 'चकत्ता की परंपरा' पुराण-लेखन की उस प्राचीन और क्षीण हुई अंतिम कला का एक दर्शन अवशिष्ट है।

पुस्तक का पाठ कई जगह अशुद्ध है। वस्त्रों और रंगों के कई नाम हमारी समझ में नहीं आए। विद्वान् लेखक से हम प्रार्थना करेंगे कि अगले अंक के लिए उनका विधिवत् संपादन कर देने की कृपा करें।[7]

इसी अंक में डॉ. वासुदेवशरण अग्रवाल के लेख 'उत्तर भारत के दो मांगलिक उत्सव और उनकी प्राचीन परंपरा' पर संपादकीय टिप्पणी एक स्वतंत्र लेख सी प्रतीत होती है।

संसार के सभी प्राचीन देशों में जहाँ कृषि के साथ सभ्यता का विकास हुआ, वहाँ शक्रोत्सव अथवा दूर्वाष्टमी जैसे उत्सव बड़ी धूमधाम से मनाए जाते रहे हैं। सस्य और वनस्पति को एक ऐसे देवता के रूप में पूजते थे, जो ग्रीष्म में तो नाश को प्राप्त होता है, या कहीं चला जाता है और वसंतागमन पर पुनः पृथ्वी के गर्भ से फूटकर जन-मन को आनंदित करता है। उसके इस पुनरागमन पर हर्ष प्रकट किया जाता था और उसका नाट्याभिनय होता था, जिसका लोक-जीवन में धार्मिक महत्त्व था। बैबीलोनिया के सस्य-देव ताम्मुज के विषय में कल्पना की गई है कि वे प्रतिवर्ष ग्रीष्म के प्रकोप से पाताल में प्रवेश कर जाते हैं। उनकी प्रेयसी इश्तार—जो कि महीमाता का रूप हैं—उनका अनुगमन करती हैं और जब तक वे धरती के नीचे रहती थीं, तब तक न तो फूल खिलते थे और न प्रकृति में प्रजनन-क्रिया का प्रसार ही होता था। इन सस्य-देवता के पाताल प्रवेश पर पुनः दुःख प्रकट किया जाता था। शोक के गीत गाए जाते थे। लोग

छाती पीटकर रोते थे। उसके पश्चात् वसंत ऋतु में वे पुनः एक शिशु के रूप में अवतरित होते थे, तब लोक-जन के लिए यह फिर हर्ष और आनंद का विषय बनता था। ताम्मुज के इस उत्सव में प्राकृतिक शक्तियों के पर्याय-क्रमिक विश्राम और जागरण की वही धारणा मौजूद है, जो हमारे यहाँ की देवशयनी और देवोत्थानी एकादशी के मूल में देखने को मिलती है।

मिस्र के सस्य-देवता ओसिरिस थे। सोने के साँचे में ढालकर इनकी मिट्टी और रेत की मूर्तियाँ बनती थीं। उत्सव के दिन इस मूर्ति को धरती में गाड़ देते थे और गतवर्ष की गड़ी हुई मूर्ति को बाहर निकाल लेते थे। अभिप्राय था कि मृत सस्य-देवता फिर सबको आनंद देने के लिए जीवित हो उठे हैं। आश्चर्य की बात है कि छामड़िया देव की पूजा में जो कल्पना निहित है, ओसिरिस की पूजा उससे बहुत कुछ मिलती है। उत्सव के समय एक बड़े बरतन में, जो धारित्री के विशाल गर्भ का अथवा 'उद्यान' का द्योतक था, जौ और मिट्टी मिलाकर भर देते थे और उसे नील नदी के जल से सींचते थे। यह क्रिया पुरोहितों और धर्म-याजकों की उपस्थिति में विधिपूर्वक संपन्न होती थी। इस तरह आठ-दस दिन में जौ उग उठते थे। उनके उगने का अर्थ था कि देवता प्रसन्न हो रहे हैं। वैदिक इंद्र का प्रतिद्वंद्वी जिस तरह वृत्र है, उसी तरह ओसिरिस का शत्रु सेट (Set) था, जो ग्रीष्म के प्रखर तेज का प्रतीक जान पड़ता है।

ताम्मुज का एक दूसरा रूप एडोनीस था; रोम, ग्रीस, असीरिया आदि देशों में जिसका उत्सव मनाया जाता था। मिट्टी या धातु के बरतनों में जौ, गेहूँ, सन, राई आदि बीज बोते थे और आठवें दिन जब पात्र लहलहाते हुए सस्य से परिपूर्ण हो जाते थे, तब उनको गाजे-बाजे के साथ नदी या तालाब के जल में जाकर छोड़ आते थे। ये पात्र 'एडोनीस के उद्यान' कहलाते थे। हमारे यहाँ चैत्र और कार्तिक के शुक्ल पक्ष में ज्वारों का जो उत्सव होता है, उसमें और एडोनीस के इन 'बगीचों' में इतना कम अंतर है कि उनकी निकट समानता रोचक ही नहीं, अतीव महत्त्वपूर्ण और विचारणीय हो जाती है। विषय को पूरा करने के लिए ज्वारों का अलग से विचरण दिया गया है, जो कि हमें तालबेहट के श्री रामस्वरूपजी से प्राप्त हुआ है। प्राचीन देशों में प्रायः सभी जगह सस्य-देवता या महीमाता के उद्‌देश्य से इसी प्रकार धान्य अंकुरित किए जाते थे, जिनका लोगों की धार्मिक भावना के साथ कुछ घनिष्ठ संबंध अवश्य था, जिसे समझने की आवश्यकता है।

इंद्रयज्ञ का उत्सव बुंदेलखंड में नहीं होता, पर उसके स्थान पर आसाढ़ के महीने में देवशयनी एकादशी को गाँव के सब देवी-देवताओं की पूजा होती है। स्त्रियाँ पूरी, पकवान लेकर गाजे-बाजे के साथ गाँव की परिक्रमा करती हैं और मार्ग में जितने देवता मिलते हैं, उन सबको पूजती जाती हैं। यह इंद्र-जग्य का ही एक रूप जान पड़ता है।

'श्रीमद्‌भागवत' के अनुसार कृष्ण के समय में ब्रज में इंद्र का उत्सव मनाया जाता था, पर उन्होंने उसके स्थान पर गोवर्द्धन की पूजा प्रतिष्ठित की, जो कि गो-वंश के रक्षक और पोषक गिर-वनों की पूजा का ही एक प्रतीक है।

जैन-ग्रंथों में इंद्रध्वज पूजा का विधान मिलता है, किंतु लोक-जन द्वारा इंद्र की पूजा उसका उद्‌देश्य नहीं है, बल्कि स्वयं इंद्रादि देवता कार्तिक, फाल्गुन और भाषा के अंत के आठ दिनों में नंदीश्वर द्वीप जाकर जैन-प्रतिमाओं की पूजा करते हैं। यही इंद्रध्वज पूजन है।

'दूर्वाष्टमी' को हमारे यहाँ गड़ालेनी आठें कहते हैं। उस दिन महालक्ष्मी व्रत प्रारंभ होता है। स्त्रियाँ दूर्वा के सोलह कुंडा बनाकर नदी या तालाब में स्नान करने जाती हैं। वहाँ दूब के एक-एक कुंडे के साथ एक-एक लोटा जल सिर पर डालती हैं। इस प्रकार सोलह बार करती हैं। तत्पश्चात् घर आकर पंडित से कच्चे सूत का एक गंडा बनवाती हैं, जिसमें सोलह गाँठें लगती हैं। ये गाँठें संभवत: पूजा के सोलह दिनों की स्मारक हैं। डॉ. अग्रवाल ने अपने यहाँ की जिस पूजा का विवरण दिया है, उसमें भी सोलह सीकें खड़ी करने का उल्लेख है। अतएव जान पड़ता है कि उस पूजा का भी सोलहवें दिन समाप्त होनेवाली महालक्ष्मी की पूजा से कुछ संबंध है। गंडे की सोलह दिन तक नित्य पूजा होती है। क्वार बदी अष्टमी को व्रत का उद्यापन होता है। कुम्हार के यहाँ से मिट्टी का हाथी बनकर आता है, जो गजलक्ष्मी का प्रतीक है। विधिवत् पूजा होती है। उसी के पास वह गंडा भी रखा जाता है। पूजा के लिए यदि पंडित आया तो वह लक्ष्मी-पूजन की एक लंबी कथा कहता है, अन्यथा स्त्रियाँ सोलह-बोल की निम्नलिखित कहानी कहकर पूजा समाप्त करती हैं—

"आमोती दामोती रानी, पोला परपाटन गाँव, मगरसेन राजा, बम्मन बरुआ कएँ कहानी, सुनो हो महालक्ष्मी रानी, हमसे काते, तुमसे सुनते, सोलह बोल की जई कहानी।"

इन सब पूजाओं की परंपरा निस्संदेह बहुत प्राचीन है। उन सबका मूल

उद्देश्य वही है, जिसका डॉ. अग्रवाल ने अपने लेख में इतने विशद रूप में विवेचन किया है। वे सब किसी एक स्थान पर विकसित हुईं और लोक-जन के प्रवाह के साथ दूर-दूर तक फैलीं। देश और काल की स्थिति के अनुसार उनके नाम और रूप बदले। परंतु हम सहज में एक ऐसे युग की कल्पना कर सकते हैं, जबकि सिंधु उपत्यका से लेकर मिस्र और भूमध्य-सागर के पूर्वी तटों के समस्त प्रदेशों में एक ही सभ्यता और एक ही प्रकार के धार्मिक विश्वासों का अटल साम्राज्य रहा होगा। मातृ-देवी के रूप में धरती की पूजा प्रचलित थी और उसकी कोख से उत्पन्न होनेवाले सस्य एक ऐसे देवता थे, जो प्रतिवर्ष मृत्यु को प्राप्त होकर पुनः जन्म लेते थे। धरती सत्यदेव की माता भी थीं, पत्नी भी थीं और कभी-कभी पुत्री भी। धरती माता या महामाई शाश्वत और चिरंतन थीं, चिर-निर्मल और चिर-प्रसन्न देवों की मृत्यु होती थी, परंतु देवी अमर थीं! हम कह सकते हैं कि महामाई की पूजा के साथ एक और पूजा प्रचलित रही होगी, जिसे 'देवों के पुनर्जन्म' की पूजा का नाम दिया जा सकता है।

'सर जेम्स फ्रेजर ने अपने सुप्रसिद्ध ग्रंथ 'गोल्डन वाउ' के Adonis, Attis, Osiris नामक चौथे खंड में इस विषय का विशद विवेचन किया है। जिन्हें इस संबंध में रुचि हो वे ग्रांटएलन के 'एवोल्यूशन ऑफ दि आइडिया ऑफ गॉड', जेनएलन हैरिसन की 'एंशियंट आर्ट ऐंड रिज्युल' तथा मैकेंजी की 'मिथ्स ऑफ बैबीलोनिया ऐंड असीरिया' तथा 'इजिप्शियन मिथ्स ऐंड लीजेंड्स' पढ़कर लाभान्वित होंगे।[8]

इनके अतिरिक्त 'चिट्ठी-पत्री, सूचनाएँ और जिज्ञासा' नामक स्तंभ के अंतर्गत प्राप्त पाठकों के पत्रों पर भी उनकी टिप्पणियाँ सटीक, सप्रमाण और विद्वत्तापूर्ण होती थीं। पत्रिका के एक पाठक श्री रविशंकर पाठक नामक सज्जन ने लोकवार्त्ता के तीसरे अंक में गुजरात की एक जाति के लोगों में कन्या-विवाह की परंपरा पर संपादक का ध्यानाकर्षण करते हुए लिखा—"जहाँ तक मुझे मालूम है, गुजरात में ऐसा कोई रिवाज नहीं है, कृपया आप मुझे बताने की कृपा करेंगे कि यह वृत्तांत आपको कहाँ से प्राप्त हुआ? और किस जाति के लोगों में यह रिवाज प्रचलित है?" पाठक की यह बात चुनौतीपूर्ण थी। इस पर संपादकीय टिप्पणी लिखते हुए कृष्णानंदजी ने लिखा था—"हमने यह बात डब्ल्यू. क्रुक, बी.ए. कृत 'An Introduction to the Popular Religion and Folklore of Northern India' नामक ग्रंथ के आधार पर लिखी है। पृष्ठ 259। क्रुक साहब

इस रिवाज को गुजरात के कडवा कुनबियों (Kadva Kunbis) में प्रचलित बतलाते हैं और इसके लिए उन्होंने बंबई गजेटियर vii, 6 को प्रमाण माना है।

हमारे देश की निम्न जातियों में ऐसे बहुत से रीति-रिवाज प्रचलित हैं, विशेष खोज किए बिना जिनका ज्ञान हमें नहीं हो पाता। क्रुक साहब भारतीय लोकवार्त्ताओं के एक प्रामाणिक लेखक हैं। इसलिए उनका कथन ठीक होना चाहिए। फिर भी श्री रविशंकरजी पाठक से हमारी प्रार्थना है कि इस विषय में असलियत की खोज करने की कृपा करें। क्रुक साहब की बात को वृक्ष-विवाह के प्रसंग में पश्चिम के और भी कई विद्वानों ने उद्धृत किया है। उदाहरण के लिए देखे Ernest Crawley (एर्नस्ट क्राले) कृत Mystic Rose, पृष्ठ 304-305।[9]

एक संपादकीय[10] में उन्होंने परिषद् की गतिविधियों एवं कार्यक्षेत्र पर चर्चा करते हुए परिषद् के सभापति डॉ. वैरियर एल्विन एवं परिषद् के सभापति संबंधी सामग्री का संग्रह करनेवाले तीन कर्मनिष्ठ खोजी कार्यकर्ताओं का परिचय देकर पाठकों की जानकारी तो बढ़ाई ही साथ ही इससे लेखकों तथा कार्यकर्ताओं का उत्साहवर्द्धन भी हुआ। सूत्र रूप में यह कहा जा सकता है कि अपने लेखकों, कार्यकर्ताओं तथा सहायकों का उत्साहवर्धन करना उनकी नीति में सम्मिलित था। इस रीति-नीति से लोकवार्त्ता ने हिंदी जगत् में अपना विशिंष्ट स्थान बनाया तथा उसकी देश-विदेश में भूरि-भूरि प्रशंसा की गई।

सुप्रसिद्ध पुरातत्त्ववेत्ता तथा प्रॉविंसियल म्यूजियम लखनऊ के क्यूरेटर डॉ. वासुदेव शरण अग्रवाल ने लिखा था—"इस प्रकार के आयोजन की बड़ी भारी आवश्यकता है। लोक के बहुमुखी जीवन के प्रति इस समय जो चारों ओर जागरूकता का भाव दिखाई पड़ता है, उसको मूर्तिमत रूप देने और उत्तेजित करने के लिए इस प्रकार के पत्र की काफी गुंजाइश है। इस कार्य के पीछे यदि पर्याप्त अवकाशवाले कार्यकर्ता होंगे और आर्थिक साधन भी दृढ़ होंगे तो मुझे आशा है कि वर्तमान काल के उपयुक्त अवसर को पाकर यह आंदोलन विशेष उन्नति करेगा।"[11]

भाषाशास्त्र के सुप्रसिद्ध विद्वान् डॉ. सुनीति कुमार चाटुर्ज्या ने लिखा था—"यह पत्रिका समस्त भारतीय भाषाओं की पत्रिकाओं में निराली और अनोखी है।"[12] भंडारकर ओरिएंटल रिसर्च इंस्टीट्यूट के मानद सचिव आर.एन. दंडेकर ने 'भारतीय विद्याशास्त्र के क्षेत्र में एक दीर्घकालीन रिक्ति पूर्ति'[13] की संज्ञा दी

थी। डॉ. संपूर्णानंद ने लिखा था—"ऐसी पत्रिका प्रत्येक जनपद में प्रकाशित होनी चाहिए।"[14] डॉ. वेरियर एल्विन ने लिखा था—"इस शानदार उद्यम के लिए बधाई, इससे संबद्ध होने से मैं गर्व का अनुभव करता हूँ।"[15] माधवराव विनायक कि वे इंदौर ने लिखा था—"यह आपका प्रयत्न अत्यंत महत्त्व का होकर ज्ञानवर्द्धक है। यह मौलिक है एवं उपकारक है।"[16] रायबहादुर महामहोपाध्याय गौरीशंकर हीराचंद ओझा के शब्दों में—"हिंदी में अब तक ऐसा कोई शब्द नहीं था, जिससे जनता के रहन-सहन, उत्सवों, संस्कारों आदि के विषय में समुचित अध्ययन किया जा सकता। इससे हिंदी साहित्य के ऐसे अंग की पूर्ति होगी, जिस पर अब तक बहुत कम ध्यान दिया गया है।"[17] यशपाल जैन के शब्दों में—"यद्यपि कुंडेश्वर एक छोटा सा स्थान था, लेकिन 'मधुर' और 'लोकवार्त्ता' के द्वारा जो प्रेरणाएँ दी गईं, वे बहुत ही व्यापक थीं।"[18]

उपन्यास सम्राट् वृंदावनलाल वर्मा ने लिखा था—"लोकवार्त्ता नाम बहुत नम्र है। वास्तव में इसका क्षेत्र उतना सीमित नहीं है, जितना इसके समानार्थी अंग्रेजी अनुवाद 'फोकलोर' से सामान्यतया प्रकट होता है। 'फोकलोर' अपनी प्रारंभिक अवस्था में बहुत व्यापक था, परंतु जबसे नृ-शास्त्र और समाजशास्त्र को विज्ञान में अपना अलग पद मिल गया है, उससे 'फोकलोर' कुछ सीमित हो गया है। परंतु 'लोकवार्त्ता' व्यापक और विस्तृत थी। उसमें नृ-शास्त्र, समाजशास्त्र और यहाँ तक कि मनोविज्ञान की भी चर्चा का उचित अवसर मिलता रहा।"[19]

लोक साहित्य एवं संस्कृति के मनीषी डॉ. कृष्णदेव उपाध्याय के अनुसार—"अपने अल्पकालीन जीवन में ही इस पत्रिका ने बड़ा उपयोगी कार्य किया। इसने हिंदी जनता में मानव विद्वान् तथा लोकवार्त्ता शास्त्र संबंधी रुचि पैदा की और अपने विद्वत्तापूर्ण लेखों द्वारा इस शास्त्र का बड़ा प्रचार किया। यह हिंदी की अपने ढंग की अनोखी तथा एकमात्र पत्रिका थी।"[20]

'लोकवार्त्ता' पत्रिका उनकी संपादन-कला का प्रतिमान है। यद्यपि उन्होंने लीडर प्रेस, इलाहाबाद से प्रकाशित होनेवाली मासिक पत्रिका 'संगम' का भी संपादन (1950-52 तक) किया तथा उसके अनेक संग्रहणीय विशेषांक भी निकाले, जो हिंदी जगत् में चर्चित हुए। इनमें एक 'वैशाली अंक' भी था। इसकी प्रशंसा बनारसीदास ने भी एक पत्र (दिनांक 22 अप्रैल, 1951) में की थी। उन्होंने 'संगम' पत्रिका के संपादन के लिए अत्यधिक श्रम किया। फलस्वरूप वह अस्वस्थ रहने लगे थे। उन्होंने अपना शरीर गलाकर भी 'संगम' को ऊँचाइयों पर

उठाया। 'संगम' के संपादन की प्रशंसा करते हुए पं. बनारसीदास चतुर्वेदीजी ने उन्हें इस मूल्य पर श्रम न करने का परामर्श दिया था। इस संदर्भ में यह पत्र[21] दृष्टव्य है—

"प्रणाम। 'संगम' के अंक यहाँ आकर देखे। निस्संदेह आप उसे बहुत बढ़िया निकाल रहे हैं। मैं शायद ही इतना अच्छा निकाल पाता। पर एक निवेदन है, डोंट ओवर वर्क; वैसे यह मौसम आपको अधिक उपयुक्त होता है। फिर भी पत्र की सफलता का खयाल करते-करते शरीर को घुला डालने में कोई लाभ नहीं।...बधाई।"

इस बीच गुप्तजी की पत्नी भी बीमार हो गईं, फिर भी गुप्तजी श्रम करते रहे। किंतु इस श्रम को प्रकाशकों ने नहीं सराहा। कुछ बिंदुओं पर प्रबंध तंत्र से उनका विवाद हो गया था।[22] उन्होंने 'संगम' छोड़ने का लगभग मन बना लिया था, किंतु बनारसीदासजी के परामर्श पर वे कुछ दिन और रुक गए। पत्र इस प्रकार था—

प्रिय काका साहब, प्रणाम!

भगवान् राम को चौदह वर्ष बनवास करना पड़ा था और पांडवों को 12 वर्ष। महात्माजी 21 वर्ष विदेश में रहे थे। बनवास समझकर ये दिन काट देने चाहिए। जब चि. श्रीकांत काम पर लग जाए, तब आप कुछ निश्चिंत हो सकते हैं। 'फ्राम द फ्राइंग पैन इंटू दी फायर' वाला मामला न होना चाहिए। मेरी तो स्पष्ट सम्मति है कि आप काम पर डटे रहिए। काकी को स्वास्थ्य-लाभ होगा। ऐसा प्रबंध कीजिए, जिससे उन्हें शारीरिक श्रम अधिक न करना पड़े।

आखिर गुप्तजी को 'संगम' की संपादकी छोड़नी ही पड़ी।

उन्होंने सुधा के 'ओरछा अंक' (1933) का संपादन किया तथा बुंदेलखंड विश्वविद्यालय की शोध पत्रिका 'बेतवा-वाणी' के संपादक मंडल के सदस्य के रूप में महत्त्वपूर्ण अवदान दिया। उनके परामर्श तथा प्रयास से इस पत्रिका ने भी जनपदीय शोध तथा संस्कृति पर महत्त्वपूर्ण सामग्री प्रस्तुत की।

कृष्णानंदजी के संपादन-कौशल का, एक महत्त्वपूर्ण अध्याय है—'बुंदेली विश्वकोश योजना', जो फलित नहीं हो सकी, किंतु उसके नियोजन से उनकी संपादकीय व्यापक-दृष्टि का पता चलता है। इस योजना पर 'मधुकर' ने चार पृष्ठों[23] में एक विस्तृत विषय सूची, प्रस्तावित लेखकों के नाम सहित प्रकाशित की थी। जिसका विवरण यथावत् निम्न प्रकार है—

विषय-सूची

विविध—1. सीमा और क्षेत्रफल (अ) अंग्रेजी लेखकों द्वारा वर्णित बुंदेलखंड की संकुचित सीमा। (ब) सांस्कृतिक दृष्टि से बुंदेलखंड की प्राचीन और वास्तविक सीमा। 2. बुंदेलखंड का भू-स्तर, 3. बुंदेलखंड की भूमि, 4. बुंदेलखंड के पर्वत, 5. बुंदेलखंड की नदियाँ, 6. बुंदेलखंड की वृक्षावलि, 7. बुंदेलखंड की वनभूमि, क्षेत्रफल तथा वनस्पति, औद्योगिक संभावनाएँ, 8. बुंदेलखंड के खनिज पदार्थ, 9. बुंदेलखंड के वन्य पशु, 10. बुंदेलखंड का पशु-धन, उसकी वर्तमान अवस्था, 11. बुंदेलखंड के पक्षी, 12. बुंदेलखंड की मछलियाँ, 13. जलवायु और वर्षा, 14. जनता का स्वास्थ्य, 15. कृषि और व्यापार, 16. यातायात के साधन, 17. बुंदेलखंड के निवासी, नृतत्त्व की दृष्टि से विवेचन, 18. बुंदेलखंड की शिक्षा, 19. उद्योग-धंधे, 20. भाषा।

जाति एवं नृ-शास्त्र (Ethnology and Anthropology)—1. बुंदेलखंड की मूल जातियाँ, उनके विभाग तथा परस्पर संबंध, 2. बुंदेलखंड में अनार्य सभ्यता के चिह्न, 3. बुंदेलखंड की जंगली जातियाँ, 4. बुंदेलखंड के कुछ कुल-देवता, उनका इतिहास, पूजा तथा व्रत, 5. बुंदेलखंड के गोड़ और भील, उनकी सभ्यता, रहन-सहन और इतिहास में उनका महत्त्व, 6. सड़ोरिया या सरवरिया, ठगों का एक समुदाय, 7. बुंदेलखंड की निम्न जातियाँ, उनके आचार-विचार

प्रकृति और शिकार—1. बुंदेलखंड के प्राकृतिक दृश्य, जो मैंने देखे (श्री बनारसीदासजी चतुर्वेदी), 2. बुंदेलखंड के कुछ रमणीय स्थल (श्री वृंदावनलालजी वर्मा), 3. बुंदेलखंड के कुछ प्रसिद्ध शिकारी (श्रीमान् ठा. सज्जन सिंहजी), 4. बुंदेलखंड के शिकारगाह (श्रीमान् हरबल सिंहजी), 5. बुंदेलखंड की कुछ खूबसूरत चिड़ियाँ (श्री 'देव'), 6. बुंदेलखंड के कुछ सुंदर वृक्ष, 7. बुंदेलखंड के कुछ शिकार-योग्य पशु-पक्षी (श्रीमान् राजा भैया सोहन सिंहजी), 8. स्वर्णमृग (चीतल) (श्रीमान् ठा. सज्जन सिंहजी), 9. शिकार में व्यवहृत कुछ खास बुंदेलखंडी शब्द, 10. मछली का शिकार, उसका आनंद (श्रीमान् ओरछेश), 11. बुंदेलखंड के कीट-पतंग, 12. बुंदेलखंड की तृण-संपत्ति

इतिहास और संस्कृति—1. बुंदेलखंड, ऐतिहासिक दृष्टि से विवेचन, 2. बुंदेलखंड की प्रागैतिहासिक सभ्यता (जयचंद्र विद्यालंकार), 3. बुंदेलखंड के इतिहास की सामग्री (राव श्यामाचरण साहब), 4. गुप्त-कालीन बुंदेलखंड (सुधींद्र वर्मा), 5. संस्कृत काव्यों में बुंदेलखंड (हजारी प्रसाद द्विवेदी), 6.

बुंदेलों की प्राचीन वंश-परंपरा, 7. महाराजा वीर सिंह (प्रथम) (डॉ. ईश्वरी प्रसाद), 8. छत्रसाल और उनका काव्य (वियोगी हरि), 9. बुंदेलों के कीर्तिस्थान, 10. बुंदेलखंड में मरहठों का आगमन, बुंदेलखंड के इतिहास पर उसका प्रभाव, 11. बुंदेलखंड के कुछ प्रसिद्ध किले, 12. सन् सत्तावन के गदर में बुंदेलखंड की स्थिति (पं. सुंदरलाल), 13. मुगल शासन और बुंदेलखंड (डॉ. रामप्रसाद त्रिपाठी), 14. बुंदेलखंड की प्राचीन संस्कृति और उसके अवशेष (राधाचरण गोस्वामी), 15. हमारी संस्कृति का विनाश (वृंदावनलाल वर्मा), 16. बुंदेलखंड का पहनावा, आभूषण और वस्त्र (पं. जयकृष्ण देव), 17. बुंदेलखंड के त्योहार व्रत और कथा

कला और पुरातत्त्व—1. बुंदेलखंड का पुरातत्त्व (बुंदेलखंड की भूमि में प्राप्त प्रागैतिहासिक वस्तुएँ) (राव बहादुर के.एन. दीक्षित, डायरेक्टर जनरल पुरातत्त्व विभाग), 2. बुंदेलखंड के प्राचीन स्थान (देवगढ़, त्रिपुरी, खजुराहो, शक्तिभैरव, एरछ, महोबा, चंदेरी, अहार, नारायणपुर, दुघई, मदनपुर), 3. बुंदेलखंड के गुहा-चित्र, 4. देवगढ़ का गुप्तकालीन मंदिर, 5. बुंदेलखंड का प्राचीन स्थापत्य (लक्ष्मीनाथ मिश्र), 6. चंदेरी शिल्प-कला, 7. बुंदेलखंड के प्राचीन मंदिर, 8. शिल्प-उन्नायक महाराजा वीर सिंह देव (प्रथम), उनके बनवाए किले, महल, मंदिर, सरोवर इत्यादि, 9. बुंदेली कलम (एन.सी. मेहता, आई.सी.एस.), 10. बुंदेलखंड में जैनियों का प्रभाव (ठाकुरदास), 11. ओरछा राज्य का पुरातत्त्व (लक्ष्मीनाथ मिश्र), 12. बुंदेलखंड के जैन-मंदिर (राजकुमारजी), 13. बुंदेलखंड के देशी राज्यों के संग्रहालयों में सुरक्षित प्राचीन चित्रकला के नमूने, 14. बुंदेलखंड के प्राचीन भवनों के भित्ति-चित्र, 15. बुंदेलखंड का वर्तमान शिल्प-कौशल, 16. बुंदेलखंड के गृह-उद्योग, 17. मध्ययुग में बुंदेलखंड की संस्कृति।

व्यक्ति और संस्थाएँ—1. बुंदेलखंड में समाज-सेवा, 2. बुंदेलखंड की कुछ सार्वजनिक संस्थाएँ, 3. बुंदेलखंड के शिक्षा-प्रचारक, 4. बुंदेलखंड के कुछ प्रसिद्ध व्यक्ति, वकील, मुख्तार, वैद्य, डॉक्टर, कारीगर, नर्तक, गवैये, खिलाड़ी इत्यादि, 5. भगवंत क्लब, 6. बुंदेलखंड के कुछ गवैये और नर्तक (वृंदावनलाल वर्मा), 7. मुंशी अजमेरीजी 'देव', 8. अजमेरीजी (मैथिलीशरण गुप्त), 9. राय विपिन बिहारी बनर्जी, 10. घासीरामजी व्यास, 11. हितकारिणी कॉलेज के संस्थापक राय साहब रघुवर प्रसादजी द्विवेदी, 12. रायबहादुर डॉ. हीरालाल, 13.

श्री कृष्णबलदेव वर्मा, 14. मेरे पूज्य पिता, मुंशी अजमेरी (पन्नालाल), 15. गामा पहलवान, 16. हॉकी के मशहूर खिलाड़ी ध्यानचंद और रूप सिंह (सत्यदेव वर्मा), 17. सागर की विभूतियाँ (लोकनाथ सिलाकारी)।

भाषा और साहित्य—1. बुंदेली भाषा (डॉ. सुनीति कुमार), 2. बुंदेलखंडी भाषा की उत्पत्ति और विकास (राय श्यामाचरण साहब), 3. बुंदेलखंड की सांस्कृतिक सीमा (भाषा और साहित्य की दृष्टि से) (ब्यौहार राजेंद्र सिंह), 4. बुंदेलखंडी भाषा, ब्रज और अवधी से उसकी तुलना (जगदीश प्रसाद चतुर्वेदी), 5. बुंदेलखंड के प्राचीन हिंदी-कवि और लेखक 18वीं शताब्दी तक, 6. बुंदेलखंड के प्राचीन संस्कृत-कवि और प्रशस्तिकार (गोविंद राम शास्त्री), 7. बुंदेलखंड का पिछले 50 वर्ष का साहित्यिक इतिहास, 8. बुंदेलखंड के आधुनिक कवि और लेखक, 9. मैथिलीशरण गुप्त (अज्ञेय), 10. बुंदेलखंड के ग्राम-गीत (श्री दुर्गाप्रसादजी समाधिया), 11. बुंदेलखंडी साहित्य, 12. बुंदेलखंड के कुछ ग्राम-कवि, 13. बुंदेलखंड का कवि ईशुरी, 14. रामचरित-मानस की भाषा (धीरेंद्र वर्मा), 15. रामचरित-मानस में बुंदेलखंडी शब्दों का व्यवहार (राजगुरु पं. बालकृष्ण देव तैलंग), 16. केशव संबंधी किंवदंतियाँ (अवणेश), 17. देशी राज्यों में प्राचीन हस्तलिखित ग्रंथ और उनके उद्धार की आवश्यकता (सर्वश्री बालकृष्ण देव तैलंग, गौरीशंकर द्विवेदी, पीतांबर राव तैलंग, अंबिका प्रसाद 'दिव्य', राधाचरण गोस्वामी), 18. प्रवीण राय, 19. मध्य प्रदेशांतर्गत बुंदेलखंड की वर्तमान साहित्यिक प्रेरणाएँ (रामकुमार वर्मा), 20. बुंदेलखंडी भाषा का माधुर्य, 21. बुंदेलखंडी रसिकता, 22. बुंदेलखंड के कुछ लेखक (जहूरबख्श), 23. बुंदेलखंड के नवयुवक कवि और लेखक (अनिरुद्ध, राजीव), 24. बुंदेलखंड की साहित्यिक संस्थाएँ (लोकनाथ सिलाकारी, प्रियदर्शी तथा रामसेवक रावत), 25. पद्माकर, 26. लाल कवि।

स्थान—1. तुंगारण्य, 2. ओरछा, 3. चित्रकूट, 4., तुलसीदास और चित्रकूट (चंद्रभानु), 5. राजापुर (रामबहोरी शुक्ल), 6. झेलम और साँची की यात्रा, 7. कालिंजर और खजुराहो, 8. दुधई और चाँदपुर के जंगल में, 9. मदनपुर, 10. ललितपुर से सागर का पथ, 11. पद्मावती (युधिष्ठिर भार्गव), 12. नदियों के उद्गम पर (बनारसीदास चतुर्वेदी)।

शिक्षा—1. बुंदेलखंड में शिक्षा की दशा (पं. श्रीनारायण चतुर्वेदी), 2. बुंदेलखंड में स्त्री-शिक्षा, 3. प्राथमिक शिक्षा, तब और अब, 4. देशी राज्यों

का शिक्षा-प्रबंध, वर्तमान दशा और सुधार के उपाय, 5. बुंदेलखंड के लिए औद्योगिक शिक्षा की आवश्यकता।

अनुभव और संस्मरण—1. बुंदेलखंड की यात्रा (आचार्य क्षितिमोहन सेन), 2. बुंदेलखंड में दो मास (देवेंद्र सत्यार्थी), 3. बुंदेलखंड में (जैनेंद्र कुमार जैन), 4. बुंदेलखंड में मैंने क्या देखा (केदारनाथ भट्ट तथा पं. श्रीराम शर्मा), 5. बुंदेलखंड की स्मृति (जयंती देवी पांडे)।

देशी राज्य—1. बुंदेलखंड के देशी राज्य, उनके अधिकार और वर्तमान राजनीतिक स्थिति (रामशंकर शुक्ल), 2. बुंदेलखंड के देशी राज्यों में शिक्षा की अवस्था, 3. बुंदेलखंड के देशी राज्यों की प्रजा, 4. बुंदेलखंड के देशी राज्यों के न्यायालय (राय बहादुर भागवत प्रसाद), 5. बुंदेलखंड के देशी राज्यों का शासन-प्रबंध, 6. बुंदेलखंड के नरेशों की साहित्य-साधना (रावराजा रायबहादुर डॉक्टर श्याम बिहारी मिश्र), 7. बुंदेलखंड के देशी राज्यों की निम्न जातियाँ और उनकी सेवा (वियोगी हरि)।

कविता—1. चित्रकूट (कविवर मैथिलीशरण गुप्त), 2. बुंदेलखंड (मुंशी अजमेरी), 3. मधुकर शाह (मुंशी अजमेरी), 4. केन (घासीराम व्यास), 5. बेतवा (वियोगी हरि), 6. व्यास टीला (श्रीनारायण चतुर्वेदी), 7. वीर सिंह देव (ओरछा के राजकवि), 8. बेतवा (रामचरण लाल हयारण 'मित्र'), 9. बुंदेलखंड की वनस्थली (द्वारिका प्रसाद रसिकेंद्र)।

इस विषय सूची से इस संबंध में उनके गहन अध्यवसाय, चिंतन ज्ञान तथा व्यक्तिगत संबंधों का पता चलता है। उन्होंने अपनी पूरी योजना 'एक यज्ञ' के रूप में की थी, जिसका विवरण विषय-सूची के पूर्व दिया गया था। भले ही यह अनुष्ठान उनके जीवनकाल में पूरा न हो सका हो, भावी पीढ़ियों द्वारा इस दिशा में कार्य करनेवालों का पाथेय बन सकता है।

चूँकि यह कार्य 'एक यज्ञ' के रूप में संकल्पित था। अतः इसका यजमान साहित्यप्रेमी ओरछेश (वीर सिंह जूदेव) को बनाया गया था। उन्होंने इस पर 'मधुकर' में एक 'महत्त्वपूर्ण आयोजन' शीर्षक लेख लिखा था—"मुझे इस यज्ञ का यजमान बनने के लिए कहा गया है; किंतु इस प्रकार के कार्य का मुझे कोई अनुभव नहीं। मैं तो सरस्वती के मंदिर का एक छोटा सा पुजारी हूँ। यजमान का ही यदि प्रश्न सामने है, तो मैं कहूँगा कि समस्त बुंदेलखंड प्रांत की ओर से ही यह यज्ञ होना चाहिए। समस्त बुंदेलखंड ही इस यज्ञ का अनुष्ठाता है। अतएव

इस प्रांत के शासक बंधुओं से मेरा विनम्र अनुरोध और साग्रह प्रार्थना है कि वे इस शुभ अनुष्ठान की पूर्ति में पूर्ण रूप से सहायक हों। विवादग्रस्त राजनीति से इस ग्रंथ का कोई संबंध नहीं है। इस भूमि के प्राचीन गौरव को साकार मूर्ति प्रदान करके यहाँ की सोई हुई जनता में सांस्कृतिक चेतना उत्पन्न करना ही इसका उद्देश्य है।''[24]

आज जब बुंदेलखंड के सांस्कृतिक पुनर्निर्माण तथा विकास का महा-अभियान चल रहा है, तो उक्त यज्ञ के लिए पुनः संकल्प लेना तथा उसे पूरा करना एक चुनौती भी है तथा सामयिक आवश्यकता भी।

संदर्भ

1. जगदीश प्रसाद चतुर्वेदी, जनपद आंदोलन—इतिहास तथा समीक्षा, 'मधुकर' (जनपद आंदोलन अंक, वर्ष-4, अंक 1-10, पृष्ठ 11) अप्रैल-अगस्त 1944
2. जगदीश प्रसाद चतुर्वेदी—जनपद आंदोलन—इतिहास तथा समीक्षा, 'मधुकर' (जनपद आंदोलन अंक, वर्ष-4, अंक 1-10, पृष्ठ 11) अप्रैल-अगस्त 1944
3. लोकवार्त्ता (वर्ष-1, अंक-1), पृष्ठ 6
4. लोकवार्त्ता वर्ष-1, अंक-1, पृष्ठ 39
5. वही, अंक-2, पृष्ठ 12
6. लोकवार्त्ता वर्ष-1, अंक-1, पृष्ठ 32
7. लोकवार्त्ता वर्ष-1, अंक-2, पृष्ठ 96-97, इस पर संपादकीय टिप्पणी दी गई है।
8. लोकवार्त्ता वर्ष-1, अंक-2, पृष्ठ 115-117
9. वही, वर्ष-1, अंक-4, पृष्ठ 283
10. वही, (वर्ष-1, अंक-3, पृष्ठ 212)
11. लोकवार्त्ता (वर्ष-1, अंक-1)
12. वही, (वर्ष-1, अंक-3)
13. वही, (वर्ष-1, अंक-4)
14. वही, (वर्ष-1, अंक-5)
15. वही, (वर्ष-1, अंक-5)
16. वही, (वर्ष-1, अंक-5)
17. वही, (वर्ष-1, अंक-5)
18. यशपाल जैन, कुंडेश्वर—पत्रकार कला का वि.वि. (साप्ताहिक भारती पत्रकार कला विशेषांक दीपावली 1976, पृष्ठ 71)
19. वृंदावनलाल वर्मा 'लोकवार्त्ता पत्रिका' (साप्ताहिक भारती-लोक संस्कृति विशेषांक, दीपावली 1970, पृष्ठ 11)
20. डॉ. कृष्णदेव उपाध्याय, लोकवार्त्ता परिषद् और लोकवार्त्ता पत्रिका का एक परिचय,

साप्ताहिक भारती—(लोक संस्कृति विशेषांक 1970, पृष्ठ 12)

21. प्रेरक साधक (श्री बनारसीदास चतुर्वेदी अभिनंदन ग्रंथ), पृष्ठ 482
22. प्रेरक साधक (श्री बनारसीदास चतुर्वेदी अभिनंदन ग्रंथ), पृष्ठ 483
23. मधुकर (पाक्षिक वर्ष-2, अंक-23), पृष्ठ 7-10
24. मधुकर (पाक्षिक वर्ष-2, अंक-23), पृष्ठ 1

□

साहित्यिक अवदान

कृष्णानंदजी एक समर्थ समीक्षक, कथाकार (उपन्यासकार, कहानीकार), निबंधकार, अनुवादक, कोशकार तथा लोक-साहित्य के संग्रहकर्ता के रूप में, बहुआयामी व्यक्तित्व के धनी साहित्यकार के रूप में जाने जाते हैं। 'आलोचना, कहानी-लेखन तथा वैज्ञानिक विषयों में उनकी खासी गति रही और उनकी समालोचनाओं की प्रशंसा आचार्य द्विवेदीजी और पं. पंख सिंहजी शर्मा तक ने मुक्त कंठ से की थी। अभी उस दिन दिल्ली में केंद्रीय सरकार के एक मंत्री ने उन लेखों की प्रशंसा की, जिन्हें नागरी प्रचारिणी सभा के विश्वकोश की आलोचना में उन्होंने सरस्वती में लिखे थे।'[1]

लेखक के रूप में इनकी प्रसिद्धि 'प्रसाद के दो नाटक' (1933) नामक पुस्तक से हुई। इस पुस्तक में कृष्णानंदजी ने 'स्कंदगुप्त एवं चंद्रगुप्त' नामक प्रसाद के दो नाटकों की कटु आलोचना की है। इन्होंने उन नाटकों पर अनैतिहासिकता का आरोप लगाया है तथा इब्सन के यथार्थवादी रंगमंच के आधार पर इन नाटकों को अत्यंत त्रुटिपूर्ण बताया है। इस पुस्तक की काफी चर्चा भी हुई, परंतु इसके बाद इनकी कोई आलोचनात्मक कृति प्रकाश में नहीं आई।[2] यहाँ यह उल्लेख करना प्रासंगिक है कि उक्त पुस्तक का प्रकाशन वर्ष 1933 नहीं, अपितु 1929 है तथा पुस्तक का सही नाम 'प्रसादजी के दो नाटक' है। कृष्णानंदजी की प्रकाशित पुस्तकों का प्रकाशन-विवरण कालक्रमानुसार तथा प्रकाशकवार निम्न प्रकार है—

1. अंकुर (कहानी संग्रह) 1927, साहित्य सदन, चिरगाँव
2. स्वास्थ्य-संलाप (बालोपयोगी पुस्तक, 1927, साहित्य सदन, चिरगाँव)
3. केन (ऐतिहासिक उपन्यास) 1928, गंगा पुस्तकमाला, लखनऊ
4. शेलकश (गोर्की के लघु उपन्यास का अनुवाद) 1929, साहित्य सदन, चिरगाँव

5. गीता रहस्य (इस नाम की बँगला पुस्तक का हिंदी अनुवाद) 1929, साहित्य सदन, चिरगाँव
6. प्रसादजी के दो नाटक 1929, गंगा पुस्तक माला, लखनऊ
7. पुरस्कार (कहानी संग्रह) 1940, सरस्वती प्रकाशन मंदिर, इलाहाबाद
8. जीव की कहानी (बाल साहित्य) 1941, सरस्वती प्रकाशन मंदिर, इलाहाबाद
9. पदार्थ-परिचय (बाल साहित्य) 1941, सरस्वती प्रकाशन मंदिर, इलाहाबाद
10. नागरिक जीवन (बाल साहित्य) 1941, सरस्वती प्रकाशन मंदिर, इलाहाबाद
11. बुंदेली कहावत कोश 1960, सूचना विभाग, उत्तर प्रदेश
12. बुंदेलखंडी भाषा और साहित्य 1960, बिहार राष्ट्रभाषा परिषद्
13. हिंदुस्तानी कहावत कोश 1968, नेशनल बुक ट्रस्ट, नई दिल्ली (एस.डब्ल्यू. फैलन के कोश का हिंदी अनुवाद एवं संशोधन) (इसका द्वितीय संस्करण वर्ष 2007 ई. में प्रकाशित हो चुका है)

इसके अतिरिक्त उनके अनेक लेख सुधा, माधुरी, विशाल भारत, मधुकर, लोकवार्त्ता, संगम, सरस्वती, भारती, नवजीवन आदि पत्र-पत्रिकाओं में प्रकाशित हुए। बनारसीदास चतुर्वेदी के शब्दों में—"कृष्णानंदजी के जो निबंध और नोट सब छितरे हुए पड़े हैं, उनका संग्रह और संपादन यदि कर दिया जाए तो कई सुंदर ग्रंथ बन सकते हैं।...कृष्णानंदजी में एक गुण है, जो दुर्गण की सीमा पर पहुँच गया है। सर्वोत्तम लिखने की धुन में वे कोई अच्छी चीज भी नहीं लिख पाते हैं। 'बेस्ट इज दि एनेमी ऑफ गुड', अंग्रेजी की यह कहावत उन पर चरितार्थ होती है। श्री शिवसहाय चतुर्वेदीजी की कहानियों की भूमिका वे तीन महीने में लिख पाए। यद्यपि यह भूमिका एक विद्वत्तापूर्ण निबंध के रूप में थी, तथापि कोई भी प्रकाशक इतनी लंबी प्रतीक्षा कैसे कर सकता है।

"एक अन्य यानी पत्र-लेखन में कृष्णानंदजी का दान महत्त्वपूर्ण रहा है, पर उन्होंने अपने पत्रों की नकल नहीं रखी और दूसरे उनकी रक्षा नहीं कर सके। मैंने उनके जिन पत्रों को सँजोकर रखा था, उन्हें दीमक खा गए। कुंडेश्वर से मैं बारह वर्ष अलग रहा और वहाँ मेरे संग्रहालय की विधिवत् रक्षा नहीं हो सकी। वह हम दोनों के लिए साहित्यिक दुर्घटना थी।"[2]

ऊपर जिन पुस्तकों की सूची दी गई है, उनमें सर्वाधिक महत्त्वपूर्ण आलोचना पुस्तक 'प्रसादजी के दो नाटक' मानी जाती है। कोश-साहित्य में उनके कोशों का भी विशिष्ट स्थान है। 'बुंदेलखंडी भाषा और साहित्य' एक व्याख्यान का ही लिपिबद्ध रूप है, जो अधिकारपूर्ण वक्तव्य है 'किंतु इनके कथा साहित्य संबंधी इस लेखन को बहुत महत्त्वपूर्ण नहीं समझा गया।'[3]

आलोचक के रूप में उनकी भूमिका की संक्षिप्त चर्चा यहाँ प्रासंगिक है। श्री शीकर के शब्दों में—''श्री कृष्णानंदजी गुप्त मुख्य रूप से आलोचक हैं। वे अपनी निर्भीक एवं तथ्यपूर्ण आलोचनाओं के लिए हिंदी-जगत् में प्रसिद्ध हैं। अभी थोड़े दिन हुए जब नागरी प्रचारिणी सभा वाराणसी द्वारा प्रकाशित 'हिंदी विश्व कोश' के प्रारंभिक तीन खंडों की आलोचना उन्होंने 'सरस्वती' के पाँच अंकों में प्रकाशित की थी। उससे उनकी गहन अध्ययनशीलता, मार्मिकता एवं सरल लेखन शैली का खासा परिचय मिलता है। उनकी आलोचनाओं की एक बड़ी विशेषता यह है कि वे आलोच्य विषय से ऊपर उठकर स्वयं में साहित्य की स्थायी और उपयोगी कृति बन जाती हैं। उनकी प्रसिद्ध और बहुचर्चित आलोचना पुस्तक 'प्रसादजी के दो नाटक' उसी समय 'सुधा' में धारावाहिक रूप से छपी थी। गुप्तजी ने अपनी इन आलोचनाओं में उक्त दोनों नाटकों की विभिन्न दृष्टियों से समीक्षा करके यह सिद्ध करने की चेष्टा की कि प्रसादजी एक उच्चकोटि के कवि भले ही हों, किंतु नाटककार कदापि नहीं हैं। स्वाभाविक रूप से इन आलोचनाओं के प्रकाशित होने पर हिंदी-जगत् में एक सनसनी फैल गई थी।''[4] वरिष्ठ पत्रकार जगदीश प्रसाद चतुर्वेदी के शब्दों में—''यदि उन्होंने उसी फर्राटे के साथ अपनी आलोचनाएँ जारी रखी होतीं, जैसा उन्होंने 'प्रसादजी के दो नाटक' नामक ग्रंथ में किया था, तो आज हिंदी का कोई भी ऐसा लेखक न होता, जो उनके कलम कुठार से थरथर न काँपता।''[5]

पूर्व में इस बात का संकेत दिया जा चुका है कि 'प्रसादजी के दो नाटक' की आलोचना को लेकर श्री मैथिलीशरण गुप्तजी का हाथ होने की संभावना साहित्य क्षेत्र में व्यक्त की गई थी तथा कृष्णानंदजी को इस बारे में सफाई देनी पड़ी थी। इस संदर्भ में डॉ. वृंदावनलाल वर्मा की संस्मरणात्मक जीवनी 'गंध-सुगंध' के लेखक तथा वर्माजी के अंतरंग मित्र श्री भगवान दास सेठ ने 'अपनी डायरी के कुछ पन्ने' शीर्षक के अंतर्गत 21.4.60 को लिखा था[6]—

'आज 3 बजे के करीब बाबू (वर्माजी) के बँगले पर गया। 'बाबू ने कहा,

'एक बात और है और वह यह कि इस बात को न तो मैथिलीशरण कबूल करते हैं और न कृष्णानंद कि 'प्रसाद के दो नाटक' लिखवाने में मैथिलीशरण का हाथ है। जिस समय प्रसाद के नाटक निकले थे, उस समय मैथिलीशरण ने कहा था, 'अजी कुछ नहीं, बड़े रद्दी हैं।'

मैंने कहा था—'भाई नाटककार की हैसियत से चाहे कैसे भी हों, परंतु प्रसाद कवि तो हैं ही।'

'और मजा तो यह है', बाबू ने मुझसे कहा, 'अभी तीन-चार साल पहले मैंने अपनी रद्दी को देखा था, उसमें कुछ कागजात ऐसे भी हैं, जिन पर प्रसाद के नाटकों के संबंध में नोट्स लिखे हैं, और वे नोट्स मेरे, मैथिलीशरण और कृष्णा तीनों के हाथ के हैं।'

बाबू ने यह भी बतलाया कि ये नोट्स घर (शहर के घर) पर एक अलमारी में, जिसमें बहुत रद्दी पड़ी हुई है, रखे हैं।

कृष्णा के संबंध में बाबू ने कहा, 'गरौठा से जो आता है, वही कहता है कि बहुत लड़ाकू है।'

'इसीलिए तो उनकी लाँक में गाँववालों ने आग लगा दी थी।' मैंने कहा।

'अच्छा' बाबू बोले।'

कोश-साहित्य के संपादन में गुप्तजी का विशेष योगदान रहा है। यद्यपि उनके कहावत संबंधी उपर्युक्त दो कोश प्रकाशित हुए हैं, किंतु उनकी कल्पना विभिन्न बोलियों के 'लोकभाषा' कोश बनाने की थी। इसमें 'बुंदेली शब्द कोश' वह स्वयं तैयार कर रहे थे, किंतु 'बेस्ट' और 'परफैक्ट' बनाने के चक्कर में वह कार्य उनके जीवनकाल में पूरा नहीं हो सका। उस समय जनपद-आंदोलन जोरों पर था तथा अंतर्जनपदीय परिषद् की ओर से समस्त जनपदीय भाषाओं का एक वृहत् कोश बनाने का प्रस्ताव आया था। गुप्तजी ने इस प्रस्ताव में संशोधन करते हुए लिखा था—'समस्त जनपदीय भाषाओं का एक इकट्ठा वृहत् कोश बनाना तो दुष्कर कार्य होगा। यद्यपि दूसरे देशों में जो काम पचासों वर्ष पहले हो गया, वह यहाँ भी असाध्य नहीं होना चाहिए। किंतु फिलहाल अलग-अलग बोलियों का कोश बनाना अधिक आसान होगा। इसके लिए भाषा की दृष्टि से प्रांतों को, जहाँ हिंदी बोली जाती है, छोटे-छोटे भागों में बाँट दिया जाना चाहिए अथवा भौगोलिक जिलों को हम ज्यों-का-त्यों ले सकते हैं। एक-एक जिले से शब्द इकट्ठे करवाए जाएँ और फिर उनका संपादन किया जाए। यद्यपि सब जगह ऐसा

करना आवश्यक नहीं होगा। पर कुछ स्थानों पर जरूरी होगा। एक जिले से दूसरे जिले में ही बोलचाल और अंतर पाया जाता है। उदाहरण के लिए बुंदेलखंड को लीजिए। 'किधर जाते हो' के लिए कहीं 'किआँए जात', कहीं 'किते जात', कहीं 'किताँएँ जात', कहीं 'कहाँ जात हौ' और कहीं 'कहाँ जात हौगे' बोलते हैं।

'इसी प्रकार 'को' के लिए कहीं 'खौं' कहीं 'कौं' का प्रयोग करते हैं। उच्चारण और सूक्ष्म प्रयोगों के इन सूक्ष्म भेदों का ध्यान रखते हुए ही शब्द इकट्ठे किए जाने चाहिए। फिर प्रत्येक जिले से प्राप्त संपादित सामग्री का भाषा के विस्तार क्षेत्र का ध्यान रखते हुए पूरी बोली का कोश तैयार किया जा सकता है। अथवा एक बोली से संबंधित सामग्री विभिन्न स्थानों से संगृहीत करवा कर एक केंद्रीय स्थान पर भेजी जा सकती है और फिर दक्षतापूर्वक उसका संपादन किया जा सकता है। शब्दों के इतिहास और व्युत्पत्ति आदि के चक्कर में नहीं पड़ना चाहिए। वह भाषाशास्त्र का एक अलग ही विषय है और उसे पूरी तरह से जाननेवाले लोग बहुत नहीं मिलेंगे। किंतु प्रत्येक शब्द का अर्थ बहुत स्पष्ट लिखा जाना चाहिए और ऐसे शब्दों पर संक्षिप्त पर विशद टिप्पणी की जानी चाहिए, जो व्रत-त्योहारों, रीति-रिवाजों या उद्योग-धंधे से संबंधित हो। उदाहरण के लिए 'कंकन' शब्द को लीजिए। कुछ इस प्रकार लिखा जाना चाहिए—लाल और पीले रंग का वह सूत्र जो विवाह के पहले दूलहा-दुलहिन के हाथों में टोटा-टोटका और नजर से बचाने के उद्देश्य से बाँधा जाता है। इसमें लोहे के छल्ले पड़े रहते हैं।

मुहावरा कंकन छुराई—विवाह के बाद का एक नेग, जिसमें दूलहा-दुलहिन एक-दूसरे के हाथ का कंकन छोरते हैं। 'छोरौ छोरौ सियाजू के कंकन महाराज बंद छोरौ।' कंकन-खिलाई वह नेग, जिसमें कंकन छूट चुकने के बाद साली या सलहज कंकन ऊपर उछालती है और दूलहा-दुलहिन उसे अपने-अपने हाथों में गुपकने का प्रयास करते हैं।

'इस प्रकार प्रत्येक शब्द को उदाहरण देकर समझाया जाना चाहिए। यह काम बड़ा मुश्किल है, पर किया जाना चाहिए।'[7]

भाषा और शब्दों के बारे में उनकी सूक्ष्म-पर्यवेक्षण क्षमता का लोहा मानना पड़ता है। उनके पास केवल आँखें नहीं, एक दृष्टि भी थी।

अपने से मतभेद रखनेवालों के साथ वह अपने दृष्टिकोण को बड़ी मजबूती

के साथ रखते थे। पं. बनारसीदास चतुर्वेदीजी ने ठीक ही लिखा है—"कृष्णानंदजी दुतरफा बात कहना नहीं जानते। जो कुछ लिखते हैं, सीधी-सीधी जुबान में और यह गुण उन्होंने आचार्य द्विवेदीजी तथा अमर शहीद गणेशजी से सीखा था। दोनों के ही निकट संपर्क में आने का अवसर उन्हें मिला था। वे यह बात भलीभाँति जानते हैं कि भाषा भावों को प्रकट करने के लिए है, छिपाने के लिए नहीं।"

कृष्णानंदजी को जो अच्छा नहीं लगता था, उस पर वे अपनी तुरंत प्रतिक्रिया देते थे, किंतु कभी-कभी वह अपना नाम उजागर करने में हिचकते भी थे। ऐसा ही एक प्रसंग तब उपस्थित हुआ, जब विशाल भारत (1929) में पं. माखनलाल चतुर्वेदी की एक कविता 'वेदना गीत' प्रकाशित हुई थी। कृष्णानंदजी के अनुसार वह कविता 'विशाल भारत' के निर्धारित मानक से भिन्न कोटि की थी। उन्होंने बनारसीदासजी को पत्र लिखकर इस पर अपनी प्रतिक्रिया भेजी तथा 'बिना उनका नाम छापे' विरोधी प्रतिक्रिया प्रकाशित करने का आग्रह किया। इस संदर्भ में बनारसीदासजी ने उन्हें एक पत्र[8] लिखा—

प्रिय कृष्णानंदजी,

बिलकुल सहमत हूँ कि 'वेदना गीत' मेरे स्टैंडर्ड से भिन्न कोटि का है। मैं श्री माखनलालजी को लिखने ही वाला था कि वे उसका अर्थ भी लिख देते, पर भेजते-भेजते रह गया। मैंने एक नियम कुछ महीने पहले बना लिया था और वि.भा. में लिख भी दिया था कि कोई लेख तथा पत्र लेखक के नाम के बिना नहीं छप सकते। मैं आपकी चिट्ठी को छापने के लिए अत्यंत उत्सुक हूँ। क्या इसमें आपका नाम दे दूँ? मैंने कविता केवल इस कारण से कि वह माखनलालजी की है, छाप दी (कारण कुछ ठीक-ठीक भी है), यद्यपि उसमें यह बात भी शामिल है कि भिन्न-भिन्न रुचिवालों के लिए भिन्न-भिन्न मसाला देना पड़ता है। तो आपको उनका खुलकर विरोध करने में संकोच न होना चाहिए। यहाँ पर यह भी लिखना उचित है कि स्वयं माखनलालजी ने कविता के कुछ अंश मुझे सुनाकर कुछ-कुछ समझाया भी था।

आप एक बात और न भूलें। जनवरी तथा फरवरी के अंक में शायद इस कविता को छोड़कर और कोई लेख या कविता इस ढंग की नहीं छपी।

चिट्ठी को वापस इसलिए भेजता हूँ कि इसमें एक तो आप अपना नाम दे दीजिए और दूसरे नाम देने की वजह से जहाँ कहीं Moderate करना चाहें,

कर दीजिए। वैसे मैं कड़ी-से-कड़ी चीज सिद्धांत की लड़ाई में छाप सकता हूँ, पर स्वयं Moderation के पक्ष में हूँ।

कृष्णानंदजी ने बुंदेली लोक-साहित्य-संग्रहकर्ता के रूप में किए गए कार्य के दौरान लोककवि ईसुरी के उद्धार और उनके साहित्यिक-श्राद्ध का कार्य भी संपन्न किया था। ईसुरी की खोज तथा उनके प्रथम फाग संग्रह के प्रकाशन का श्रेय जुझौतिया प्रेस मऊरानीपुर के मालिक पं. बलदेव प्रसाद रिछारिया को है। इस बारे में डॉ. हरिवंश राय 'बच्चन' ने अपने एक पत्र दिनांक 26.7.83 में कृष्णानंदजी को लिखा था कि ईसुरी की फागों का एक छोटा सा संग्रह 1905 में जुझौतिया प्रेस से निकला था। इसके पश्चात् 1942 से 1957 के बीच छोटे-छोटे तीन फाग संग्रह कृष्णानंदजी ने प्रकाशित किए तथा 1959 में पं. गौरीशंकर द्विवेदी शंकर के 'ईसुरी प्रकाश' का प्रथम संस्करण प्रकाशित हुआ था। बाद में उन्होंने ईसरी की 'रजऊ विषयक फागें' तथा 'नेत्र विषयक फागें' 1965 में प्रकाशित की। इस प्रकार ईसुरी की फागों की विस्तृत खोज, उनके संग्रहों के प्रकाशन तथा उनके बारे में 'मधुकर' एवं 'लोकवार्त्ता' में लेख लिखकर कृष्णानंदजी ने ईसुरी को प्रथम बार व्यापक स्तर पर चर्चित किया। उन्होंने 1957 में दीवान शत्रुघन सिंह के साथ मिलकर ईसुरी स्मारक समिति स्थापित की तथा ईसुरी के निधन-स्थल ग्राम 'धवार' में एक स्मृति-समारोह, बसंत पंचमी को आयोजित किया। इससे वह 'ईसुरी' के उद्धारकों में गिने जाते हैं। उक्त प्रयासों से 'बच्चनजी' भी ईसुरी से प्रभावित हुए थे। उन्होंने कृष्णानंदजी को पत्र (मूल पत्र परिशिष्ट में दिया गया है) लिखकर ईसुरी के समस्त प्रकाशित साहित्य मँगाने की इच्छा व्यक्त की थी तथा उनको लिखा था कि 'ईसुरी के जीवन और काव्य-विवेचन' पर एक अच्छी प्रामाणिक पुस्तक की आवश्यकता है। उसमें सर्वश्रेष्ठ 50-60 फागें भी रह सकती हैं। क्या आप ऐसी पुस्तक तैयार कर सकते हैं। मैं दिल्ली के किसी अच्छे प्रकाशक से उसे प्रकाशित कराने का प्रयत्न कर सकता हूँ। यहाँ यह उल्लेख करना अप्रासंगिक न होगा कि बच्चनजी ने ईसुरी पर किए गए इस कार्य से प्रभावित होकर, ईसुरी की फागें पढ़ते-पढ़ते दो चौकड़ियाँ फागें लिखी थीं—'तेजी दूर हो गए बेटे' तथा 'तेजी, वे मधुमय दिन बीते'।

दैनिक 'नवजीवन' में गुप्तजी 'एक ग्रामवासी बुद्धिजीवी' के नाम से स्तंभ तथा निबंध लिखा करते थे, उनमें उनकी आंतरिक छटपटाहट, उद्वेलन, आवेश आदि साफ दिखाई देते हैं। वे उनके अपने वर्ग की पीड़ा का प्रतिनिधित्व भी

करते हैं। 'आखिर रद्दी काम आई' में एक साहित्यकार की पांडुलिपियाँ तथा पुस्तकालय बेचकर घर का खर्च चलाने की व्यथा साफ-साफ दिखती है। ऐसे अनेकों रेखाचित्र मार्मिक बन पड़े हैं।

कृष्णानंदजी के साहित्यिक लेखन पर विचार करते समय उनकी रचना-प्रक्रिया को समझने की भी आवश्यकता है। इस बारे में बुंदेलखंड के सुप्रसिद्ध अध्येता तथा गुप्तजी से भलीभाँति परिचित, डॉ. नर्मदा प्रसादजी का कथन उल्लेखनीय है—

"एक बार मैं अचानक गरौठा पहुँच गया। गुप्तजी किताबों से भरी ऊँची-ऊँची अलमारियों के बीच एक कोने में सिमटे से बैठे थे। उनके सामने फुलस्केप के पच्चीस-छब्बीस पन्ने लिखे हुए पड़े थे। वे एक कोरे पन्ने को एक तरफ रखकर बोले, 'आओ, अच्छे मौके पर आए।' मैंने उन पत्रों पर दृष्टि डाली— 'लगता है आप कुछ लिख रहे हैं।' वे सहज रूप में कहने लगे—'बैठे-बैठे एक कथा मन में उठी, उसे सोचा और अब उपन्यास लिख रहा हूँ।' उत्सुकतावश मैं उनके पन्नों को उठाकर पढ़ने लगा। उन्होंने टोका—'अभी नहीं, पहले उपन्यास की कथा सुन लो, फिर बताओ कि कौन सा पन्ना ठीक है?' और अपने उपन्यास (स्मरण नहीं कि कौन सा उपन्यास था) की कथा सुना दी। सुनने के बाद मैंने दो पन्ने उठा लिये। जल्दी-जल्दी उन्हें पलट गया। उनसे पूछ बैठा, 'इन दोनों पन्नों पर आपने तो एक ही बात लिखी है।' मैं सोच रहा हूँ कि उपन्यास एक सरल और सहज शैली में लिखा जाए, पर दो नहीं तीन बार लिखने पर भी संतोष नहीं हो रहा है। तुम्हें कौन सा पसंद आया।' मैंने बिना झिझक के उत्तर दिया, 'पहला, परंतु इस तरह तो आप वर्षों में एक उपन्यास पूरा कर सकेंगे।' वे बड़े संतुलित स्वर में बोले, 'तुम्हें मालूम है कि टाल्सटॉय ने तो अपना उपन्यास 'वार ऐंड पीस' नौ बार लिखा।' उनके इस उत्तर पर उनसे क्या कहता?

"गुप्तजी की इस रचना-प्रक्रिया को देखकर पहले कोई भी उपेक्षा का भाव मन में ला सकता है, पर बाद में उनकी संचेतना की शल्य-क्रिया उपरांत उसे यह स्पष्ट हो जाता है कि यह दूर से जितना सरल लगता है, उतना ही कठिन कार्य है। वे एक रचना प्रारंभ करते हैं, और उसके संबंध में इतना चिंतन करते हैं कि उसकी गहराइयों तक पहुँच जाते हैं। सागर के जल की परतों को फाड़ते हुए मरजीवा की तरह। गहराई तक पहुँचने पर भी उन्हें यह शंका बनी रहती है कि उसके पार भी एक गहराई है और इस ऊहापोह में गहराई के उस

समतल पर खड़े रहकर भी वे उसे निश्चित रूप नहीं दे पाते। पर अंततः अनिश्चितता की इस स्थिति में वे अपने अंतर्विरोधों पर विजय नहीं पाते।

"गुप्तजी की पैनी दृष्टि ने विषय की सूक्ष्मता को परखकर उसका वैज्ञानिक विश्लेषण किया है, और नई दिशाएँ खोली हैं। उनका जो कुछ है, अद्‌भुत है, उसे चुनौती देना कठिन है। सूक्ष्म अंतर्दृष्टि उनके मानस की प्रमुख विशेषता है। उनकी आँख बाहर की सख्त-से-सख्त परतों को भेदकर भीतरी-से-भीतरी कोने तक जाती है। निरंतर चिंतन से उनकी यह प्रकृति बन गई है कि विषय चाहे जैसा हो, वे उसके मर्मस्थल तक तुरंत पहुँच जाते हैं। चाहे आप किसी साहित्यिक संस्था की योजना सामने रखें और चाहे किताब की जिल्दबंदी पर बात करें, वे तुरंत उसकी नाड़ी पकड़ लेते हैं। उनकी निरीक्षण शैली वैज्ञानिक है। साधारण-से-साधारण बात में उनका अन्वेषी ऊपर आ जाता है।"[9]

यदि गुप्तजी इस संशय, द्विविधा और अंतर्द्वंद्व से ऊपर उठकर लिखते तो आज हिंदी साहित्य में उनका नाम अग्र-पंक्ति में होता। फिर भी उनका साहित्यिक अवदान अमूल्य है। कृष्णानंदजी के साहित्यिक व्यक्तित्व एवं कृतित्व को समझने की दृष्टि से उनसे संबंधित पत्रों का अनुशीलन अपेक्षित है। उनके पुत्र रमेश गुप्त ने अनेक पत्र-पत्रिकाओं में इससे संबंधित लेख लिखकर महत्त्वपूर्ण कार्य किया है। इन पत्रिकाओं में 'अक्षरा' (जुलाई 1998, नवंबर 2002, सितंबर 2003, नवंबर 2004), साक्षात्कार (मई 1998, अप्रैल 1999, मार्च 2007), हंस (अप्रैल 1998), वैचारिकी (मई 1998) तथा दस्तावेज (अंक 91, वर्ष 2001) विशेष रूप से उल्लेखनीय हैं। गुप्तजी द्वारा लिखित तथा उनके नाम लिखे गए पत्रों में उनकी अनेक छवियाँ भासित होती हैं।[10] किसी शायर ने ठीक ही लिखा है—

'हर आदमी के होते हैं दस बीस चेहरे।
जिसको भी देखिए, बार-बार देखिए॥'

संदर्भ

1. बनारसीदास चतुर्वेदी, बंधुवर श्री कृष्णानंद गुप्त, (साप्ताहिक भारती-लोक संस्कृति विशेषांक 1970, पृष्ठ 10, 74)
2. हिंदी साहित्य कोष (भाग-2), सं. धीरेंद्र वर्मा, पृष्ठ 100
3. बनारसीदास चतुर्वेदी, बंधुवर श्री कृष्णानंद गुप्त, (साप्ताहिक भारती-लोक संस्कृति

विशेषांक 1970, पृष्ठ 10 तथा 74)

4. हिंदी साहित्य कोश, भाग-दो, पृष्ठ 100
5. श्री शीकरप्रसादजी के दो नाटक (साप्ताहिक भारती, लोक-संस्कृति विशेषांक 1970, पृष्ठ 26)
6. जगदीश प्रसाद चतुर्वेदी (उपर्युक्त विशेषांक, पृष्ठ 9)
7. भगवानदास सेठ, गंध सुगंध, पृष्ठ 157-158
8. श्री कृष्णानंद गुप्त का पत्र बाबू वृंदावन दास के नाम (बृजभारती, वर्ष-22, अंक-1) पृष्ठ 36-37
9. प्रेरक साधक (श्री बनारसीदास चतुर्वेदी अभिनंदन ग्रंथ, प्रेरक पत्र खंड), पृष्ठ 480-481
10. डॉ. नर्मदा प्रसाद गुप्त, श्री कृष्णानंद गुप्त, आंतरिक विश्लेषण (साप्ताहिक भारती-लोक-संस्कृति विशेषांक, पृष्ठ 14 तथा 78)

□

परिशिष्ट

चयनिका

(लोकवार्त्ता में प्रकाशित 'लोकवार्त्ता शास्त्र— अवधारणा तथा कार्यदिशा' से संबंधित चयनित लेखों के संपादित अंश)

निवेदन

कृष्णानंद गुप्त

लोकवार्त्ता एक नया विषय है। यूरोप के देशों में भी इसका अध्ययन अपनी बाल्यावस्था में है। ऐसी दशा में हिंदी में यदि उसकी चर्चा प्रारंभ न हुई तो यह बहुत स्वाभाविक है। गत पचास वर्ष के भीतर पश्चिम के विद्वानों ने भारतीय लोकवार्त्ताओं के विषय में जो महत्त्वपूर्ण कार्य किया है, हममें से अधिकांश अभी उससे भी परिचित नहीं। यह हमारे लिए लज्जा की बात है।

लोकवार्त्ता को अंग्रेजी में 'फोकलोर' कहते हैं। अथवा यह कहिए कि 'फोकलोर' के लिए हमने लोकवार्त्ता' शब्द का प्रयोग किया है। फोकलोर का चलित अर्थ है, जनता का साहित्य—ग्राम-गीत, कहानी आदि। परंतु हम उसका अर्थ करते हैं—जनता की वार्त्ता। जनता जो कुछ कहती और सुनती है, अथवा उसके विषय में जो कुछ कहा और सुना जाता है, वह सब लोकवार्त्ता है। जिस प्रकार प्रत्येक देश की अपनी एक भाषा होती है, उसी प्रकार उसकी अपनी एक लोकवार्त्ता भी होती है। जनता के मानस में लोकवार्त्ता का जन्म होता है। अतएव किसी एक देश की लोकवार्त्ता का यदि पूरा और विधिवत् संग्रह किया जा सके तो वहाँ के निवासियों की अतीत से लेकर अब तक की बौद्धिक, नैतिक, धार्मिक एवं सामाजिक अवस्था का संपूर्ण चित्र हमारे समक्ष उपस्थित हो जाएगा। संसार के सब देशों की लोकवार्त्ताओं के संग्रह का अर्थ होगा मानव-जाति की विचारधारा

के एक पूरे इतिहास का निर्माण!

लोकवार्त्ता का क्षेत्र बहुत विस्तृत है। सर्वसाधारण का जो कुछ भी परंपरागत ज्ञान है, उनके आनंद और उत्सव की जो कुछ भी सामग्री है, उनके अपरिपक्व एव अनुद्बुद्ध मन की जो कुछ भी सृष्टि है, वह सब उसके अंतर्गत है। नृ-शास्त्र, समाजशास्त्र, भाषाशास्त्र, इतिहास, पुरातत्त्व आदि से उसका घनिष्ठ संबंध है। यूरोप के प्राय: सभी सभ्य देशों में इसके अध्ययन के लिए समितियाँ बनी हुई हैं। छोटे-छोटे राष्ट्रों ने भी अपने यहाँ की लोकवार्त्ताओं का अपूर्ण संग्रह किया है। एंड्रयू लैंग, ग्रांट एलन, मैक्स मूलर और हर्बर्ट स्पेंसर से लेकर प्रोफेसर वेस्टरमार्क, सर जे.जी. फ्रेजर, सर जी.एल. गोमे जैसे विद्वान् इस क्षेत्र में काम करते आ रहे हैं। सैकड़ों महत्त्वपूर्ण ग्रंथ लिखे गए हैं। फ्रेजर का एक 'गोल्डन बाउ' ग्रंथ बारह मोटी-मोटी जिल्दों में है।

लोकवार्त्ताओं के वैज्ञानिक अध्ययन की नींव जैकब ग्रिम (1812) नाम के जर्मन विद्वान् ने डाली। वह भाषाशास्त्र का पंडित था। उसने जर्मनी के घरों में प्रचलित किस्से-कहानियों, किंवदंतियों और रीति-रिवाजों का संग्रह करके उनके वास्तविक महत्त्व की ओर पाठकों का ध्यान आकृष्ट किया। लोगों को यह देखकर आश्चर्य हुआ कि जिन किस्सों को वे बुढ़िया-पुराण कहकर उपेक्षा की दृष्टि से देखते थे, उनके भीतर मानव-जाति की सभ्यता और संस्कृति के विकास की रोचक कहानी छिपी हुई है। तब से इस विषय में बहुत उन्नति हो गई है। अब तो लोकवार्त्ता एक शास्त्र है। उसके द्वारा मनुष्य के प्राचीन धर्म और समाज की अनेक जटिल गुत्थियाँ सुलझाई जा रही हैं। पुरातत्त्व की भाँति उसका भी मनन और विवेचन किया जाता है। जिस प्रकार एक पुरातत्त्ववेत्ता पृथ्वी के गर्भ से प्राप्त मिट्टी के पुराने बरतनों को इकट्ठा करके अलग-अलग समूहों में सजाकर रखता और अध्ययन करता, फिर कुछ विशेष निष्कर्षों पर पहुँचकर किसी एक देश के प्राचीन इतिहास की टूटी हुई कड़ियों को जोड़ने की चेष्टा करता है, ठीक उसी प्रकार लोकवार्त्ता शास्त्र का विद्यार्थी भी समाज के विविध स्तरों के भीतर से मानव के प्राचीन विकारों, रीति-रिवाजों और विश्वासों के अविशिष्ट चिह्नों का संचय करके पुराण-पुरुष के बौद्धिक, धार्मिक एवं सामाजिक जीवन की एक शृंखलाबद्ध कहानी लिखने का प्रयत्न करता है।

थोड़े में इस शास्त्र की विविध दिशाओं का परिचय देना सहज नहीं है। यह हम फिर कभी करेंगे। अभी तो पाठक संक्षेप में इतना समझ लें कि लोकवार्त्ता

एक शास्त्र है, और जन-साहित्य तथा जन में फैले हुए रीति-रिवाजों और संस्कारों का अध्ययन करना उसका उद्‌देश्य है। इस प्रकार लोकवार्त्ता शब्द यहाँ दो अर्थों में प्रयुक्त हुआ है। वह एक शास्त्र का नाम भी है और उस शास्त्र के अध्ययन की सामग्री का द्योतक भी।

हिंदी में ग्राम-गीतों और कथाओं का संचय अवश्य हुआ है। परंतु यह कार्य लोकवार्त्ता के संपूर्ण क्षेत्र का एक बहुत छोटा अंग है। शास्त्रीय दृष्टि से लोकवार्त्ताओं का संग्रह अभी हमारे यहाँ नहीं हुआ, और न उनके अध्ययन की ही कोई चेष्टा की गई है। प्रस्तुत लेखमाला उसी दिशा में हमारा एक विनम्र प्रयत्न है। एक तो विषय बहुत ही गंभीर और फिर मेरा तत्संबंधी ज्ञान नहीं के बराबर! यह तो सचमुच ही बौने का आकाश को छूने का प्रयत्न करने के समान है। लोकवार्त्ता शास्त्र का पंडित होना तो दूर की बात, सच्चे अर्थ में मैं उसका अभ्यासी भी नहीं। प्रतिष्ठित लेखकों और विद्वानों ने इस विषय पर जो कुछ लिखा है, उसी को थोड़ा बहुत इधर-उधर से पढ़ रखा है। इसलिए पाठक यह न समझें कि इस दुरूह शास्त्र की कुछ छानबीन मैं कर सकूँगा। मुझे इस विषय से थोड़ा प्रेम है। बस इतना ही कह सकता हूँ। जब मैं स्कूल का विद्यार्थी था, तभी ग्रांट एलन की 'एवोल्यूशन ऑफ दी आइडिया ऑफ गॉड' नामक पुस्तक मुझे पढ़ने को मिली। उससे मैं बहुत ही प्रभावित हुआ। धर्म और समाज के विषय में उसने मेरे सनातन विचारों को ही नहीं बदला, बल्कि समाजशास्त्र, नृ-शास्त्र, लोकवार्त्ता शास्त्र आदि विषयों के अध्ययन की एक तीव्र लालसा भी मेरे मन में उत्पन्न कर दी। टीकमगढ़ आने पर तो लोकवार्त्ता के अध्ययन का मुझे विशेष अवसर मिला। बहुत दिनों से मैं इस विषय पर एक त्रैमासिक पत्रिका के प्रकाशन का विचार कर रहा था। मैं अपनी त्रुटियों को जानता हूँ। लोकवार्त्ता जैसे गंभीर विषय पर जैसी चाहिए वैसी पत्रिका का संपादन करने के योग्य मैं नहीं। उसके लिए तो कई विषयों में पारंगत होने की आवश्यकता है। परंतु सुस्ती और काहिली में समय नष्ट करने की अपेक्षा कुछ-न-कुछ करते रहना अच्छा है। पत्रिका अपने नाम के अनुकूल भले ही न बने। परंतु उससे थोड़ा-बहुत लाभ तो होगा ही। कम-से-कम मुझे स्वयं अपने को शिक्षित करने का अवसर मिलेगा। इस विषय के विद्वान् अवश्य ही मेरी भूलों को क्षमा करेंगे, और बताएँगे कि मैं कहाँ कैसी गलती करता हूँ। उससे मेरा और संभवत: औरों का हित ही होगा। इन्हीं विचारों से प्रेरित होकर यह दुष्कर कार्य मैंने अपने हाथों में लिया है। उसके साथ हिंदी पाठकों में यदि लोकवार्त्ता शास्त्र

के अध्ययन और मनन की तनिक भी उत्कंठा जाग्रत् हुई तो मैं अपने प्रयत्न को सफल समझूँगा।

लेखमाला हर तीसरे महीने नियम से छपेगी। उसमें मुख्यत: बुंदेलखंड की जनता में प्रचलित रीति-रिवाजों, विश्वासों, किंवदंतियों, गीतों आदि से संबंधित लेख प्रकाशित होंगे। उद्देश्य होगा, बुंदेलखंड की लोकवार्त्ताओं का अध्ययन, अनुशीलन और संकलन। सर्वसाधारण में लोकवार्त्ता शास्त्र संबंधी ज्ञान का प्रचार उसका एक व्यापक ध्येय होगा।

लेखमाला का यह प्रथम भाग जल्दी में प्रकाशित हो रहा है। वह हमारे मनोनुकूल नहीं छप सका। वास्तव में पाठक इसे अभी हमारा प्रयोग समझें। तीन चार अंक छप जाने के बाद हम अपने ध्येय को ठीक तौर से उनके सामने रख सकेंगे। फिर भी आशा है कि यहाँ हमने जो लेख दिए हैं, उनसे पाठकों को विषय का एक आभास मिलेगा। पहला लेख इतिहास और पुरातत्त्व के सुप्रसिद्ध विद्वान् श्रीयुत डॉ. वासुदेव शरणजी अग्रवाल का है। उसमें उन्होंने बड़े सुंदर ढंग से थोड़े में लोकवार्त्ता शास्त्र की उपयोगिता और महत्ता दर्शाई है। उनका यह कहना कितना ठीक है कि "लोकवार्त्ता की सामग्री संचय करने के लिए प्रत्येक गाँव को एक खुली हुई पुस्तक समझना चाहिए। भूमि से संबंधित ग्राम या जनपद का प्रत्येक निवासी उस महान् पुस्तक का एक-एक बहुमूल्य पृष्ठ है। हम जब चाहें सुविधानुसार और युक्तिपूर्वक अमृत के समान उपयोगी सामग्री दुह सकते हैं।" दूसरा लेख श्रीयुत वृंदावन लालजी वर्मा का है। समाजशास्त्र का उन्होंने मनन किया है। मानव-सभ्यता के विकास के विषय में वे अपने मौलिक विचार रखते हैं। दुनिया के रीति-रिवाजों और अंधविश्वासों का तुलनात्मक अध्ययन कितना रोचक और शिक्षाप्रद सिद्ध हो सकता है, उनका यह लेख इसका उदाहरण है। श्री 'देव' ने कार्य-व्यस्त रहते हुए भी हमारे आग्रह की रक्षा की एवं 'फेअरी टेल्स' के संबंध में अपने बाल्य-काल के अनुभव लिख भेजे; एतदर्थ हम उनके बड़े कृतज्ञ हैं। लोकवार्त्ता के अध्ययन एवं संकलन की आवश्यकता क्यों है एवं लोक-मानस के साथ उसका क्या संबंध है, मित्रवर पंडित बनारसीदासजी चतुर्वेदी ने पाठकों को यह बताने की चेष्टा की है। किसी भी विषय के शुष्क वैज्ञानिक अध्ययन में उनका विश्वास नहीं। वे उसमें हार्दिकता का समावेश चाहते हैं। जगद्देव के पँवारे के विषय में हमने नोट लिखा है। उसे यहाँ दुहराने की आवश्यकता प्रतीत नहीं होती। रीति-रिवाजों का अध्ययन एक अलग विषय है। परंतु वे स्वयं कितने

रोचक होते हैं, गड़रियों की विवाह-प्रथा इसका उदाहरण है। 'बुंदेलखंड की सौर-जाति' शीर्षक लेख विशेष-रूप से पठनीय है। यह जाति अपनी वन्यावस्था में अब यहाँ नहीं मिलती है। अन्यथा अध्ययन और भी रोचक बन जाता। किसी एक रीति-रिवाज अथवा पूजा या त्योहार का अध्ययन किस प्रकार किया जा सकता है, उससे कितने मनोरंजक निष्कर्ष निकाले जा सकते हैं 'सत्यशोधकजी' ने अपने लेख में यही दिखाने का प्रयत्न किया है। उनकी बाबू शब्द की कल्पना अवश्य मन को धक्का देती है। हमारे कुछ मित्रों ने बताया भी कि यह तो छपने की वस्तु नहीं थी। लेख में और भी कई बातें ऐसी हैं, जो पाठकों को सहज ग्राह्य नहीं होंगी। परंतु हम उन्हें विश्वास दिलाते हैं कि किसी भी धर्म या संप्रदाय के आचार-विचारों की हीनता सिद्ध करना, अथवा व्यर्थ में उनकी आलोचना करना हमारा उद्‌देश्य कदापि नहीं है। हम जब यह बताने की चेष्टा करते हैं, कि बाबू की पूजा कब, कहाँ से, और कैसे आई तब हम न तो उसका मंडन करते हैं और न ही खंडन। कोई प्रथा स्वयं अच्छी है या बुरी, समाज के लिए हानिकारक है या लाभदायक, हमें सरोकार नहीं। हम तो सत्य के एक विनम्र अन्वेषक हैं, न कि सुधारक। लोकवार्त्ता शास्त्र का विद्यार्थी जब हम से कहता है कि देवी-देवताओं को सिंदूर चढ़ाने की प्रथा प्रकारांतर से पशु-बलि की प्रथा का अवशेष है—पशु को मारकर देवता को उसका रक्त चढ़ाया जाता था, यह लाल रंग का सिंदूर उसी की यादगार है, तो यह बात हमें सुनने में अच्छी नहीं मालूम पड़ती। परंतु अपनी स्वतंत्र बुद्धि से काम लेकर उस पर गंभीरतापूर्वक विचार करने के लिए तो हमें प्रस्तुत रहना ही चाहिए। लोकवार्त्ता शास्त्र का अध्ययन करते समय पद-पद पर हमें अप्रिय सत्यों का सामना करना पड़ता है। न जाने कितने शब्द, कितनी पूजा-अर्चनाएँ, कितने व्रत और त्योहार ऐसे हैं, जिनका जन्म अत्यंत कदर्य स्थलों से हुआ है; परंतु वे हमारे लिए पंकज की भाँति पवित्र और व्यवहार्य बने हुए हैं। अतएव यदि कहा जाए कि बाबू शब्द बैबून से बना है तो इसमें चौंकने की कोई बात नहीं। अब तो वह रवींद्र और रामानंद जैसे महापुरुषों के नाम के साथ संबद्ध होकर पूत और पावन बन गया है।

फिर भी यहाँ यह कह देना आवश्यक जान पड़ता है कि लोकवार्त्ता एक विकासोन्मुख शास्त्र है। उसके अध्ययन की पूरी सामग्री अभी उपलब्ध नहीं है। अत: उसके सभी निष्कर्ष सही और मान्य हों, यह कोई आवश्यक नहीं है। स्वयं डॉ. फ्रेजर जैसे विद्वान् यह स्वीकार करते हुए कि इस नित्य-नवीन शास्त्र का

अध्ययन करते समय एक निष्पक्ष और सत्यान्वेषी व्यक्ति को किस प्रकार क्षण-क्षण पर अपनी सम्मति बदलने के लिए तैयार रहना पड़ता है, एक स्थल पर लिखते हैं—"अर्थात् एक प्रमाण के विरुद्ध दूसरे प्रमाण के मिलने पर मैंने सदैव ही अपनी सम्मतियों को बदला है और भविष्य में भी ऐसा ही करने का निश्चय कर लिया है। अतएव पाठकों से हमारी प्रार्थना है कि लोकवार्त्ता के इन पृष्ठों में प्रसंगानुसार रीति-रिवाजों के विषय में जो कुछ कहा गया है, अथवा भविष्य में कहा जाएगा, उसे वे चरम सत्य न मानकर सत्य के अन्वेषण का प्रयास समझें।"

लोकवार्त्ता शास्त्र तुलनात्मक अध्ययन की वस्तु है। उसके आलोचन का पूरा लाभ और आनंद भी तभी उठाया जा सकता है, जबकि विभिन्न देशों और कालों के मानवी रीति-रिवाजों और संस्कारों की परस्पर तुलना करके उनके मूल स्रोत पर पहुँचने की चेष्टा की जाए। अतः पाठकों के हम बड़े कृतज्ञ होंगे, यदि वे स्थानीय रीति-रिवाजों, पूजा अर्चनाओं आदि का विवरण समय-समय पर हमें लिख भेजने की कृपा करें। विवरण पूरा हो, जैसा कि बाबू की पूजा का दिया गया है। और कब, किस स्थल पर, किससे प्राप्त हुआ, इसका भी उल्लेख होना चाहिए। पाठकों ने यदि हमारी इस प्रार्थना पर ध्यान दिया तो लोकवार्त्ता को निस्संदेह हम अधिक रोचक और उपयोगी बनाने में समर्थ हो सकेंगे।

लोकवार्त्ता शास्त्र

वासुदेवशरण अग्रवाल

लोकवार्त्ता एक जीवित शास्त्र है। सहानुभूति के साथ उसका अध्ययन अपनी संस्कृति के भूले हुए पथों का उद्घाटन कर सकता है। लोक का जितना जीवन है उतना ही लोकवार्त्ता का विस्तार है। लोक में बसनेवाला जन, जन की भूमि और भौतिक जीवन तथा तीसरे स्थान में उस जन की संस्कृति—इन तीन क्षेत्रों में लोक के पूरे ज्ञान का अंतर्भाव होता है, और लोकवार्त्ता का संबंध भी इन्हीं के साथ है।

लोकवार्त्ता की सामग्री का संचय करने के लिए प्रत्येक गाँव को एक खुली हुई पुस्तक समझना चाहिए। भूमि के साथ संबंधित ग्राम या जनपद का प्रत्येक निवासी उस महान् पुस्तक का एक-एक बहुमूल्य पृष्ठ है। हम जब चाहें सुविधानुसार और युक्तिपूर्वक अमृत के समान उपयोगी सामग्री दुह सकते हैं। लोक की पुस्तक के अमिट अंकों को बाँचने और विधिपूर्वक अर्थाने की जिनके पास

शक्ति है, उन्हें इस ग्रंथ से किसी काल और किसी अवस्था में भी निराशा न होगी।

जिस प्रकार पैरों के नीचे की पृथ्वी का उत्पादन अनंत है, उसी प्रकार हमारे चारों ओर विस्तृत लोक का भी ज्ञान अपरिमित है। जनपद जन के रूप में लोक के एक सदस्य का जब हम दर्शन करते हैं तो हमें समझना चाहिए कि जीवन की अनेक बातें ऐसी हैं, जिनमें हम उसे अपना गुरु बना सकते हैं। देहरादून के सुदूर अभ्यंतर में स्थित लाखामंडल गाँव के परमा बढ़ई से जो सामग्री हमें प्राप्त हुई, वह किसी भी प्रकाशित पुस्तक से नहीं मिल सकती थी। जौंसार-बावर के उस छोटे से गाँव के शिव मंदिर के आँगन में खड़े होकर हमारे मित्र पं. माधव स्वरूपजी वत्स (सुपरिंटेंडेंट ऑफ आर्कियोलॉजी, आगरा) जिस समय भोली-भाली जौंसारी स्त्रियों के मुख से दूबड़ी आठौं (भाद्रपद शुक्ल अष्टमी) के त्योहार का, और उस अवसर पर छामड़ा पेड़ की डालों से बनाए जानेवाले आदमकद दानव का, जिसे वहाँ 'छामड़िया दानौ' कहते हैं, हाल सुनने लगे तो उन्हें आश्चर्य-चकित हो जाना पड़ा कि इस दूबड़ी की पूजा में मातृत्व-शक्ति की पूजा की वही परंपरा पाई जाती है जो उन्हें हड़प्पा की मूर्तियों में मिली थी। इसी जौंसार प्रदेश की चिया-बिया प्रथा (बिया = जेठे भाई के साथ स्त्री का विवाह; चिया = अन्य छोटे भाइयों का उसके साथ पत्नीवत् व्यवहार) के विषय में और अधिक जानने की किसे इच्छा या उत्सुकता न होगी? ये और इनके जैसे अनेक विषय लोकवार्त्ता के अंतर्गत आते हैं, जिनका वैज्ञानिक पद्धति से संकलन और अध्ययन अपेक्षित है।

मानवी प्रथाएँ और मानवी संस्कार स्थान और काल-भेद से अद्भुत और विचित्र होते हैं। उनके मूल में जो मानवी भावना अंतर्निहित रहती है, उसका सहानुभूतिपूर्ण अध्ययन लोकवार्त्ता शास्त्र का सच्चा प्राण है, जो इस शास्त्र को महिमा और पवित्रता प्रदान करता है और उसे निष्प्राण होने से बचाता है। हमारा देश सब दृष्टियों से विशाल है। भौमिक विस्तार और जन-विस्तार का इसमें कोई अंत नहीं। आर्यों की उदात्त संस्कृति से लेकर कोल, भील, संथाल आदिक वन्य जातियों का यहाँ अपरिमित क्षेत्र है। यदि हमारे हृदय में सहानुभूति है और नेत्रों में प्रेम का प्रतीक है तो हम मानव की अग्रिम और आदिम इन दोनों अवस्थाओं से बहुत कुछ कल्याणकारी ज्ञान प्राप्त कर सकते हैं। यही लोकवार्त्ता शास्त्र की उपयोगिता है।

(लोकवार्त्ता की अध्ययन सामग्री पुरातत्त्व की सामग्री की भाँति ही मूल्यवान् है, परंतु दुर्भाग्यवश वह अधिक ध्वंसशील है। मिट्टी के पुराने बरतन तो, जिन्हें पुरातत्त्ववेत्ता इतना महत्त्वपूर्ण मानता है, पृथिवी के गर्भ में एक दीर्घ-काल तक सुरक्षित रह सकते हैं, और कभी भी बाहर निकाले जा सकते हैं। परंतु लोकवार्त्ता की सामग्री तो अधिकतर वृद्धजनों की स्मृति में संरक्षित रहती है। संसार से उनके उठ जाने पर वह भी सदा के लिए उनके संग चली जाती है। अतएव उसे शीघ्रातिशीघ्र लिपिबद्ध करके रखने की आवश्यकता है। इस कार्य को शिक्षित और अशिक्षित, स्त्री और पुरुष, वृद्ध और बालक सभी कर सकते हैं। लोकवार्त्ता की अनंत सामग्री हमारे चारों ओर बिखरी पड़ी है। डॉ. अग्रवाल के कवित्वपूर्ण शब्दों में सभी अमृत के समान उसे दुह सकते हैं। क्यों न फिर हम आज से ही इस अत्यंत पवित्र और उपयोगी कार्य का प्रारंभ कर दें?—संपादक)

□

लोक-जीवन का अध्ययन कैसे हो?

— पं. रामनरेश त्रिपाठी

"'लोकवार्त्ता' का पहला अंक अभी मिला। सचमुच मैं इसे पाकर प्रसन्न हुआ हूँ। साहित्य की यथार्थ सेवा इसी से शुरू हुई मानता हूँ। वर्षों से अनुवाद ही अनुवाद हो रहा है। साहित्य-क्षेत्र में कोई नया अंकुर तो निकला ही नहीं। सब अनुवाद पर अनुवाद लादते चले आए। साथ में अनुवाद की आलोचना और प्रत्यालोचना चली। बीसवीं सदी के अंग्रेजी राज का कमजोर दिमाग कहाँ तक बोझा उठाए? पढ़ते-पढ़ते जी ऊब जाता है, और पढ़नेवाला जहाँ का तहाँ रह भी जाता है। बुद्धि के इस भँवर में छोटे-बड़े सभी गोता खा रहे हैं। 'लोकवार्त्ता' के संचालकों को कोटिश: धन्यवाद है कि उन्होंने बुद्धि के भँवर से निकलने का एक नया मार्ग पकड़ लिया।

'लोकवार्त्ता' का प्रत्येक शब्द पढ़ गया हूँ। संपादक महोदय को तो बड़े-बड़े बुद्धिगर्भों का सहयोग मिल रहा है। 'लोकवार्त्ता' की दृष्टि पहले से ही व्यापक है। शायद ही कोई विषय छूट सके, जिसके लिए मेरे किसी सुझाव की आवश्यकता हो। फिर भी यह मेरा प्रिय विषय है, इससे इसका चर्वित चर्वण भी मधुर ही लगता है। मैं कुछ योजनाएँ सामने रखता हूँ। संभव है बुंदेलखंड के लोक-जीवन के अध्ययन में उनसे कुछ सहायता मिले।

(1) बुंदेलखंड में कितने प्रकार के नृत्य होते हैं, पूरे विवरण के साथ उनका संग्रह किया जाए।

(2) कितने प्रकार के बाजे प्रचलित हैं? सबका विवरण सचित्र संग्रह किया जाए।

(3) बुंदेलखंड के राजाओं से आर्थिक सहायता लेकर लड़ाई समाप्त होते ही

फिल्म लेने की मशीनें मँगाई जाएँ और प्रत्येक जाति के जीवन के मुख्य प्रसंगों के बोलते हुए चित्र लिये जाएँ। प्रसंगों को छोटी-छोटी रोचक कहानियों से संबद्ध किया जाए, और कहानियाँ प्रत्येक जाति में प्रचलित कहानियों में से चुनी जाएँ।

(4) जातीय गानों के रिकॉर्ड तैयार कराए जाएँ, जो ग्रामोफोन पर बजाए जा सकें।

(5) आल्हा के आदिकवि जगनिक के आल्हे की खोज की जाए और उसे लिपिबद्ध कराया जाए। इस कंठस्थ महाकाव्य के गान के समय जो ढोलक बजती है, उसके स्वर में कवि का नाम 'जगनिक' 'जगनिक' बाँध दिया गया है। गाँववालों की यह सहृदयता आश्चर्यजनक है।

(6) लोहार, बढ़ई, राज, सोनार, धोबी, नाई आदि श्रमजीवी जातियों के जातीय कामों में प्रचलित शब्दों का संग्रह कराया जाए।

(7) कुछ ऐसे घुमक्कड़ तैयार किए जाएँ, जो कागज-पेंसिल लिये घूमते ही रहें और जहाँ-कहीं दो-चार ग्रामीणों को एकत्र देखें, वहाँ उनके निकट जाकर खड़े रहें या बैठ जाएँ और उनकी बातचीत में जो नए शब्द, मुहावरे, कहावतें, बुझौवल या स्वास्थ्य के नुस्खे निकलें, उन्हें लिख लिया करें और उनके भावार्थ भी समझकर लिख लें। इस संग्रह से भाषा की व्यापकता बढ़ेगी और शिक्षित लोग ग्रामीणों के अधिक निकट पहुँच जाएँगे।

गाँव की बोलचाल में नए शब्द बहुत से ऐसे मिलेंगे, जो संस्कृत में अपना स्वतंत्र मूल रखते हैं, पर हिंदी में वे प्रचलित नहीं हैं। जैसे—

छिनगाना = पेड़ की टहनियाँ काटना। यह छिन्नांग का अपभ्रंश है, पर कविता में आने लायक शब्द है और गड़रिये के घर में पड़ा हुआ है।

निमुकना = निर्मुक्त होना। निमुकि चढ़ेउ पुनि कनक अटारी—तुलसी। यह निगुकना शब्द हिंदी में आ जाना चाहिए।

देहात में कुछ शब्द स्वतंत्र रूप से बने हुए भी मिलेंगे। जैसे-चौकन्ना। अर्थात् चार कानवाला। भावार्थ यह कि जिसके कान चारों दिशाओं में एक साथ लगे हों।

चंगुल = चिड़ियों की पकड़। चिड़ियों की चार ही अंगुलियाँ होती हैं। उर्दू-लिपि के प्रभाव से शुद्ध अंगुली शब्द हिंदी में भी उँगली लिखा जाता है।

(8) बच्चों के खेलों का सचित्र-संग्रह। मराठी में खेलों पर एक सचित्र पुस्तक

कई भागों में है। उसके जोड़ का संग्रह होना चाहिए।

(9) दो वर्ष की उम्र से दस वर्ष तक की उम्र के बच्चों के लिए मौखिक-शिक्षा का जो क्रम देहात में प्रचलित है, उसका सूक्ष्म अध्ययन करके उसके स्वरूप को जनता के सामने रखना चाहिए।

(10) रोगों की अचूक औषधियाँ, जंत्र-मंत्र, टोना-टोटका, सबका संग्रह करके उनका वैज्ञानिक-विश्लेषण होना चाहिए।

गाँवों का अध्ययन अंग्रेजी दृष्टि से नहीं, भारतीय दृष्टि से होना चाहिए। लोकवार्त्ता के पृष्ठ 44 पर विद्वान् लेखक ने जो यह लिखा है कि पूर्वजों की पूजा की मूल कल्पना भूत, प्रेत, वृक्ष, सर्प आदि की पूजाओं के साथ हमें अनार्यों से मिली, यह अंग्रेजी दृष्टि है। भारतीय दृष्टि शांति-पर्व के राज-प्रकरण में है, जिसमें कहा गया है कि सृष्टि के आदि में जो मनुष्य थे, वे बड़े धार्मिक और सुसभ्य थे। जब समाज में विकार बढ़ गया, तब राजा की आवश्यकता पड़ी। भारतीय दृष्टि से सभ्यता पतनोन्मुख है। वर्तमान काल के सभ्य और असभ्य-समाज में जो प्रथाएँ मिलती-जुलती हैं, वे सभ्य-समाज से असभ्य-समाज में गई हैं और वहाँ विकृत हो गई हैं। जड़ पदार्थों में आत्मा के सौंदर्य का जैसा दर्शन हमारे सहृदय पूर्वज करते थे, वैसा उनकी नकल करके असभ्य लोग नहीं कर सके। यही उनकी विकृति का मूल कारण है। 'लोकवार्त्ता' के 44वें पृष्ठ पर यह लिखा है कि 'भारतवर्ष की अनेक असभ्य वन्य जातियों में मृत पुरुष की मूर्ति बनाकर रखने और पूजने के उदाहरण मिलते हैं। पर भास के प्रतिमा नाटक का आधार भी तो यही है! अस्तु।

गाँव के जीवन को ठीक-ठीक हृदयंगम करने के लिए यह समझ लेना आवश्यक है कि वह जिस ढाँचे में ढाला गया है, वह कैसा है। गाँव के साँचे में दो वस्तुएँ नहीं रखी गई हैं, अक्षर और सिक्के। बिना अक्षर की सहायता के ज्ञान का प्रसार गाँव के प्रत्येक व्यक्ति में होता रहे, इसकी पूरी व्यवस्था साँचे में है। इसी से गाँव का सारा साहित्य कंठस्थ रखा गया है। वहाँ ज्ञान का माध्यम आँख नहीं, कान है। गाँव के लोग आँख से काम करते जाते हैं और कान से ज्ञान पीते जाते हैं। उनकी यूनिवर्सिटी के प्रोफेसर साधु-संत, भिखमंगे, जोगी, किंगरी वाले, नट आदि द्वार-द्वार, मेंड़-मेंड़ पर घूम-फिरकर ज्ञान की बातें फेंकते चलते हैं। इससे गाँववालों के काम में हर्ज भी नहीं होता और ज्ञान के ग्रहण में सहूलियत भी होती है। आँख की अपेक्षा कान से ग्रहण किया हुआ ज्ञान अधिक प्रभावशाली भी होता है। साहित्य में कान को मन का मित्र इसी से कहा गया है। उदाहरण के लिए, लिखकर किसी को

गाली दीजिए तो वह उतना उत्तेजित नहीं होगा, जितना सुनकर होगा।

सिक्का भी गाँव के लिए अनावश्यक है। गाँव के लोग अपना सारा काम अन्न-विनिमय करके चला लेते हैं। सिक्कों ने उनको गरीब बना दिया है। गाँव के साँचे के अनुसार लोहार, कसेरा, भैंरीवाला, बनिया, बढ़ई, दूधवाला, नाई, खाट बुननेवाला, कुएँ में गिरे बरतन निकालनेवाला, साग-तरकारीवाला, कुम्हार आदि घूम-घूमकर और अपने काम की घोषणा करते हुए काम करते हैं। इस प्रथा से कोई व्यक्ति पूँजीपति नहीं बन सकता था और धन का प्रवाह सदा जारी रहता था। अब तो धन सिक्के के रूप में सेठों के पास रुक जाता है और उनको उठाकर फिर धारा में बहा देने के लिए प्रकृति ने चोरों और डाकुओं की सृष्टि कर दी है। जैसे सदीमक, कीड़े-मकोड़े आदि व्यर्थ पड़ी हुई चीजों को खाकर मिट्टी बनाने के लिए नियुक्त हैं, वैसे ही चोर-डाकू भी रुके हुए धन को फैलाने के लिए नियुक्त हैं। गाँव की प्रथा में चोर-डाकुओं की सृष्टि ही नहीं हो सकती। गाँववालों के काम में हर्ज न हो, इससे उनके आवश्यक पदार्थ उनको घर पर ही मिल जाने की व्यवस्था उनके साँचे में है। इसका सूक्ष्म अध्ययन होना चाहिए। यह बात मैंने लखनऊ के एक भाषण में कही थी। उस समय मेरे मित्र स्वनामधन्य वासुदेव शरणजी अग्रवाल भी उपस्थित थे। उन्होंने उसी सभा में कहा था कि मैंने यह बात एक करोड़ रुपए की कही है। उनके समर्थन से मुझे विश्वास हो गया कि मेरी कल्पना निर्मूल नहीं है।''

कहीं-कहीं नियुक्ति का पाठ भी मिलता है। यह मुझे अधिक ठीक जान पड़ता है। बुंदेलखंड में निमुकना के स्थान पर निबकना प्रयोग प्रचलित है। यथा— साँकर नई निबकत, ककना निबक गऔ। यहाँ तक कि कभी-कभी खबर भी निपक जाती है।

—संपादक

भारतीय लोक-कथाएँ और उनके अंग्रेजी संग्रह

— डॉ. वैरियर एलविन, डी.एस-सी. (ऑक्सन)

सुप्रसिद्ध अमेरिकी नृ-शास्त्रवेत्ता नार्मन ब्राउन का अनुमान है कि अब तक भारतवर्ष और उसके पड़ोसी देशों—लंका, तिब्बत, बर्मा, मलाया आदि की लगभग 3000 कहानियाँ मुद्रित रूप में पाश्चात्य पाठकों के लिए सुलभ हो चुकी हैं। इनमें लंका की 310, संथाल परगना की 230, पंजाब की 300 और मध्य भारत की लगभग 50 हैं। मैंने अपने 'फोकटेल्स ऑफ महाकोशल' के संग्रह में मध्य प्रदेश की 150 कहानियाँ संगृहीत की हैं। 55 मेरी अन्य रचनाओं में हैं। यदि इनको भी ऊपर की संख्या में जोड़ दिया जाए तो मध्य भारत की कुल मिलाकर 255 कहानियाँ हो जाती हैं।

पर निस्संदेह यह समझना ठीक नहीं होगा कि ये सब 3000 कहानियाँ एक-दूसरे से भिन्न और निराली हैं। भारतीय कहानियों की परंपरा बहुत प्राचीन है। काल के रंध्रों से छनकर वे इस देश में सर्वत्र फैल गई हैं। यहाँ तक कि सभ्यता से बहुत दूर जंगलों में रहनेवाली आदिम जातियाँ भी उनके प्रभाव से अछूती नहीं बची हैं। हिंदू कथाओं के मूल अभिप्रायों ने उन पर भी अपना असर डाला है। इस विषय में ब्लुमफील्ड का कहना है कि अन्य स्थानों की अपेक्षा भारत में यह बात विशेष रूप से देखने में आती है कि पूरी-की-पूरी कथाओं अथवा उनके प्रमुख लक्षणों की निरंतर पुनरावृत्ति होती रहती है। उदाहरण के लिए, प्राचीन वेदों के आख्यान प्रायः अधिक विस्तार के साथ काव्यों, नाटकों और कथा-संग्रहों में पुनः अवतरित होते हैं। पंचतंत्र-जातक की कोटि की उपदेशमयी और दृष्टांतमूलक

कहानियों के साथ कथा-साहित्य की एक नवीन और प्रबल बाढ़ आती है। बुद्धघोष कृत धम्मपद और अवदानों की टीका में आई हुई कहानियों ने जातक कथाओं को समृद्ध बनाया। इनके समकक्ष जैन साहित्य के टीकाकारों की रचनाएँ एवं देवेंद्र चरित्र सदृश कृतियाँ चलती हैं। इन दोनों के बीच दंडी, बाण और सुबंधु जैसे कवि आते हैं। इन महाकवियों ने अपनी कथाओं को प्रबंध काव्य की एक अनुपम अलंकारमयी शैली में उपस्थित किया। तत्पश्चात् वृहत्कथा ग्रंथों एवं उनके समतुल्य अन्य कथा-कहानियों के रूप में कुछ अधिक लौकिक एवं शुद्ध मनोरंजन की दृष्टि से लिखे गए कथा-साहित्य का सृजन होता है। (यद्यपि उपदेशमूलकता को उसमें पूर्ण रूप से नहीं त्यागा गया) इस श्रेणी के साहित्य वृहत्कथा के तीन प्रसिद्ध अनुवाद कथा सरित सागर, वृहत कथा मंजरी एवं वृहत् श्लोक संग्रह तथा वेताल पंचविंशति, विक्रमचरित और शुक सप्तति के विभिन्न पाठ सम्मिलित हैं। इसके उपरांत ही, जहाँ तक शैलियों की नवीनता का संबंध है, चरितों और प्रबंधों की एक अजस्र धारा प्रवाहित होती है, जो ब्राह्मण धर्मानुयायी पंडितों की लेखनी से उद्भूत होकर बहुप्रतिभा-संपन्न जैनों की क्रियाशीलता से साहित्य-सृष्टि के एक महासमुद्र का ही रूप धारण कर लेती है।

गत एक शताब्दी के भीतर भारतीय लोक-कथाओं की सेवा में बड़े परिश्रम का परिचय दिया गया है, और कुछ अतीव सुंदर साहित्य की सृष्टि हुई है। अब तक के प्रकाशित कहानी-संग्रहों के विषय में ब्लुमफील्ड का पुनः कहना है कि 'पिछले चालीस वर्षों में यूरोपीय तथा भारतीय लेखकों में मौखिक कहानियों के संकलन के लिए एक होड़ सी लगी रही है और निस्संदेह भविष्य में भी भारत के एक छोर से दूसरे छोर तक और भी कहानियाँ संकलित होंगी। अवश्य ही इन कहानियों में संस्कृत साहित्य की प्राचीन कथाओं की प्रतिध्वनि गूँजती रहती है। यह कहना कि उनमें अपनी कुछ स्वतंत्र प्रकार की सामग्रियाँ हैं अथवा नहीं, अर्थात् ये वही पुरानी कहानियाँ हैं या नहीं, जो कि किसी भी भाषा में लिखी न जाकर मौखिक रूप में ही प्रचलित रहीं, कहना बड़ा कठिन है। किंतु संस्कृत साहित्य की प्रायः सभी प्रकार की कहानियों अथवा अभिप्रायों की चर्चा के सिलसिले में वे एक बहुत बड़ी संख्या में उत्साहपूर्वक हमारे सामने आती हैं। हिंदू-कथाओं का पुनः संस्कार, अर्थात् पुरानी प्रचलित कथाओं को दुहराकर लिखने का अभ्यास भारत के विशाल प्रदेश में ही सीमित नहीं रहा, अपितु बौद्ध धर्म के प्रचार के साथ ये कहानियाँ मध्य एवं पूर्वी एशिया में, सबकी सब नहीं तो

अधिकांश अवश्य पहुँच गईं। अतः जिसे हम भारतीय कथा-साहित्य कहते हैं, वह वास्तव में एशियाई कथा-साहित्य—तिब्बती, मंगोली, सुदूर भारतीय, चीनी साहित्य है। और यहाँ इस सर्वविदित तथ्य का तो मैं उल्लेख ही नहीं कर रहा हूँ कि हिंदू-कथाओं के अनेक संग्रह एवं फुटकल कहानियाँ पश्चिमी एशिया तथा यूरोप में भी पहुँची हैं, जैसा कि जर्मन विद्वान् बेन के और उसके समकालीन पंडितों तथा अब तक के तमाम अनुयायियों ने सिद्ध किया है। यह तथ्य यद्यपि भारत अथवा भारतीय कहे जानेवाले प्रदेश से प्रत्यक्षतः कोई संबंध नहीं रखता, किंतु फिर भी एक-दूसरे रूप में वह हमारे लिए उतना महत्त्वपूर्ण तो है ही।

"इन कहानियों के प्रमुख अथवा विशेष लक्षण, जिन्हें हम 'अभिप्राय' कहते हैं, भारत में सर्वत्र फैले हुए हैं, और नित्य नए ढंग से उनका प्रयोजन होता रहता है। सभी स्थलों पर हम देखते हैं कि कथा अथवा लेखक अभिप्रायों की एक पूरी माला को, जिसकी तुलना हम गुरियों की माला से कर सकते हैं, हाथ में लेता है और उसे इस प्रकार छिन्न-भिन्न कर डालता है कि गुरिए सब तरफ बिखर जाते हैं; तत्पश्चात् उनको वह एक नए सिरे से पिरोता है। इस प्रकार भारतीय कथा-साहित्य एवं उसके सहायक अंगों में कब, कौन सा अभिप्राय, किस समय, किस स्थल पर और किस सिलसिले में पुनः प्रकट हो उठे, इसका कुछ ठीक नहीं।"

अब यहाँ भारतीय लोक-कथाओं के अब तक के प्रकाशित कुछ मुख्य संग्रहों पर एक दृष्टि डाली जाए। किसी एक प्रांत के मौखिक साहित्य पर पृथक् रूप से विचार करना तो असंभव है, उचित यही होगा कि सामूहिक रूप से उसे देखा जाए।

इस प्रकार के कथा-साहित्य संग्रह का प्रथम महत्त्वपूर्ण अवसर उस समय आया, जबकि सर रिचार्ड टैंपल ने सन् 1866 में रेवरेंड एस. हिस्लप के लेखों को संपादित करके प्रकाशित किया। ये लेख मध्य भारत की आदिम जातियों से संबंध रखते थे। इनमें एक कहानी छापी गई और उसके साथ उसका मूल भी दिया गया। इस प्रकार एक सारगर्भित लोक-कथा को साहित्यिक रूप से छापने का यह प्रथम गंभीर प्रयास था। किंतु दुर्भाग्यवश हिस्लप के इस प्रशंसनीय उद्योग में फल नहीं लगे, संभवतः इसलिए कि कहानी को उपस्थित करने का ढंग आकर्षक नहीं था और लेखन-शैली भी विद्वत्तापूर्ण होने के कारण कुछ आतंकजनक बन गई। परंतु इसके दो वर्ष उपरांत ही मिस फ्रेयर लिखित 'ओल्ड डैकन डेज'

(दक्खिन के बीते दिन) नाम से कहानियों का एक छोटा तथा मधुर संग्रह प्रकाशित हुआ। वह नीरसता के दोष से सर्वथा मुक्त था। तुरंत ही भारत के समस्त संग्रहकर्ताओं का ध्यान उसकी ओर आकृष्ट हुआ। तब से यूरोप की अनेक भाषाओं में उसका अनुवाद हो चुका है। इसके तीन वर्ष बाद, सन् 1871 में जातितत्त्व के अन्वेषण-क्षेत्र में दो महत्त्वपूर्ण घटनाएँ घटित हुईं। डाल्टन ने तो अपनी बढ़िया पुस्तक 'Descriptive Ethnology of Bengal' (अर्थात् बंगाल का जातितत्त्व निर्णय) प्रकाशित की; डैमंट ने पुरातत्त्व और इतिहास के सुप्रसिद्ध पत्र 'इंडियन एंटी क्वेरी' में बंगाल की लोक-कथाओं को प्रकाशित करना प्रारंभ किया। यह कार्य वे अपनी मृत्युपर्यंत, अक्तूबर सन् 1879 तक, नियमित रूप से करते रहे। 'इंडियन एंटी क्वेरी' में भारत के विभिन्न प्रांतों की कहानियाँ लगातार कई वर्ष तक छपती रहीं। किंतु संग्रह के रूप में यदि कोई उल्लेखनीय पुस्तक हमारे सामने आई तो वह थी रेवरेंड लालबिहारी डे की 'फोक टेल्स ऑफ बेंगाल', जो सन् 1883 में प्रकाशित हुई। डे साहब ने अपने पुस्तक रिचार्ड टैंपल को समर्पित की, जिन्होंने अगले वर्ष स्वयं ही अपनी पंजाब की लोक-कथाओं के संग्रह का प्रथम भाग प्रकाशित किया। उसके एक वर्ष बाद टैंपल ने श्रीमती एफ.ए. स्टील के सहयोग से 'वाइड एवेक स्टोरीज' नाम से कहानियों का एक संग्रह सामने रखा जो बहुत सुंदर बना है। वह इसलिए भी अधिक महत्त्वपूर्ण है कि उसमें लेखकद्वय ने उस समय तक की प्राप्त समस्त कहानियों का अध्ययन करके इसमें वर्णित घटनाओं को श्रेणीबद्ध रूप से प्रकाशित किया। उसी वर्ष नरेश शास्त्री ने 'इंडियन एंटी केरी' में छपी अपनी कहानियों का एक संग्रह प्रकाशित किया। उसमें उन्होंने सब जगह अपने परिश्रम का जैसा परिचय दिया है, वैसा वैज्ञानिक अध्ययन और खरेपन का नहीं।

सन् 1890 में डब्ल्यू क्रुक ने अपने 'नॉर्थ इंडियन नोट्स ऐंड क्वेरीज' नामक पत्र का प्रकाशन आरंभ किया। क्रुक शायद भारत के सर्वश्रेष्ठ लोकवार्त्ता शास्त्री थे। उनके इस पत्र में अनेक कहानियाँ छपीं। इसके कुछ वर्षों बाद ही रेवरेंड ए. कैंपबेल एवं रेवरेंड जे.एच. नॉलेज इन दो प्रसिद्ध मिशनरियों ने क्रमश: संथालों और कश्मीर की कहानियों का संकलन-कार्य प्रारंभ किया। वर्तमान शताब्दी के प्रथम दशक में आर.एस. मुकर्जी की 'इंडियन फोकलोर' श्रीमती ड्रकौट की रोचक 'शिमला विलेज टेल्स' और रेवरेंड सी. स्विनर्टन की 'रोमांटिक टेल्स फ्रोम पंजाब' नामक महत्त्वपूर्ण रचनाएँ प्रकाशित हुईं। स्विनर्टन की इस पुस्तक के 1908 वाले

संस्करण में उनकी पहले की सभी कहानियाँ आ गई हैं। सन् 1909 में सी.एच. बोंपस ने, जो कि इंडियन सिविल सर्विस के आदमी थे, रेवरेंड ओ. बौडिंग द्वारा संकलित संथाली कहानियों का अनुवाद प्रकाशित किया। इसकी गणना हम अब तक के प्रकाशित श्रेष्ठ संग्रहों में कर सकते हैं। पुस्तक बिना टिप्पणियों के एवं नाममात्र की भूमिका के साथ प्रकाशित हुई। किंतु उसकी प्रामाणिकता इतनी स्पष्ट थी, और अनुवाद भी इतना सुंदर, सरल और स्वाभाविक हुआ कि इस प्रकार के अन्वेषण-कार्य के लिए वह आज भी एक आदर्श है। प्रथम महायुद्ध के कुछ ही वर्ष पूर्व कहानियों की कई पुस्तकें प्रकाशित हुईं। उनमें से कुछ तो, जैसे एम. कुलक की 'बंगाली हाउस होल्ड टेल्स' और शोभना देवी की 'ओरिएंट पर्ल्स' मूल्यवान् हैं, किंतु शेष अधिकांश साधारण और निरर्थक सी हैं। इस समय का सबसे महत्त्वपूर्ण संग्रह-ग्रंथ पार्थर का 'विलेज फोक टेल्स ऑफ सीलोन' है, जो तीन भागों में प्रकाशित हुआ। इसमें 'वाइड एवेक स्टोरीज' के आदर्श पर संसार के विभिन्न देशों की कथाओं के साथ सीलोनी कथाओं का साम्य निर्देश किया गया है।

वर्तमान समय में लोक-कथाओं के संग्रह के प्रति लेखकों का उत्साह बहुत कम हो गया दीखता है। उसके स्थान पर अब वे कहानियों के विद्वत्तापूर्ण अध्ययन और अन्वेषण में ही अधिक दत्तचित्त हैं। कहानियों पर शास्त्रीय दृष्टि से बहुत कुछ लिखा गया है। पेंजर द्वारा संपादित टॉनी के 'कथा सरित्सागर' और ब्लुमफील्ड के स्कूल के अमेरिकन विद्वानों की प्रशंसनीय रचनाओं तथा 'मैन इन इंडिया' (Man in India) और बिहार उड़ीसा रिसर्च सोसाइटी के जर्नल में प्रकाशित अनेक छोटे-बड़े लेखों द्वारा भारत की प्राचीन कथाओं एवं देहाती कहानियों के साथ उनके संबंध पर एक नवीन प्रकाश पड़ा है। दुर्भाग्य से नृशास्त्रवेत्ताओं ने (असम के सिवा) लोक-कथाओं के संग्रह में विशेष रुचि नहीं दिखाई है। शरच्चंद्र राय के ग्रंथों में कुछ कहानियाँ मिलती हैं; किंतु उनका अनुवाद बहुत अच्छा नहीं हुआ है। भारतीय इथनोग्राफिक सर्वे (जातितत्त्व विषयक सर्वे) की बड़ी-बड़ी जिल्दों में मुश्किल से एक दर्जन कहानियों को स्थान मिला है। ग्रियर्सन ने अपने माड़िया गोंड़ों पर लिखित ग्रंथ में केवल दो कहानियाँ दी हैं, वे भी लोक-कथाओं को प्रकाश में लाने के उद्देश्य से नहीं, बल्कि भाषा संबंधी नमूना उपस्थित करने के विचार से।

दूसरी ओर, कुल मिलाकर देखा जाए तो भारतीय लोक-कथाओं का एक

कलेवर अनाकर्षक नहीं है। उसमें विविध प्रकार की कहानियों का समावेश हुआ है। दृष्टांत भी, आख्यान भी, देश और पात्र संबंधी किंवदंतियाँ भी, और पद्यमय गाथाएँ भी, इन सभी के नमूने आपको उसमें मिलेंगे। परंतु निस्संदेह उनमें कुछ गंभीर दोष भी हैं।

विशेषज्ञ लोग अपने पांडित्यपूर्ण ग्रंथों में जिन कहानी-संग्रहों का अत्यंत श्रद्धापूर्वक नामोल्लेख किया करते हैं, उनमें से दो-चार नहीं, बल्कि अधिकांश ऐसे हैं कि जिनकी रचनाएँ साधारण पाठकों के मनबहलाव के लिए ही हुई हैं। उदाहरण के लिए, अपने कहानी-संग्रह के विषय में स्विनर्टन कहते हैं कि उनका उद्देश्य 'जीवन के बोझ को हलका करना, दुःखों पर परदा डालना या मुसकान पैदा करना' है। अन्य बहुत से संग्रहों का भी यही लक्ष्य रहा है, किंतु जिस रचना का उद्देश्य वैज्ञानिक न हो, संभव है कि उसका आधार भी वैज्ञानिक न हो। ऐसी किताब की कोई गारंटी नहीं हो सकती। अधिकांश कथा-संग्रहों पर भावुकता का गहरा परदा पड़ा हुआ है। किसी एक भारतीय कहानी को, जो कि बहुधा यथार्थ और सीधी-सादी होती है, अंग्रेज बालकों के मनबहलाव की रोमांटिक कहानी में बदल देना और उसमें मनमाने नामों का समावेश कर देना, देखने में भले ही अच्छा मालूम हो, किंतु उसके औचित्य में तो संदेह ही रहेगा।

हमारे अधिकांश कहानी-संग्रहों में नामों, स्थानों, तिथियों और भाषा—सही हवाले की बड़ी उपेक्षा की गई है। वे किस भाषा से, कब, किस जगह और किस प्रकार लिखे गए, इसका कोई उल्लेख उनमें नहीं हुआ है। किंतु इस विषय 'ओल्ड डैकन डेज' की लेखिका हमारे सामने एक प्रशंसनीय उदाहरण उपस्थित करती हैं। मिस फ्रेयर बंबई के गवर्नर सर बाटल फ्रेयर की पुत्री थीं। उन्हें इस बात का कोई दावा नहीं कि उनकी कहानियाँ देहातियों या आदिम जातियों के बीच से ली गई हैं। कहानियों के संग्रह का पूरा विवरण उन्होंने पुस्तक में दिया है। वे लिखती हैं कि जब कभी वह अपने पिता के साथ महाराष्ट्र देश में दौरे पर जाती थीं तो उनकी 'देशी आया' उनके साथ चलती थी। कैंप में उसके सिवा उनकी और कोई साथिन नहीं थी। अकसर दिन काटना मुश्किल हो जाता था। तब वह अपनी टूटी-फूटी अंग्रेजी में उनको कहानियाँ सुनाया करती थी। उनमें से ही कुछ का संग्रह उन्होंने यहाँ किया है। दुर्भाग्यवश मिस फ्रेयर की इस सरल स्पष्टवादिता का बहुत ही कम लेखकों ने अनुकरण किया है। रेवरेंड लालबिहारी डे जैसे लेखक भी हमें कहानियों की संग्रह-पद्धति के विषय में अंधकार में छोड़

देते हैं। वे लिखते हैं कि यह कहने में अतिशयोक्ति नहीं होगी कि बाल्यावस्था में एक बूढ़ी औरत से उन्होंने 'हजारों' कहानियाँ सुनीं, किंतु वे सब उनके मस्तिष्क में इस तरह गड्ड-मड्ड हो गईं कि एक कहानी का पैर दूसरे के सिर में और तीसरे का सिर चौथे के पैर से जुड़ गया। बाद में एक बंगाली ईसाई औरत से उनकी भेंट हुई, जिसने बचपन में अपनी दादी से अनेक कहानियाँ सुनी थीं। इसी प्रकार कुछ कहानियाँ उनको एक वृद्ध ब्राह्मण, कुछ एक वृद्ध नाई और कुछ एक वृद्ध नौकर से भी प्राप्त हुईं। इनमें से किसी को अंग्रेजी का ज्ञान नहीं था। सबने अपनी कहानियाँ बंगाली में ही सुनाईं। किंतु हमें इन बातों का कोई पता नहीं चलता कि ये कहानी सुनानेवाले कौन थे, कहाँ के थे, और वे शिक्षित भी थे या नहीं, अथवा यदि उनमें कोई और विशेषता थी तो वह क्या? श्रीमती ड्रकौट भी इस विषय में तद्वत् मौन हैं। वे कहती हैं कि कुछ कहानियाँ तो उन्हें 'डाउन कंट्री' (पहाड़ों के निम्न प्रदेश) से प्राप्त हुईं और कुछ शिमला जिले की कृषक औरतों से। कहानियों को उन्होंने जैसा सुना यथासंभव वैसा ही पेंसिल से लिख लिया। इससे श्रीमती ड्रकौट की कहानियों की प्रामाणिकता में अवश्य विश्वास जनमता है, किंतु उनके मूल स्रोत के विषय में यदि उन्होंने कुछ और सूचनाएँ हमें दी होतीं तो उससे अधिक लाभ होता। पर शेखचिल्ली की तुलना में दे और ड्रकोट ने फिर भी बहुत लिख दिया है। शेखचिल्ली ने तो अपने कहानी-संग्रह 'फोकटेल्स ऑफ हिंदुस्तान' में इस बारे में कहीं एक शब्द भी नहीं लिखा कि इस महाप्रदेश के कौन से भाग से उन्होंने अपनी कथाओं का संग्रह किया है। वे केवल इतना ही लिखकर रह जाते हैं कि ये कहानियाँ उन्होंने ग्रामीण पुरुषों से सुनी हैं और 'सुकुमार वयस्क पाठकों की आवश्यकता का विचार करके थोड़ी सी काट-छाँट तथा हेर-फेर के साथ' यहाँ दी जाती हैं। रामास्वामी राजू, जो कि वास्तव में एक सुयोग्य लेखक हैं, 100 भारतीय कहानियों का संग्रह लेकर सामने आते हैं। किंतु इन कहानियों के विषय में वे इससे अधिक और कुछ नहीं लिखते कि 'इनमें से कुछ तो, यद्यपि एक-दूसरे रूप में, भारत के प्राचीन साहित्य में दीर्घकाल से विद्यमान हैं, और कुछ मौखिक स्रोत से ली गई हैं। एम. कुलक भी केवल इतना कहने की आवश्यकता समझते हैं कि अपनी ये कहानियाँ उन्होंने एक सुयोग्य नवयुवक ब्राह्मण से प्राप्त कीं, जो कि बहुत दूर एक देहात में रहता था। रवींद्रनाथ ठाकुर की भतीजी शोभना देवी की कहानियाँ अतीव सुंदर हैं। पर वे भी उनके विषय में केवल इतना ही कहती हैं कि ये कहानियाँ अशिक्षित ग्रामीणों

से ली गई हैं, और बहुत सी एक अंधे आदमी से मिली हैं। मेकेंजी की 'इंडियन फेरी स्टोरीज' में केवल यही दोष नहीं है कि कहानियों के मूलस्रोत का उनमें कोई उल्लेख नहीं, बल्कि स्पष्टतः उनके असली पाठ को भी बदल दिया गया है। सन् 1903 में जी. जेठा भाई लिखित 'इंडियन फोकलोर' नामक कहानियों का एक छोटा संग्रह प्रकाशित हुआ। वे पहले गुजराती में छपीं और गुजरात के ग्रामों से ही वस्तुतः उनका संकलन हुआ। पर यहाँ भी लेखक ने हमको इस विषय में बिलकुल अंधकार में रखा है कि ये कहानियाँ कब, किस तरह और किस प्रकार के लोगों से संगृहीत की गईं। रिचार्ड टैंपल अपनी 'लीजेंड्स ऑफ दि पंजाब' (पंजाब की लोक-कथाएँ) नामक पुस्तक में जिस निष्कपट कार्यपद्धति का ज्ञान हमें कराते हैं, वह सर्वथा प्रशंसनीय है। परंतु इस भय से कि पाठक कहीं इसे उनका 'अहंभाव' न समझें, अपने इस कार्य के लिए वे उनके निकट क्षमा-याचना की आवश्यकता अनुभव करते हैं। इस तथ्य से लोककथा-साहित्य के प्रति लोगों के पुराने रुख का सुंदर परिचय मिलता है; किंतु अब समय बदल गया है। आज तो जातितत्त्व-वेत्ता अथवा लोकवार्त्ता-शास्त्री से केवल 'अहंभाव' की ही नहीं, बल्कि बिना किसी हिचक या संकोच के सब बातों को खोलकर कहने की माँग पेश की जा रही है।

दूसरा गंभीर दोष, जो इस कहानी-संग्रह में पाया जाता है, वह है उनमें मनमानी कतर-ब्योंत का किया जाना। सर रिचार्ड टैंपल ने हिस्लप की असली कहानी में से 'अनावश्यक, अनुपयुक्त, सामान्य एवं आपत्तिजनक' अंश को अलग करके और इस प्रकार कहानी के मूल कलेवर को तराशकर लगभग उसे आधा करके इस परिपाटी की नींव डाल दी। यह सचमुच एक उल्लेखनीय बात है कि भारत में लोक-कथाओं का संग्रह-कार्य पादरियों और अंग्रेज महिलाओं के मनोविनोद का एक बढ़िया साधन समझा गया हो। जैसे कि बंगाल की कहानियों के लिए हम रेवरेंड लालबिहारी डे के, संथाल कहानियों के लिए रेवरेंड ओ. बौडिंग के और रेवरेंड ए. कैंबेल के एवं कश्मीर की कहानियों के लिए रेवरेंड जे.एच. नौलीज तथा रेवरेंड सी. स्विनर्टन के ऋणी हैं। महिलाओं में मिस फ्रेयर, मिस स्टोक्स, मिस थॉर्नहिल, श्रीमती स्टील, श्रीमती ड्रकौट तथा और कई एक हैं। इसका अनिवार्यतः परिणाम यह हुआ कि ये सब कहानियाँ पादरियों अथवा रमणी-जनसुलभ कानों के सुनने योग्य ही बनी हैं। यह तो शायद उतने खेद का विषय नहीं। पर इसका परिणाम यह हुआ है कि दुनिया को कार्यकलापों की असली

स्थिति का एकांकी चित्र देखने को मिला है। श्रीमती ड्रकौट अपनी 'शिमला विलेज टेल्स' में लिखती हैं—'दो मर्तबा मुझसे एक पहाड़ी आदमी को, जिसे स्थानीय लोकवार्त्ताओं का अच्छा ज्ञान था, बुलाकर कहानी सुनने के लिए कहा गया। परंतु स्पष्ट कारणों से मैंने ऐसा करने से इनकार कर दिया। क्योंकि मैं देख चुकी थी कि शिमला की ग्रामीण स्त्रियों ने मुझे जो कहानियाँ सुनाईं, वे बड़ी गंदी थीं। उनको प्रकाशित नहीं किया जा सकता था। अपने इस संग्रह में मैंने उन्हें स्थान नहीं दिया है।' इसी प्रकार कैंबेल इस बात को स्वीकार करते हैं कि अनुवाद में उन्होंने यथेष्ट स्वच्छंदता से काम लिया है। शिष्ट समाज में न सुनाए जाने योग्य मुहावरों और दृष्टांतों को उन्होंने अलग कर दिया है। सीलोनी कहानियों के संग्रहकर्ता पार्कर तो यह विलक्षण दावा करते हैं कि 'इस प्रकार की कहानियों के संबंध में, जिनकी रचना केवल देहातियों के मनोरंजन के लिए हुई हो, और जिन्हें देहाती लोग दूसरे देहातियों को सुनाया करते हों, इस बात की कल्पना बहुत स्वाभाविक है कि उनमें गंदी बातें बहुत अधिक मात्रा में होंगी। पर दरअसल बात ऐसी नहीं है, बल्कि मैं बड़े संतोष के साथ यह कहता हूँ कि इस पूरी जिल्द में केवल तीन-चार स्थलों पर ही कहानियों के किसी एक अंश में थोड़े-बहुत परिवर्तन की आवश्यकता मैंने अनुभव की।'

पर मैं यह विश्वास नहीं कर सकता कि सीलोन के देहाती दुनिया के अन्य प्रदेशों के देहातियों और कृषकों से इतने पूर्ण रूप से भिन्न हैं। इसे तो कोई पसंद नहीं करेगा कि 'ओल्ड डैकन डेज' जैसी पुस्तक के निर्मल पत्रों को देहाती गुंडों के फूहड़ मजाक तथा शराबियों के अश्लील अट्टहास से दूषित किया जाए; किंतु अनेक ऐसे संग्रह भी हैं, जो आम तौर से सबके पढ़ने के लिए नहीं बने हैं। (जैसे कि संथाली और सीलोनी संग्रह)। इनमें से गंदे, भौंड़े, अश्लील हास्य को, जिसके द्वारा देहातियों की भाषा और भावों की विशेषता इतने सजीव रूप से प्रकट होती है, अलग नहीं किया जाना चाहिए था।

नॉर्मन ब्राउन ने बतलाया है कि कहीं-कहीं लेखकों ने अपने संग्रहों में से उन कहानियों को अलग करने में यथेष्ट सावधानी नहीं दिखाई है, जिनको कि उन्होंने सीधा संस्कृत के प्राचीन साहित्यिक ग्रंथों से अनूदित किया है। स्वयं भारतीय लेखक ही इसके लिए अधिक दोषी हैं। उदाहरण के लिए, पं. नरेश शास्त्री ने अपने संग्रह में पैंतालीस कहानियाँ प्रकाशित की हैं। इनमें से एक कहानी, जो कि 'टेल्स ऑफ दि सन' के नाम से दी गई है, वस्तुतः मौखिक कहानी नहीं

है, बल्कि सोलहवीं शताब्दी की 'अलकेश कथा' नामी एक तमिल कहानी का अनुवाद है। उसे वे दो अन्य स्थानों पर एक साहित्यिक कृति के रूप में प्रकाशित कर चुके हैं। उनकी अन्य कहानियाँ भी स्पष्टत: साहित्यिक हैं। इस प्रकार की कितनी कहानियाँ होंगी, मैं कह नहीं सकता। मि.जी. अरार. सुब्रह्मिया पंतालु की 'फोकलोर ऑफ दि तेजगूज' के संबंध में भी यही कहना पड़ता है। उदाहरण के लिए, उसकी एक कहानी हितोपदेश के किसी एक तेलुगु पाठ के प्रथम परिच्छेद का अनुवाद है। मि. रामास्वामी राजू की 'इंडियन फेबिल्स' की अधिकांश कहानियों की प्रामाणिकता संदिग्ध है। उनमें से कुछ तो साहित्य से ली गई हैं, और यदि उनको मौखिक मान लिया जाए तो कहना चाहिए कि संग्रहकर्ता ने उनका 'परिष्कार' कर दिया है।

अंत में, अनेक कहानी-संग्रहों के अनुवाद या तो मूल के इतने अनुरूप हैं कि उनको पढ़ना कठिन है, या फिर वे इस प्रकार लिखे और परिमार्जित कर दिए गए हैं कि मूल से उनका कोई संबंध ही दृष्टिगोचर नहीं होता। शरच्चंद्र राय के अनुवाद अपनी अविकलती के कारण बहुत थकानेवाले बन गए हैं। यही दशा पार्कर के अनुवादों की है। लेखक के लिखने का उद्देश्य यह होता है कि लोग उसे पढ़ें। किंतु यदि उसकी रचना में क्षेपकों और कोष्ठकों की भरमार हो तो फिर यह संभव नहीं होता। साहित्यिक लेखन-शैली के दूसरे छोर पर श्रीमती एफ.ए. स्टील की कहानियाँ हैं। उन्होंने अपनी लेखन-चातुरी द्वारा प्रत्येक कहानी में कुछ ऐसी विशेषता उत्पन्न कर दी है कि वह अलग ही एक नवीन मौलिक कृति के रूप में जीवित रह सकती है। उनके 'The Tiger, the Brahman and the Jackal' (शेर, ब्राह्मण और सियार) के अनुवाद से यह परम स्पष्ट रूप से प्रकट होता है। यह एक बढ़िया भारतीय कहानी है और इस अभिप्राय की जितनी भी कहानियाँ मिलती हैं, उनमें निस्संदेह सर्वश्रेष्ठ है। किंतु स्टील के हाथ में पड़कर उसने एक रोचक अंग्रेजी कहानी का रूप धारण कर लिया है।

भारतीय लोक-कथाओं के अब तक जितने भी अनुवाद हुए हैं, उनमें बोंपस और मिल्स का अनुवाद मैं सर्वोत्तम मानता हूँ। साफ-सुथरा, सरल और पठनीय। कानों को खटकनेवाला कहीं एक शब्द भी नहीं। मैंने अपने 'फोक टेल्स ऑफ महाकौशल' नामक पुस्तक की कहानियों के अनुवाद में बोंपस और मिल्स को ही आदर्श माना है। सभी कहानियों को मैंने इस प्रकार हाथ में लिया है मानो मैं कविता का अनुवाद करने बैठा हूँ। बाहर का एक भी शब्द, एक भी अलंकार,

एक भी भाव नहीं आने दिया। साथ ही प्रत्येक कहानी को मैंने जातितत्त्व विषयक प्रकाशित विवरणों के आधार पर ठोक-बजाकर देख भी लिया है। मेरी कहानियों तथा उनके बीच कोई असंगति उत्पन्न नहीं होने पाई। प्रत्येक दशा में कहानी सुनानेवाले के गाँव और फिरके का नाम भी मैंने दे दिया है। इसका यह आशय नहीं कि वह कहानी उस फिरके में ही सीमित मान ली गई है, और न यह अर्थ ही कि उस फिरके का प्रत्येक व्यक्ति उससे सचमुच परिचित है। वास्तव में कहानियाँ तो किसी एक समाज के लोगों की संपत्ति न होकर एक प्रदेश विशेष की ही निधि होती हैं। इसीलिए अपने एक ही संग्रह में मैंने अनेक विभिन्न लोगों से सुनी कहानियों का संकलन किया है। यथासंभव मैंने काट-छाँट को भी बरकाया है।

भारतीय लोक-कथाओं के संबंध में अब तक जितना भी साहित्य प्रकाशित हुआ है, उसमें पेंजर के 'कथा सरित्सागर' का एक विशेष स्थान है। कथाशास्त्र का यह एक अनुपम ग्रंथ है। पेंजर ने उसके द्वारा भारतीय लोक-कथाओं की जो सेवा की है, उसके लिए हम चिरकाल तक उनके ऋणी रहेंगे। फिर इस संबंध में मॉरस ब्लुमफील्ड, नार्मन ब्राउन, रूथनार्टन, एम.बी. एमेन्यू, इन सब अमेरिकी विद्वानों के नाम विशेष रूप से उल्लेखनीय हैं। इन्होंने भारतीय लोक-कथाओं के अध्ययन की एक नितांत नवीन प्रणाली स्थापित की एवं एक ऐसे विषय को, जो अब तक बहुत कुछ अटकल के सहारे चल रहा था, एक शुद्ध एवं नियमबद्ध शास्त्र का रूप प्रदान किया। ब्लुमफील्ड ने तो भारतीय कथाओं के एक बृहत् कोष (इंसाइक्लोपीडिया) की तैयारी का बीड़ा उठाया था। उनकी मृत्यु एवं संसारव्यापी महायुद्ध की गड़बड़ी से यह शुभ कार्य यद्यपि पिछड़ गया है; पर मेरा विश्वास है कि अब शांति के स्थापित होने और विद्वानों को इस प्रकार के प्रयत्नों की ओर पुनः ध्यान देने का यथेष्ट अवसर मिलने पर यह अवश्य पूरा होगा।

उपर्युक्त लेख डॉ. बैरियर एलविन, डी.एस-सी. (ऑक्सन) की पुस्तक 'फोक टेल्स ऑफ महाकौशल' की भूमिका के आधार पर लेखक की विशेष अनुमति से 'लोकवार्त्ता' के लिए प्रस्तुत किया गया है। वास्तव में उसके लिए हम डॉ. एलविन के कृतज्ञ हैं। साथ ही उनके प्रकाशक ऑक्सफोर्ड यूनिवर्सिटी प्रेस (बंबई) को भी हार्दिक धन्यवाद देना चाहते हैं, जिनके सौजन्य से हम लेख को वर्तमान रूप में प्रकाशित करने में समर्थ हुए।

लेख को एक स्वतंत्र निबंध का रूप दिया गया है। उसे हिंदी में लिखवाने